FOTO→
GRAFICKÉ
ALBUM
ČECH
1839→
1914

FOTO→ GRAFICKÉ ALBUM ČECH 1839→ 1914

PAVEL
SCHEUFLER
ODEON

Lektorovali:
doc. PhDr. Otto Urban, CSc.,
ing. Jiří Číp
ISBN 80-207-0058-7

Pro zachování autenticity
dobových snímků
nebyly reprodukce retušovány
ani jinak upravovány.

Dámy a fotograf na přelomu století.
Dokument z výletu se stereoskopickou komorou.
Fotografováno samospouští
W. R. Mazurou ze Žamberka,
stojícím opodál.

Daguerrotypista M. V. Lobethal z Vratislavi,
autoportrét z Prahy z roku 1846.
První autoportrét fotografa u nás vytvořený
a dochovaný.

ÚVODEM V roce 1989 vzpomínáme 150. výročí zveřejnění vynálezu daguerrotypie, první v praxi používané fotografické techniky. V této knize se vydáme po stopách prvních fotografů v Čechách, budeme sledovat polovinu ze stopadesátiletého věku fotografie. Objevování dějin české fotografie minulého století je stále dobrodružství. Historik fotografie, téměř jako archeolog, vrstvu po vrstvě odkrývá z prachu a zapomnění staré snímky, třídí je a hledá souvislosti, snaží se vypátrat životní osudy fotografů i ztraceného díla. Dochoval se a je přístupný jen zlomek vytvořených prací. Mnoho děl ještě čeká na své zveřejnění a na mnohé se v knize nedostalo.

Práce s faktografickými přílohami, prvními svého druhu u nás, je obrazovým nástinem dějin české fotografie do roku 1914. Doprovodný text nemá vyčerpávající charakter, má pouze sloužit základní orientaci a pochopení souvislostí, za nichž fotografie vznikaly. Je známo, že česká meziválečná fotografie je osobitým přínosem do celoevropské fotografické tvorby. Chtěl bych ukázat, že fotografie v Čechách před první světovou válkou měla své vysoké hodnoty, zejména v dokumentaristické sféře, a že na některé tvůrčí výboje se v poválečné době mohlo bezprostředně navázat. Nejen ve smyslu uměleckých impulsů, ale i v touze zachycovat fotografickým aparátem poctivě svět kolem sebe. Neboť nikoli pouze uměním žila a žije fotografie.

Tato publikace navazuje na mou práci Praha 1848—1914, kterou v mnohém i upřesňuje. Je také podnětem k zamyšlení o významu minulosti pro náš život i budoucnost.

PAVEL SCHEUFLER
V Praze 30. ledna 1988

Fotografický obchod
Františka Fridricha v Karlových Varech
kolem roku 1868.

Výstava fotografií Klubu fotografů amatérů pro Plzeň a okolí, konaná 16. a 17. května 1896. První fotografie dokumentující instalaci fotografické výstavy u nás, jež byla zároveň první výstavou amatérů mimo Prahu.
>

Photographischer Kunstverlag
F. FRIDRICH K.PR. HOFPHOTOGRAPH
AUS PRAG.

Ateliér J. Böttingera v Plzni
kolem 1896.

Dům a ateliér F. Hanuše
ve Vysokém nad Jizerou
kolem 1905.
>

J. BÖTTINGER FOTOGRAF.
FOTOGRAFICKY
A
ZVETSOVACI
ATELIER

Pavilón družstva Klubu fotografů amatérů
v Praze
na Zemské jubilejní výstavě
1891.

S uplatněním na pohlednici získala fotografie další rozměr — — možnost vyjadřovat se pomocí zasílaných snímků. Třeba i tímto způsobem za využití snímku letícího Ing. Kašpara. Pardubice 1911.

Daguerrotypický portrét Emilie Merletové z Písku z roku 1845 od Wilhelma Horna se považuje za jednu z nejpůvabnějších českých daguerrotypií. Zaujme především svou přirozeností, úsměvem i nenuceným gestem, což u daguerrotypií vzhledem k dlouhým expozicím se vyskytovalo zcela výjimečně. Nevšednost díla umocňuje přepychová adjustace i velmi dobrý stav snímku.

FOTOGRAFIE V ČECHÁCH V LETECH 1839—1914

Vynález fotografie znamenal revoluci ve způsobu zobrazování světa, revoluci, která svým dopadem je srovnatelná s velkými mezníky ve vývoji nejen zobrazovacích, ale i sdělovacích prostředků vůbec, jako byl vynález knihtisku nebo nejnovější nosič informací — optický kompaktní disk. Spolu s technikami záznamu a reprodukce zvuku a s dálkovým přenosem zpráv stojí fotografie u základu technik uchovávání a sdělování informací.

K vynálezu fotografie vedly tři cesty: zkoumání látek citlivých na světlo, zdokonalování kamery obskury a pokroky v reprodukčních metodách. Historickou souhrou okolností byla první v praxi používanou technikou daguerrotypie a její tvůrce Jacques Louis Mandé Daguerre tak získal své nezadatelné místo v dějinách. Na metodách, jak „přinutit světlo, aby samo kreslilo", však ve třicátých letech 19. století pracovalo na různých místech světa několik desítek badatelů. Zveřejnění vynálezu daguerrotypie 19. srpna 1839 a jeho přijetí bylo v podstatě logickým důsledkem potřeb soudobé společnosti, procházející změnami souvisejícími s průmyslovou revolucí. V dalším vývoji pak sama fotografie ovlivňovala práci a myšlení lidí natolik, že život moderní společnosti bez fotografie se stal nemyslitelným.

Při objektivním zhodnocení cesty fotografie od jejích počátků po práh 1. světové války bychom měli kombinovat několik pohledů: zdokonalování fotografické techniky, proměny fotografického obrazu, význam fotografie v životě společnosti, její uplatnění v odborné práci. Díla fotografů v minulém století byla výrazně poznamenána zápasem s fotografickou technikou; proto je důležité chápat technické souvislosti vzniku snímků, které pomohou osvětlit mnohé z obrazové stránky fotografií.

Se stále větší snadností fotografického procesu závratně rostl počet fotografických děl. Většina z nich měla informativní charakter. Zdaleka ne všechna tedy dosáhla uměleckých kvalit (a většina fotografů se o to ani nepokoušela), ale jsou autentickým poselstvím své doby. Jsou jedinečným obrazovým pramenem, dosud ne plně doceňovaným, mnohdy přesvědčivějším než stránky textu. Proto se hovoří o zastaveném čase, fotografické paměti.

Portrét neznámé dívky na daguerrotypii Wilhelma Horna, datované rokem 1849, je typickým daguerrotypickým snímkem. Kolem 1850 Horn své práce adjustoval do osmihranných zlatě lemovaných rámečků se zeleným nebo červeným sametem, upravených jak k postavení pomocí stojánku, tak vybavených očkem k zavěšení. Celek měl rozměr 12 × 9,5 cm.

Prvních dvacet let po zveřejnění vynálezu daguerrotypie se v Čechách pracovalo převážně touto technikou, jež z hlediska dalšího vývoje byla slepým ramenem. Pravděpodobně prvním Čechem, který se obeznámil s daguerrotypií — a shodou okolností přímo v Paříži — byl pražský fyzik Ferdinand Hessler. Spolu s přírodovědcem Ludwigem Redtenbacherem a pozdějším slavným pražským daguerrotypistou Wilhelmem Hornem prováděl pokusy, na jejichž základě mohl uveřejnit technický popis procesu brzy poté, co knihkupectví v Praze a Brně inzerovala prodej publikací o daguerrotypii cizích autorů, vycházejících od září 1839. Počátkem prosince mohli Pražané vidět originální daguerrotypii samotného Daguerra v Haasově knihkupectví. Není vyloučené, že se jednalo o zátiší, věnované Daguerrem kancléři Metternichovi, které později viselo na zámku Kynžvart a které dnes, spolu s Daguerrovou daguerrotypií Královského paláce v Paříži v Národním technickém muzeu, je nejstarším dokladem z dějin fotografie u nás. Na zasedání francouzské akademie věd 7. ledna 1839, na němž byla přednesena první stručná zpráva o Daguerrově vynálezu, byl z rakouské strany přítomen Andreas von Ettingshausen, profesor fyziky na vídeňské univerzitě. Ettingshausen udržoval přátelství s brněnským profesorem fyziky, premonstrátem Bedřichem Franzem, a rektorem piaristické koleje v Litomyšli, fyzikem Florusem Ignácem Staškem, jemuž počátkem června 1840 předal daguerrotypickou komoru a potřebné pomůcky. Jejich pravděpodobně společně vytvořený pohled na Starou poštu je nejstarší zachovanou českou daguerrotypií (i když ve velmi špatném stavu). Podle kroniky piaristické koleje lze vznik snímku přesně datovat — 3. června 1840. Známá daguerrotypie vytvořená Staškem pomocí mikroskopu a zobrazující řez stonkem rostliny pochází ze stejného roku. Je jedním z nejstarších vědeckých snímků na světě.

Je možné, že Ettingshausen ovlivnil i Franzovy pokusy v Brně, kde bylo zřejmě naše největší středisko pěstování daguerrotypie v letech krátce po vynálezu. Po Franzovi se zachovalo šest krásných daguerrotypií z let 1841—1842, jež jsou nejstaršími dochovanými fotografickými portréty u nás. Připisuje se mu také zhotovení prvního snímku události v dějinách české fotografie, a to slavnosti Božího těla na Zelném trhu v Brně roku 1841.

Ve vzácnějších případech
Wilhelm Horn své daguerrotypie koloroval.
Většina Hornových prací byla signována, u daguerrotypií
rydlem do desky.
Daguerrotypie neznámé ženy, datovaná 1849.

V letech 1839—1840 převládal vědecký zájem o daguerrotypii, vyplývající i z extrémních expozičních dob původního procesu. Až zvýšení citlivosti daguerrotypických desek chemickou cestou a výpočet portrétního objektivu J. M. Petzvalem poskytly předpoklady k využití daguerrotypií také pro portrétní práci. Nový portrétní objektiv, šestnáctkrát až dvacetkrát světelnější než objektivy do té doby užívané, dodávala firma Voigtländer ve Vídni od ledna 1841. Expozice portrétů v pokoji při běžném osvětlení oblohy se uváděla osm vteřin.

Zájem o daguerrotypii hýbal světem vzdělanců i umělců. Jejich možnosti byly sice do jisté míry omezeny malou citlivostí procesu, ale obecně lze říci, že na daguerrotypiích se zachovala již celá paleta námětů rozšířená ve fotografii v pozdější době. Ze středoevropského prostředí náleží k vzácným záběrům pouliční scény z Vídně roku 1841, snímané bratry Johannem a Josephem Nattererovými. Jejich kvalitě je zcela adekvátní zmíněná Franzova daguerrotypie z téhož roku, nebo Trajcův snímek legendární Svatováclavské mše v Praze roku 1848. Pořizování daguerrotypií měst je doloženo zmínkami v novinách, samotných daguerrotypií se však dochovalo jen velmi málo. (Pokud je známo, dochovaly se daguerrotypie Litomyšle, Karlových Var, Brna . . .). Většina dochovaných daguerrotypií se tudíž týká portrétní tvorby a nejsou signované. Z různých pramenů známe asi padesát jmen daguerrotypistů, činných v Čechách a na Moravě, mnohdy jen velmi krátkou dobu.

Založení stálého daguerrotypického ateliéru ve čtyřicátých letech bylo podmíněno dostatečně velkým zázemím potenciální klientely, neboť daguerrotypie byly poměrně velmi drahé. Po městech a městečkách šířili věhlas nového vynálezu hlavně cestující neboli kočovní daguerrotypisté, kteří se na čas usazovali s oblibou v lázeňských střediscích, kde se dal předpokládat největší zájem o portrétování. Za pobytu v Mariánských Lázních se roku 1842 dal zvěčnit u daguerrotypisty Starka Pavel Josef Šafařík, jehož portrét náleží k nejstarším dochovaným daguerrotypiím přímo v Čechách. V západočeských lázních také portrétoval jeden z nejvýznamnějších německých daguerrotypistů Eduard Wehnert.

Kromě Prahy nebyl již v žádném městě v Čechách

Daguerrotypie neznámého manželského páru od neznámého autora, zajímavě adjustovaná, pocházející patrně z počátků šíření daguerrotypického procesu v první polovině čtyřicátých let. Většina daguerrotypií byla stranově převrácených. V tomto případě, aby mužova ruka spočívala skutečně u srdce, pracoval daguerrotypista s komorou opatřenou zrcadlem prokázán ve čtyřicátých letech trvale existující daguerrotypický ateliér. Na Moravě vznikly později první stálé daguerrotypické ateliéry v Olomouci, Brně a patrně i Třebíči, na Slovensku v Košicích a Prešpurku. První daguerrotypický ateliér, který si uchoval mnohaletou kontinuitu, byl spojen se jménem nejvýznamnější osobnosti počátků fotografie v Čechách — Wilhelma Horna. Byl otevřen v říjnu 1841 v Praze. V březnu 1842 zahájila svou několikaměsíční činnost Světloobrazárna Jozefa Božetěcha Klemense. Od roku 1847 daguerrotypoval v Praze akademický malíř Jan Maloch, o rok později jiný malíř, Bedřich Anděl, a od roku 1849 další absolvent malířské akademie, Antonín Žák. Pro všechny daguerrotypisty v Praze čtyřicátých let bylo typické, že daguerrotypiím se věnovali jen příležitostně vedle kresby a malby.

Velkým impulsem pro další rozvoj byl vynález techniky mokrého kolódiového procesu roku 1851, který svou podstatou navázal na kalotypie s papírovými negativy Williama Henry Foxe Talbota, patentované roku 1841. Skleněné kolódiové desky měly proti kalotypiím řadu výhod, zejména větší citlivost. Jejich nevýhodou bylo, že se musely exponovat i vyvolávat ještě vlhké. Daguerrotypie, jejichž nevýhodou byla jejich unikátnost a obtížnost prohlížení, se užívaly ještě celá padesátá léta, než se nová technika všeobecně rozšířila. Z vývojového hlediska je charakteristické, že technika mokrého kolódiového procesu se nejprve vyvíjela v závislosti na daguerrotypiích, těžících ještě z tradice malířské portrétní miniatury. Ambrotypie, kolódiové negativy, laiky považované za „daguerrotypie na skle“, se tudíž podobně jako daguerrotypie adjustovaly do zdobných pouzder nebo rámovaly. Sepětí s předchozí portrétní tradicí dokládaly i takzvané slané papíry, přemalované k nerozeznání od malířských portrétních miniatur. Je typické, že právě v padesátých letech 19. století, které je desetiletím jakéhosi přechodu od reprezentativních portrétů k jejich unifikované užitkové vizitkové formě, vznikly u nás jedny z nejhodnotnějších portrétních studií v celém počátečním vývoji fotografie: Josef Bekl využil ve svých portrétech specifických vlastností fotografie s důrazem na vyjádření individuality portrétovaných, Vojtěch Kramer i s použitím fotomontáže vytvořil pestré a působivé panorama spole-

Neznámé děvčátko na fotografii na slaném papíře z poloviny padesátých let od Josefa Bekla. Fotografie je výjimečná způsobem nasvícení modelu, při němž nebylo využíváno horního rozptýleného světla, jak bylo zvykem, nýbrž osvětlení zpředu. Světelný zdroj byl i za modelem. Fotograf si dal práci, aby nasvítil nevšedním způsobem i křeslo.

nosti v Domažlicích. Dalším projevem, charakteristickým pro počátky náročnější techniky „mokrých desek“, bylo vzájemné spojení uměleckého cítění se zkušenostmi z oblasti chemie a fyziky (spolupráce Wilhelma Ruppa s Josefem Beklem, Adolfa Schwödra s Johannem Trippem).

Významnou roli pro zkvalitňování práce fotografů měl časopis Photographisches Journal, jehož redaktorem, hlavním přispěvovatelem a vydavatelem byl — Wilhelm Horn. Vycházel v letech 1854—1865 a je patrně pátým nejstarším fotografickým časopisem na světě. Dalekosáhle přesáhl rámec prostředí Prahy, kde vznikal.

V roce 1859 nastal ve využívání techniky mokrého kolódiového procesu zlom, připravující se již pět let: svět objevil fotografickou vizitku, která svou levností probudila neuvěřitelný zájem o fotografování. Nastalo třicetileté období, kdy se většina snímků u nás pořizovala na „mokrých deskách“. Na počátku tohoto druhého vývojového období v dějinách fotografie zažila tato technika takovou konjunkturu, že podobná exploze opojení a pionýrského nadšení se již nikdy potom neopakovala. Teprve od šedesátých let 19. století můžeme hovořit o tom, že fotografie se stávala běžnou součástí života, že dostávala podobu nového informačního systému, začala mít vliv na šíření poznatků o světě. Vznikla alba, neobyčejné obliby dosáhla stereofotografie.

V šedesátých letech byly fotoateliéry již ve všech větších městech a jen v samotné Praze se jejich počet v letech 1859—1863 zvýšil čtyřnásobně! Na vrcholu éry vizitkománie v druhé polovině šedesátých let působilo v Praze na sedmdesát fotografů. Fotografování se stalo jednou z nejvýnosnějších živností, jíž se chápali jako výhodného zdroje obživy i jedinci umělecky neškolení.

Nejvýznamnější portrétní ateliéry monarchie byly ve Vídni, kde v roce 1863 bylo 99 ateliérů. K nejznámějším patřil Ludwig Angerer a Emil Rabending. Zámožnou klientelou se jim v Praze vyrovnal závod Moritze Ludwiga Wintra v ulici Na příkopě nebo ateliér Františka Fridricha, nejvýznamnějšího fotografa v Čechách v tomto desetiletí. Kvalitní portréty byly vytvořeny i v ateliéru chemika Jana Tomáše nebo někdejších malířů — Jana Brandejse, Hynka Fiedlera a Jana Mulače.

Růst počtu ateliérů mimo Prahu nebyl ovšem tak

Nevšední kolorovaná vizitka neznámých dam

WINTER phot.

Kolorované dětské portréty na vizitkách
z ateliéru M. L. Wintra v Praze z poloviny šedesátých let —
malý dráteníček a malá služka.
Pozoruhodné i z hlediska prezentace
typického oblečení.

překotný jako v hlavním městě. I rakouský Salcburk měl v roce 1863 jen čtyři fotografy. Ateliéry se zakládaly především v největších městech v návaznosti na vývoj v předchozím desetiletí (v Liberci, Plzni, Hradci Králové, Pardubicích, Litomyšli, Chrudimi, Chebu, Písku, Českých Budějovicích, Litoměřicích), v lázeňských městech, v místech s velkými vojenskými posádkami a ve vznikajících centrech turistického ruchu v souvislosti s budováním železniční sítě. Nejúspěšnější ateliéry mimo Prahu ve vizitkové éře patřily mnohdy fotografům školeným na malířských akademiích (v Chrudimi od 1864 Eugen Bourdon, v Plzni od 1859 Otto Bielfeldt a od 1867 Josef Böttinger, v Českých Budějovicích od 1863 Čeněk Hrbek a od 1868 Adolf Pech, v Táboře od 1864 Alexandr Seik, v Brně od 1852 Antonín Mayssl a od 1864 Karel Václav Klíč). Příznačné také bylo, že tito fotografující malíři se vedle fotografie věnovali — a někteří i dost úspěšně — malbě. Příkladem může být právě A. Mayssl v Brně, nebo Adolf Russ v Hradci Králové, František Maischaider v Železném Brodě, Jan Umlauf v Kyšperku. Někteří však jen dost obtížně dokázali skloubit živnost s uměleckou tvorbou a po epizodě s fotografií se zase k malbě vrátili (Antonín Dvořák v Litomyšli, Bedřich Anděl v Praze, nebo Jan Maloch). Jiní svých malířských zkušeností svérázně využívali ve fotografické práci (Josef Pírka v Pardubicích, Jan Zachariáš Quast v Praze a Písku, Ferdinand Konrád Quast v Písku a Sušici). Z významnějších českých fotografů šedesátých a sedmdesátých let je třeba ještě uvést Karla Bitterlicha v Hradci Králové, Františka Gallata v Chrudimi, Josefa Lorenze v Jaroměři, Karla Zeleného v Josefově, Antona Schraubera ve Varnsdorfu, Josefa Hoffmanna a Huberta Ginzela v Liberci, E. Antona v Karlových Varech, Heinricha Dittricha v Kutné Hoře, Julia Menzela v Pardubicích, Hugo Thiele a Antona Weidela v Teplicích. Od sedmdesátých let dominuje v české fotografii Jindřich Eckert, který si svůj vliv uchovává až do doby kolem roku 1900. Eckertův ateliér byl školou mnohým fotografům; výjimečný vliv měl i na mladého Pavola Socháně, významného slovenského fotografa a etnografa, který u něho pobyl od března 1889 do léta 1890.

V zahraničí v šedesátých letech minulého století slaví největší úspěchy portréty známých osobností, upomínková místopisná fotografie a žánrové scénky na

Velkou vášní akademického malíře a fotografa Jana Malocha byla entomologie a sběr přírodnin vůbec. Jako zaměstnanec Fridrichova ateliéru a Fridrichův blízký spolupracovník jistě ovlivnil vydávání těchto naukových tabulí s kolorovanými snímky brouků, dárku pro milovníky přírody i pomůcky pro školu.

František Fridrich vydával také fotografický herbář s citlivě fotografovanými a jemně kolorovanými snímky rostlin. Každá vizitka byla vedle jména fotografa opatřena i názvem rostliny. Vznik fotografického herbáře klademe do druhé poloviny šedesátých let a ve srovnání s obdobnými podniky v zahraničí patří Fridrichovy práce k těm nejkvalitnějším.

František Fridrich vydával také řadu přání, většinou vkusně provedených, kde zajímavě využíval i techniky fotomontáže. Těmito u nás ojedinělými pracemi obohatil tematickou oblast fotografie a bohatostí námětů se vyrovnal pozdějším pohlednicím. Vizitka z druhé poloviny šedesátých let stereofotografiích. Objevují se i snahy o fotografickou tvorbu jako uměleckou činnost zejména prostřednictvím alegorií vytvářených technikou fotomontáže. Vzdálené ozvuky této první vlny piktorialismu, nazývané piktorialismem anglickým, spatřujeme v tvorbě Jindřicha Eckerta.

Jedním z nejvýznamnějších vydavatelů místopisných snímků v celé monarchii byl František Fridrich s fotografickým závodem v Michalské ulici na Starém Městě. Jeho místopisné i „užitkové“ snímky (např. blahopřání, herbář, alegorie k příslovím) se prodávaly po celém světě, což dokládá časopis Fotografické společnosti ve Vídni, jíž byl Fridrich členem, a který vypočítává Fridrichovy komisionáře. Fridrich navázal na úspěšnou produkci teplického obchodníka uměleckými předměty Amanda Helma i tvorbu Andrease Grolla z Vídně, který vyfotografoval několik českých měst již roku 1856. V severních Čechách se s mimořádným úsilím věnoval místopisné fotografii W. F. Jantsch.

Na přelomu šedesátých a sedmdesátých let klesl zájem o portrét, kouzlo novosti ztrácely i místopisné snímky a stereofotografie. Tento celoevropský trend byl obrazem krize fotografie, její kvantity a uniformity. Společenské i technické předpoklady dalšího rozvoje musely teprve uzrát. Kolem roku 1870 poklesl počet fotografických ateliérů v Praze na třetinu stavu roku 1863! Podobná situace byla například v Mnichově; ve Vídni došlo k prudšímu poklesu fotoateliérů až po roce 1873 v souvislosti s hospodářským útlumem v některých odvětvích po krachu na vídeňské burze.

Menší města zastihla krize portrétní fotografie později a někam ani nepronikla. Osudy Ignáce Josefa Schächtla a příslušníků rodiny Quastů ukazují, jak nesnadnou situaci měly ateliéry fotografů v malých městech bez silnějšího ekonomického zázemí. Naopak fotografové vyrostlí z místních poměrů, jejichž fotoateliér byl „přidruženou činností“, například vedle obchodování, mívali značné úspěchy. Takoví se mohli stát i starosty měst, jako například v Žamberku Woldemar Mazura a v Táboře Alexandr Seik.

Období mokrého kolódiového procesu kulminovalo v sedmdesátých letech, na jejichž počátku byl publikován vynález suchých desek s želatinou Richarda Leacha Maddoxe. Trvalo téměř dvě desetiletí, než se nová technika všeobecně ujala i u nás, přičemž roz-

Hoffnungstraum.

Pod názvem Naděje vydával tento snímek František Krátký z Kolína ve stereoskopické úpravě. Původ kolorované vizitky není znám. Autorství Krátkého není však pravděpodobné. Snímek je příkladem využití fotografie pro symbolické výjevy, se snahou o hlubší myšlenkové poselství rozšiřované mezi širší vrstvy. Stereofotografie Krátkého je z let devadesátých, kolorovaná vizitka pravděpodobně z let sedmdesátých.

Zebrák a Točník na dovedně vytvořeném kolorovaném diapozitivu z přelomu století neznámého autora. Podobné práce se s oblibou uplatňovaly na vlastivědných přednáškách a později i ve školách při výuce. Ústřední matice školská měla několik desítek tisíc diapozitivů.

Bavorsko-česká hranice
na kolorovaném diapozitivu
z počátku našeho století.
Fotograf není znám.

hodujícím faktorem byla vyšší citlivost materiálů a jejich tovární výroba. Někteří fotografové zůstávali podivuhodně konzervativní; J. Eckert ještě v roce 1893 na Karlštejně pracoval s „mokrými deskami". Neméně revoluční význam pro další rozvoj fotografie jako „suché desky" měly vynálezy, umožňující fotografie reprodukovat. Možnost téměř nekonečné multiplikace, tato význačná vlastnost fotografie, byla úspěchy tiskařských metod výrazně podtržena a stala se v následujícím období základem úspěšnosti obrazových časopisů.

S přibýváním zájemců o fotografickou práci, což právě ovlivnila tovární výroba fotografických materiálů, laciných kamer pro širší veřejnost i zavedení výroby svitkových filmů, bylo třeba řešit otázky spojené s ochranou fotografické živnosti. Prvním fotografickým sdružením u nás byl Český fotografický spolek, pracující v Praze od 18. září 1882. Jeho protektorem byl Jindřich Eckert, který spolu s tajemníkem Františkem Fridrichem stál v čele dalšího sdružení: Společenstva fotografů v obvodu pražské Obchodní a živnostenské komory, které působilo od března 1886. Symbolickým mezníkem v historii české fotografie bylo vytvoření první amatérské organizace fotografů u nás v den 50. výročí zveřejnění vynálezu daguerrotypie — Klubu fotografů amatérů v Praze (K F A), který i po založení dalších klubů v Čechách si udržoval svůj dominující vliv na vývoj české fotografie.

V osmdesátých letech se po českých městech dotvořila síť fotografických ateliérů. Úspěšné závody začaly budovat filiálky. Typem prvního českého fotografa podnikatele byl Jan Langhans, který svou první pobočku v Mariánských Lázních vybudoval roku 1886. Teplický fotograf Carl Pietzner vytvořil snad největší síť fotografických poboček v Evropě od Berlína po Budapešť. Někteří majitelé fotografických závodů se snažili vybočit z rutiny běžné portrétní práce a věno-

Parníky Primátor Dittrich a Vyšehrad
na přístavišti v Praze.
Jemně kolorovaný diapozitiv neznámého autora
z počátku našeho století.

Sáně před hotelem U modré hvězdy v Jilemnici
na kolorovaném diapozitivu
Jana Plischkeho z února 1907.

Obří bouda v Krkonoších
na snímku Jana Plischkeho
v roce 1907.

vali se s oblibou i jiným oblastem fotografování. Vděčná a výnosná byla zejména dokumentace stavby železnic nebo trvalá spolupráce s velkým výrobním závodem. Již počátkem sedmdesátých let fotografoval O. Bielfeldt chemické závody J. D. Starcka v západních Čechách a J. Eckert začal pravidelně fotografovat kolejová vozidla vyrobená u Ringhofferů na Smíchově. Dlouho spolupracoval i s pražskou mostárnou bratří Prášilů. Vedle zakázek se Eckert ze záliby věnoval krajinářské fotografii. Byl prvním u nás, který koncipoval cykly snímků jako vyznání krásám a uměleckému bohatství své vlasti.

Přelom osmdesátých a devadesátých let byl mocným zlomem v dějinách fotografie u nás, srovnatelný s nástupem fotografických vizitek na přelomu padesátých a šedesátých let. Užívání nových halogenstříbrných materiálů s želatinou od základů změnilo fotografickou praxi, neboť výrobu fotomateriálů převzal rodící se fotografický průmysl. A fotograf, osvobozený od břemene přípravy citlivých materiálů, se postupně při práci v terénu odlehčoval i od velkých kamer — přicházely lehké pohotové přístroje, umožňující fotografování bez stativu. Možnost snímání z ruky od základu změnila přístup fotografů ke snímkům v exteriéru a zejména k zachycování určitých situací. Zrodil se typ fotografa, specializujícího se na „momentky", jimiž se především označovaly fotografie pohybu. (Termín pochází z anglického „snapshot", původně „bleskový výstřel od boku" z loveckého slangu.) V pracích Rudolfa Brunera-Dvořáka, titulujícího se jako „momentní fotograf", bylo od Zemské jubilejní výstavy roku 1891 dosahováno výsledků, srovnatelných se soudobou evropskou špičkou.

S nástupem amatérského fotografického hnutí, s možností „fotografování pro všechny", souvisely snahy povyšovat fotografická díla na vážnou uměleckou

Ke svým turistickým putováním bral Jan Plischke s sebou celou rodinu.Na kolorovaném diapozitivu odpočívají na slámě jeho čtyři synové. Diapozitiv nese štítek s názvem: „Nocleh ve Štěchovicích 1910“.

tvorbu, sledující přímé vzory v malířství a grafice. Fotografové-umělci se těmito díly snažili odlišit od řad amatérů, jimž zdokonalená technika umožňovala jednoduché „cvakaření". Vznik hnutí fotografického piktorialismu, kterým se obecně označuje sledování malířských vzorů ve fotografii, má své kořeny na konci padesátých let minulého století v Anglii. Jemný odraz anglického piktorialismu nalezneme patrně i v pracích některých šlechtických amatérů, z nichž František Lobkovic, jako jeden z mála fotografů v Čechách, byl členem Fotografické společnosti ve Vídni.

Ke konci 19. století uzrály společenské, umělecké i technické předpoklady k rozmachu fotografického piktorialismu. Piktorialisté kladli důraz spíše na autorskou individualitu a vyjadřování atmosféry než na popisný záznam skutečnosti. Proto rozličnými způsoby potlačovali ostrost snímků a používáním ušlechtilých fotografických tisků ovlivňovali osobitým způsobem převod polotónů z původního negativu. Termínem „secesní piktorialismus" označujeme celou oblast tvorby fotografů usilujících o umělecký projev v desetiletích kolem přelomu století, kdy dominovalo užívání ušlechtilých fotografických tisků, jež jsou sice charakteristickým, nikoli však jediným znakem této fáze piktorialismu s prvky posledního univerzálního slohu.

Na tuto fázi navázala poslední etapa piktorialistického hnutí, označovaná jako „puristický piktorialismus", pro niž bylo charakteristické užívání „měkkých objektivů", objektivů o dlouhé ohniskové vzdálenosti, předsádek ke změkčení kresby, jež mělo za cíl zvýraznit náladu, atmosféru. Nejednalo se o podání reálného obrazu skutečnosti, ale o snahu tuto skutečnost přetvořit vyvoláním určité malebnosti a tento pocit přenést na vnímatele snímků.

Obliba ušlechtilých fotografických tisků, jež u nás nastoupila proti západní Evropě se zpožděním, ovlivňovala tvář české fotografie po čtvrt století. Jejímu většímu rozmachu bránila propagace národopisně a vlastenecky laděné tvorby na stránkách Fotografického obzoru, časopisu K F A, založeného roku 1893. V Praze se tak nevytvořilo, na rozdíl od Vídně, jedno ze středisek piktorialistického hnutí. V prvním desetiletí nového století na amatérskou fotografii vý-

Jan Plischke vytvořil vedle nevšedních turistických snímků i reportáž z přípravy balónu před startem. Plischkeho diapozitivy jsou jedním z mála dochovaných signovaných souborů vubec. 13. května 1906.

razně působily i přednášky se „světelnými obrazy“, kolorovanými diapozitivy. Po první velké vlně zájmu koncem devadesátých let se ušlechtilé fotografické tisky začaly výrazněji prosazovat na výstavách a v časopisech až roku 1911.

Devadesátá léta byla přímo nabitá událostmi, které ovlivnily i rozmach fotografie a fotografování vůbec. Značný vliv na společenské vědomí měly velké národní výstavy konané v Praze v letech 1891, 1895 a 1898. Žádná z výstav nebyla pouze pražskou záležitostí, ale účastnily se jich svými expozicemi celé Čechy. Národopisné výstavě 1895 předcházely rok předtím četné výstavy krajové, podobně jako koncem devadesátých let se uskutečňovaly ve významnějších městech průmyslové výstavy, propagující místní výrobu. Právě Národopisná výstava československá podnítila vlnu národopisně orientované dokumentaristické tvorby a byla i příležitostí pro místní amatérské i profesionální fotografy dát své práci „vyšší smysl“ ve „prospěch národa“. Řada snímků byla také v expozici využita a byla i základem mnohých muzejních fotografických fondů. Proces národopisně laděné dokumentaristické tvorby přetrvával až do počátku 1. světové války a měl své velké osobnosti: Karla Dvořáka, Ferdinanda Velce, Bohumila Vavrouška. Kolem přelomu století pak tato větev dokumentaristické tvorby byla rozhojněna fotografickými pracemi pro Soupisy památek historických a uměleckých v jednotlivých okresech, na nichž spolupracovala řada významných fotografů. V jiných soudobých dílech vlastivědného typu se ještě mnohdy uplatňovala kresba.

Poprvé se česká amatérská fotografie představila veřejnosti na Zemské jubilejní výstavě v Praze v roce 1891, kde ve vlastním pavilónu Helios prezentovala snímky převážně popisného charakteru. Návštěvníky výstavy tehdy zvlášť zaujal Karel Dvořák, který se stal nejvýraznějším exponentem vlasteneckého poslání amatérské tvorby. V první polovině devadesá-

Jan Plischke byl také první u nás, kdo úspěšně fotografoval z balónu. Cyklus kolorovaných stereodiapozitivů nese vedle data (13. 5. 1906 nebo 28. 9. 1905) stručné označení výšky balónu v okamžiku expozice: 10, 20, 50, 150, 200 m, Kladno 1 600 m, Nové Strašecí 2 500 m . . .
Tento snímek je prvním, pořízeným při vzletu.
Voják salutuje.

Vzácný kolorovaný diapozitiv dílny punčocháře
z přelomu století.
Strnulost výrazů vyplývala z délky expozice
neznámého fotografa z Domažlicka.

>
Babička s dětmi v chodské vesnici
na přelomu století
na dovedně kolorovaném snímku
snad od K. Dvořáka

tých let mezi amatéry zvlášť vynikl Ludvík Pinka, jehož pigmentový tisk Studnař získal v roce 1900 mezinárodní proslulost. První gumotisky v Praze vytvořil Otto Šetele, který dominoval v amatérské fotografii spolu s Rudolfem Špillarem kolem roku 1900. V tomto roce byly ve Strakonicích vystaveny amatérské fotografie vedle maleb, výstava však byla hodnocena negativně, zvláště pak „nechutné snímky kodakové". Ani druhý takový pokus o konfrontaci v roce 1908 ve Vysokém Mýtě pro nízkou úroveň fotografií nedopadl dobře. Mezitím v tvorbě fotografů amatérů upoutávají pozornost práce Adolfa Vyšaty, Josefa Binka, Karla Anderleho, Ludvíka Komrse a Josefa Nováka ze Zbiroha.

Devadesátá leta nebyla jen desetiletím velkých výstav a nástupu českého amatérského hnutí, ale přinesla i řadu převratných novinek. V jednom jediném desetiletí se lidé v Čechách poprvé setkali s elektrickou tramvají, s automobilem, s fonografem, s kinematografem. Elektrická energie přesvědčovala na každém kroku, že jí patří budoucnost. Měnil se styl života, měnila se historická jádra měst. V Praze byl schválen asanační zákon a fotografové zachycovali budovy a čtvrtě určené k asanaci s cílem zachovat obrazové svědectví potomkům. Podobné dokumentaristické práce v souvislosti s novou výstavbou měst probíhaly i v jiných českých městech (Plzni, Hradci Králové, aj.). Dokumentaristická aktivita fotografů, které se věnovaly jak nejvýznamnější profesionální osobnosti, tak i obětaví nadšenci z řad amatérů, se začala oceňovat a měla velkou publicitu. Spolu s domy a čtvrtěmi určenými k asanaci a rázovitými venkovskými stavbami se fotografovali i ti, kteří představovali jakési symboly starého času, „typy" a bizarní figurky vůbec. Zájem o „typ" projevovala i současná literatura a někde je nalezneme i na pohlednicích.

Tradiční živnostenská portrétní fotografie, která byla nejrozšířenější oblastí fotografické aktivity, dlouho pokračovala ve stereotypu práce předchozích desetiletí. Novými ideály secesního piktorialismu byla prodchnuta jen částečně a v menších městech značně opožděně. V práci se namísto vytváření kontaktů začaly používat zvětšovací přístroje, albuminový papír nahrazoval celloidinový a papíry bromidostříbrné. Měnil se tudíž tón portrétních fotografií z barev teplých na chladné. Krizi živnostenské portrétní fotogra-

Kolorovaná fotografie neznámého fotografa, pravděpodobně z roku 1914, nese označení: „Francek a Kateřina Houdalovi s plachetním vozem, plným porcelánového nádobí, cestou na jarmark pod oseckým vrškem u Rokycan . . . Za Franckovýma nohama stojí psík zvaný Karel."

Michalská ulice v Praze počátku našeho století
s živým pouličním ruchem.
Skvělá momentka charakterizující život Starého Města
vytvořená neznámým fotografem.

Nároží Liliové a Karlovy ulice
v Praze
ze stejného souboru
jako předchozí snímek.

fie řešili někteří fotografové zvýšenou nabídkou speciálních úprav portrétů: fotografické kameje, leptání fotografických obrazů do skla, úpravy snímků na porcelán, sklo, mušle. Někteří amatéři, ale i fotografové z povolání se snažili odlišovat od ateliérových stylizací, strojenosti, chladnosti a nevkusu vytvářením přirozeně a živě působících portrétů. Osobnosti a umělce začali fotografovat nikoli ve svém ateliéru, ale v jejich přirozeném prostředí. Tyto pohledy „do dílen českých umělců" pak zveřejňoval nejvýznamnější fotografiemi ilustrovaný časopis té doby — Český svět.

Na prahu 20. století měla fotografie již několik silných samostatných větví, které se navzájem křížily, doplňovaly a olivňovaly. Povrchní rozdělení na živnostenské a amatérské práce již nemůže obstát. Samostatnou oblastí byla vědecká fotografie, i když i do této sféry zasahovali někteří z živnostenských fotografů. Výrazných úspěchů se dosáhlo zejména v astronomické fotografii. Krásným příkladem skloubení vědeckého experimentu s tvůrčí činností představoval soubor rentgenogramů „Pokusy při světle katodovém" Jindřicha Eckerta, vytvořený roku 1896. Nové století s sebou přineslo nové formy zábavy a sportu, začal se organizovat volný čas. Rostly požadavky na vzdělání a kvalifikaci. Fotografie v obrazových časopisech, díky pokroku reprodukčních metod, se těšila značné kvalitě a úctě, umocňované vynikajícím typografickým uspořádáním. Na vývoj a proměny fotografie po roce 1900 muselo mít nutně vliv stále širší používání elektřiny. Elektřina, jako všemocný fenomén, stála u zrodu dobového obdivu k technice a víry v pokrok, elektrické světlo ulice poskytlo fotografům možnost jinak a nově vnímat šerosvit a noc v záři světel, používání elektrického světla v ateliérech poskytlo dříve netušené možnosti v nasvícení a ztvárnění atmosféry, elektrické žárovky usnadnily práci při zvětšování.

III. všesokolský slet v roce 1901 v Praze
na kolorovaném stereodiapozitivu neznámého autora.
Pozoruhodně jemná koloristická práce.

Nejpočetnější vrstvu fotografujících již netvořili živnostníci, ale fotografové amatéři. Vedle organizovaných amatérů stále přibývalo s pokrokem fotografické techniky příležitostných fotografů, kteří se neorganizovali, neboť neusilovali o umělecké mety, ale jimž fotografický aparát sloužil pro potěšení zachycovat chvíle rodinné pohody nebo kratochvíle s přáteli. Patřil k nim například lékař v Jilemnici Jaroslav Feyfar, v Praze Jan Plischke a Bohumil Střemcha, v Čáslavi a Hradci Králové Jaroslav Prokop, na Zbirohu básník Josef Václav Sládek (jenž ovšem byl členem KFA). Tuto rostoucí aktivitu fotografů příležitostných, související i s léty konjunktury a hospodářského rozmachu let 1900—1913, je třeba odlišovat od tvorby organizovaných amatérských fotografů, jež se mnohem více stylizovala a postrádala spontánnosti, hravosti a okouzlení fotoaparátem jako u „svátečních" fotografů. Mezi neorganizovanými amatérskými fotografy byli i někteří, jimž fotoaparát sloužil k uskutečňování dokumentaristického programu, jako již zmiňovaní Velc a Vavroušek.
Činnost KFA, jenž se od roku 1902 nazýval po založení obdobného klubu německého Český klub fotografů amatérů (ČKFA), kulminovala rozsáhlým výstavním vystoupením roku 1897. V letech 1899—1906 došlo k určité stagnaci v práci klubu, jejímž vnějším projevem byly projekce vlastivědných diapozitivů. Projekce světelných obrazů zabrzdil rozvoj kinematografie, jenž vedl i ke ztrátě obliby stereofotografií. Kinematografickými pokusy se zabývali také někteří fotografové (I. J. Schächtl, Jan Kříženecký, Antonín Pech).
S vydáváním pohlednic poklesl zájem o místopisné snímky na vizitkách a kabinetkách. Místopisné práce fotografů však s přibývajícím počtem tištěných pohlednic kvantitativně neobyčejně vzrostly. Někteří fotografové se přímo specializovali pouze na fotografování pro pohlednice, mnozí byli zároveň i jejich vydavateli. Tematické soubory místopisných stereofotografií vydával například František Krátký v Kolíně nebo B. Kočí v Praze. Po roce 1905 tyto soubory světlotiskových stereosnímků, vydávaných s určitým vlastivědným patosem, působily jako anachronismus. Někteří autoři fotografických vedut reagovali na všednost pohlednic, jejich množství a fotografování stále stejných objektů snahou o vyhledávání všedních či neznámých míst, jež začali zpodobovat tak, že

Olejotisk podepsaný F. Drtikolem a A. Škardou
z cyklu Dvorů a dvorečků pražských
z roku 1911.

se divák nořil do bizarní atmosféry nápovědí a nálad. Přestalo být podstatné podání reálného obrazu, ale jednalo se o vyvolání pocitů, dojmů. Podobně ostatně reagovali na banální produkci portrétů i někteří fotografové v ateliérech. Krásnou ilustrací této tendence bylo vytvoření souboru olejotisků Františka Drtikola a Augustina Škardy roku 1911, jehož orientace na všední náměty a neznámá místa vyplývá již z názvu: Z dvorů a dvorečků pražských.

Po letech určitého tápání a hledání orientace v amatérské a živnostenské tvorbě se v druhé polovině prvního desetiletí našeho století objevila ve fotografii nová jména, nastoupila nová generace. Ve fotografických časopisech přibývalo článků o problematice umělecké fotografie. V roce 1907 proběhla na stránkách Fotografického obzoru první významná anketa o poslání fotografie v našem tisku na téma „Kdo jsme?“ Její význam doplňuje další podtitul: „Co jest fotografie a kdo jsou fotografové?“. Další historickou výstavu uspořádal Český klub fotografů amatérů v roce 1911. Poprvé se na výstavě u nás objevily fotografické akty a hodnotné portréty Františka Drtikola, Vladimíra Jindřicha Bufky, Augustina Škardy. Neméně významná byla i výstava konkurenčního klubu fotografů na Královských Vinohradech, založeného roku 1908 a instalovaná v Rudolfinu, tehdy všeobecně nejuznávanějším stánku umění v Praze. Díky oběma výstavám, na nichž vystavovali amatéři svorně s profesionály, můžeme rok 1911 považovat za zlom v chápání a uznání umělecké fotografie. Současně několik prací ohlašovalo i novou — puristickou fázi piktorialismu. Tento sloh k nám začal pronikat zejména zásluhou Čechoameričana Drahomíra Josefa Růžičky, jehož autorita silně ovlivnila poválečný vývoj české fotografie.

Český klub fotografů amatérů v Praze, který sdružoval i řadu mimopražských fotografů, plnil úlohu jakéhosi metodického centra i pro kluby mimopražské, z nichž nejstarší a nejvýznamnější byl plzeňský, založený již roku 1894. Z ostatních klubů, jichž bylo celkem třináct, si zřejmě nejzdatněji vedl klub ve Vysokém Mýtě. K hodnocení ostatních chybí srovnávací materiál i menší publicita.

Rok 1911 byl i určitým mezníkem v právním postavení fotografů, neboť v tomto roce byla fotografie prohlášena za řemeslnou v oblasti portrétu. Každý jiný

Gumotisk s dobře patrnou strukturou papíru
od J. Binka z přelomu století,
znázorňující Jitřní náladu v Krucemburku.

způsob fotografování, tedy i krajin, pamětihodností, zůstal nadále svobodným podnikáním. Podle nařízení se portrétním fotografem mohl stát pouze ten, kdo se prokázal doklady o způsobilosti, vyučením, tovaryšskou zkouškou a nejméně tříletou pomocnickou praxí nebo vysvědčením z c. k. grafického učebního a pokusného ústavu ve Vídni.

Vedle nových fotografií se množily i články, jež můžeme označit jako první studie o estetice fotografie. Nejvýznamnějším teoretikem fotografie, vedle všestranného Bufky, byl Jaroslav Petrák. Po publikaci, jež svým názvem „Žeň světla a stínu" programově ohlašuje poslední fázi piktorialismu, uveřejnil v roce 1912 dvě významné studie „Podstata a ráz tzv. umělecké fotografie" a „Estetika snímků fotografických". Mnohem více původních myšlenek obsahuje ovšem snad vůbec nejvýznamnější studie o fotografii do dvacátých let našeho století — a to článek Emiliana Balcara „O umění a umělecké fotografii. Trochu kacířství a trochu touhy", otištěný ve Fotografickém obzoru v roce 1915.

Zdá se, že v letech 1911—1913 kulminoval vývoj české předválečné fotografie. A do určité míry byly tyto roky i vrcholem prosperity období „belle époque", neboť v roce 1913 přišel prudký záchvěv krize a 1914 válka.

Novým myšlenkám, jež se šířily především v amatérském hnutí, se začaly přizpůsobovat i živnostenští fotografové v Praze i mimo Prahu. Vedle nemnoha starých známých ateliérů, citlivých k novým postupům (Jan Langhans v Praze, Josef Šechtl v Táboře), vznikaly pod praporem nových estetických ideálů nové ateliéry a to především v Praze (Schlosser a Wenisch, Vaněk a Kanderál, Drtikol, Bufka).

Důležitým svědectvím o proměnách fotografického obrazu v letech před první světovou válkou je používání první obecněji rozšířené techniky barevné fotografie — autochromů. Poprvé se v Praze představily v roce 1907, v říjnu v roce 1909 jich Bufka na své přednášce vystavil padesát. V roce 1910 byla otištěna první reprodukce ve Fotografickém obzoru a vydána Bufkova příručka. U vzácně dochovaných autochromů převládá jakési opojení z barev bez respektování zákonitostí skladby barevného snímku. Z dochovaných prací jsou pozoruhodné autochromy malíře Vincence Dlouhého a Karla Šmirouse.

Gumotisk Vladimíra Jindřicha Bufky se západem slunce
nad blíže neurčeným jezerem,
signovaný slepotiskem vpravo nahoře.
Snímek pochází z konce prvního desetiletí
našeho století.

Po 75 letech existence fotografie byla v pražském Uměleckoprůmyslovém muzeu na přelomu let 1914—1915 instalována velká výstava, která byla vlastně prvním mezinárodním fotografickým salónem v Čechách, neboť představila i světoznámé autory ze zahraničí zařazené do kontextu domácí tvorby, představené i v rozsáhlé retrospektivě. Ohlas výstavy zapadl v bubnech války — Praha, Čechy, Evropa měly jiné starosti.
Množství obrazových informací, jež na prahu první světové války bylo ve své kvantitě nesrovnatelné se situací kolem poloviny devatenáctého století, kdy jediným masovým prostředkem šíření autentických obrazů byly stereofotografie a vizitky. K těmto nejstarším prostředkům fotografického sdělení pro širší publikum přistoupily ke konci století světelné obrazy-diapozitivy, dále fotografické zpravodajství v časopisech, knihách, na pohlednicích nebo tištěných stereofotografiích. Kolem přelomu století se statické světelné obrazy na promítací ploše před divákem daly do pohybu — vznikl kinematograf — divadlo oživených fotografií. Zápas za uměleckou fotografii měl v českých podmínkách své osobité rysy, dané charakterem života v mnohonárodnostní monarchii a soupeřením mezi živlem českým a německým. Teprve kolem roku 1911 dosáhla umělecká fotografie úrovně srovnatelné s pracemi významných evropských fotografů. Tento opožděný rozmach fotografického piktorialismu u nás, daný proklamovanou služebností české fotografie emancipačnímu zápasu české společnosti se ovšem netýkal fotografie momentní a dokumentaristické, kde v dílech Rudolfa Brunera-Dvořáka, Ferdinanda Velce, Zikmunda Reacha a do roku 1905 Jindřicha Eckerta nalezneme velmi pozoruhodné práce. V 19. století se Čechy vždy spíše vyrovnávaly s evropským děním, než aby samy přinášely osobitý vklad. Výjimkou bylo jen několik osobností, které dočasně stály v pozornosti evropského vývoje — Wilhelm Horn, František Fridrich, Jindřich Eckert. Méně přínosná práce našich fotografů poněkud kontrastuje s přínosem českých vědců a vynálezců k rozvoji fotografie a zejména reprodukčních technik — Josef Petzval, Jan Evangelista Purkyně, Jakub Husník, Karel Klíč. Příliš mnoho z odkazu fotografů se také zničilo. Možná, že se zpřístupněním všech sbírek fotografií nás ještě mohou čekat zajímavé objevy.

„Večerní vlak“, gumotisk V. J. Bufky z roku 1911 s kolorovanými světly vlaku, dokládá Bufkovu zálibu ve snímcích s nevšední světelnou atmosférou. Slavná fotografie je nádhernou poctou parnímu stroji, zosobňujícímu techniku 19. století.

KRAJINA A SÍDLA

I

PROMĚNY MĚST A KRAJINY POHLEDEM FOTOGRAFŮ Proměny měst a krajiny byly jednou z nejpodstatnějších změn, které člověk 19. století prožíval; s rozvojem průmyslu vznikala města a krajiny průmyslové. V krajině vyrostly tovární objekty s komíny a těžními věžemi, jámy povrchových dolů a haldy. K přeměně obrazu krajiny velmi přispěla železnice, která protkávala pole, louky a lesy svými náspy, mosty a tunely, bourala městské hradby. Pokrokovější stavební technologie umožňovala překlenout imponujícími konstrukcemi rozlehlá údolí. Tyto objekty svérázné technické krásy patřily k zvlášť oblíbeným námětům fotografů.

Vytvoření nového komunikačního systému, od dopravy zboží a lidí po systém předávání informací (včetně fotografie jako sdělovacího média), bylo nutným předpokladem dalšího rozvoje společnosti. S vytvořením nových ekonomických vazeb vznikly i úplně nové časoprostorové vztahy. Až parní lokomotiva a moderní prostředky komunikace, jako telegraf a telefon a předávání informací obrazem, začaly bourat po věky zažité představy a pozvolna měnily rytmus života a práce, ovlivněný především přírodními faktory.

Zrušením tradičních vlastnických vztahů se otevřely cesty ke kapitalistickému podnikání i v zemědělství. Změny v ekonomicko-geografické a demografické struktuře musely mít přirozeně vliv na proměny vnější tvářnosti krajiny. Čechy měly ve srovnání s jinými evropskými zeměmi vysokou hustotu obyvatelstva; více než třikrát větší jak celoevropský průměr. Výjimečná byla i struktura rozmístění obcí, soustředěných často jako věnec okolo měst a městeček, s nimiž tvořily hospodářské i kulturní společenství. Vedle středočeské průmyslové oblasti s hlavními centry v Praze a posléze i v Kladně se nejvíce měnila plzeňská oblast a území na severu Čech, ovlivněné rozvojem těžby hnědého uhlí. Specifický charakter s tradicí textilní výroby mělo Liberecko. Právě fotografie dokládaly první rozsáhlé devastace krajiny.

Také města s průmyslovým rozvojem měnila svou podobu, zejména od devadesátých let 19. století. Zvětšovala se jejich rozloha, výstavba se vzdalovala od historického jádra, bořily se hradby. Vedle kostelních a radničních věží vyrostly komíny i konstrukce těžních věží. S nároky na městskou dopravu se měnily ulice. Se vzrůstajícím množstvím lidí žijících ve městech bylo nutné řešit otázky hygieny — vodovodního systému a kanalizačních sítí. Regulovaly se řeky, vznikala nábřeží. Dokumentace výstavby pro potřeby městského stavebního úřadu patřila k privilegovaným pracím místních fotografů.

Základem pro fotografie továrních objektů, měst, pohledů na vesnice a krajinu byla do devadesátých let konkrétní objednávka. Profesionální fotografové se snažili s technickou precizností a popisným způsobem zakázce vyhovět. Úsilí o malebnost a kompoziční vyrovnanost vedlo někdy k přikrašlování skutečnosti srovnatelnému s režií snímků z pracovního prostředí. Aspekt kritického pohledu na zásahy do přírodního prostředí u fotografů ještě neexistoval.

Odlišně přistupoval k fotografování památek, krajin i městských prostor Jindřich Eckert, jenž vedle zakázkových prací realizoval na vysoké úrovni řadu snímků jen pro své potěšení. Byl v Čechách první, kdo přišel s myšlenkou fotografických vyznání uměleckohistorickým a přírodním krásám vlasti.

Eckertův entuziasmus byl srovnatelný s pozdějšími snahami amatérů, fotografujících jen pro svou zálibu a bez rizika ekonomického neúspěchu. Náročnější amatérskou tvorbu představovaly seriály vlastivědných diapozitivů.

Od popisných dokumentů dospívali někteří fotografové k osobitému pohledu zdůrazňováním emotivní složky snímku, kterou na jedné straně posilovaly ušlechtilé fotografické tisky, na druhé straně lehké a nenápadné fotografické přístroje, umožňující spontánní fotografickou práci.

MĚSTA Výstavba měst vždy odrážela hospodářský, sociální a politický stav společnosti. Proměny související s průmyslovou revolucí se zvlášť citlivě zobrazily právě na měnící se tváři měst v průběhu 19. století.
Do poloviny minulého století měla v Čechách výrazně městský charakter pouze Praha. Většina ostatních měst tvořila sice někdy i mnohatisícové celky, ale s výjimkou průmyslového Liberce, pevnostních či vojenských měst typu Josefova, Terezína, Hradce Králové a částečně i krajských měst si uchovávala svůj kolorit rolnicko-řemeslnických sídlišť. Také Praha měla podobný idylický ráz, ale byla výjimečná počtem obyvatel, hospodářským zázemím, kulturním životem i tradicí královského sídla. Města a městečka první poloviny 19. století měla stále patrnou feudální strukturu, mnohdy si uchovávala svůj pravidelný půdorys, blokovou zástavbu zpevněnou po obvodu hradbami, které výrazně oddělovaly města od krajiny. Z okolních kopců byla přehlédnutelná „jedním okem". Na centrálním náměstí stával obvykle hlavní kostel, na náměstí byla kašna. Tato ústřední, město reprezentující prostora, se v počátcích místopisné fotografie těšila největší pozornosti fotografů. Oblíbené byly ovšem i celkové záběry na města ze stanovišť, které před explozí zájmu o vizitky a stereofotografie prověřily již generace grafiků a malířů. Předměstí se neorganicky rozkládala při výjezdových komunikacích, vycházejících z městských bran, jež se na noc zavíraly.
V Čechách se nezrodily výrazné urbanistické realizace jako v Anglii, Francii, Německu nebo v samotné Vídni. Nicméně i u nás můžeme sledovat koncipované proměny kompozice měst i obrazu krajiny. Barokní sloh z urbanistického hlediska skončil založením pevnostních měst Josefova a Terezína, jejichž zástavba na šachovnicovém půdorysu a s kostelem v těžišti náměstí má již klasicistní charakter. Klasicistní urbanistickou koncepci má i rozšíření Nového Boru, který je nejstarším typem zahradního města u nás. Klasicistní tvář získal i Žatec. Zcela novým urbanistickým typem, charakteristickým pro 19. století, bylo lázeňské město, jehož nejpůvabnějším příkladem jsou Františkovy Lázně. Ústřední prostorou lázeňských měst nebylo již náměstí, ale hlavní ulice, v případě Františkových Lázní zvaná Císařská, orientovaná k hlavnímu prameni Františku. Podobným příkladem byly Mariánské Lázně, kde hlavním kompozičním principem při založení města byl centrální prostor parku. I v případě Karlových Var, původně středověkého města, bylo s mimořádnou citlivostí respektováno přírodní prostředí s páteří říčky Teplé. Příkladem empírového města bylo lázeňské centrum Teplic. Zajímavým příkladem města jednotné koncepce, vzniklého „na zeleném drnu", byl Karlín se stejnou šířkou ulic i jednotnou výškou klasicistních domů, později podstatně narušených.
Výstavba železnic, související také se surovinovými zdroji, měla nemalý vliv na rozmístění průmyslu a na koncentraci obyvatel do měst. Významná historická města, jež se dostala z různých příčin (někdy i nepochopením otců města) mimo hlavní železniční tahy, počala stagnovat. Příkladem je Litomyšl, Vysoké Mýto, Kutná Hora, Kouřim, Sedlčany, Polná, Žamberk. Jiná, dříve bezvýznamná, vlivem polohy na železnici nabyla důležitosti a překotně se rozrostla.

Nejstarší fotografické vyobrazení města u nás — daguerrotypie Karlových Var, pravděpodobně z roku 1841, kdy byla uvedena na trh první celokovová komora na světě P. W. F. Voigtländra z Vídně s Petzvalovým objektivem, zařízená pro kruhovou daguerrotypickou desku o průměru 96 mm. Autor této daguerrotypie není znám. Byl jím pravděpodobně některý z cestujících daguerrotypistů, který snímek z již tehdy světoznámých lázní pořídil spíše ze zvídavosti, než z praktické potřeby.

Vedle Prahy, Plzně, Hradce Králové, Liberce, kde byl hospodářský a kulturní vzestup nejmarkantnější, existoval v Čechách velký počet měst podstatně menších, která neprožívala žádný impozantní hospodářský rozmach a jejichž struktura nebyla ovlivněna průmyslovou velkovýrobou. Města, jako například Tábor, Rakovník, Klatovy, Domažlice, ovládaná obvykle vrstvou středně zámožného řemeslnictva, byla sice určitými kulturními centry pro své okolí, ale jako celek byla poměrně konzervativní.

S rozvojem průmyslu se zvyšovala hladina městské zástavby, průmyslové objekty se významně podílely na městských panoramatech. Na místech zrušených hradeb se objevovaly plánovitě zakládané parky. Velmi rozšířeným kompozičním prvkem tehdejších urbanistických tendencí byly projekty nádražní třídy, spojnice mezi centrem města a nádražím. Okolo této třídy, kam se začaly koncentrovat i fotografické ateliéry, vznikaly nové čtvrtě, jako například v Táboře, Českých Budějovicích, Pardubicích a jinde.

S proměnami životního stylu a s narůstáním sebevědomí české společnosti souvisela výstavba četných reprezentačních budov, které vtiskávaly prostorám města výrazný individuální charakter. Z historických slohů odpovídala těmto objektům nejvíce novorenesance. Vedle staveb řešených s touhou po originalitě — radnice, spořitelny, muzea — byly naopak nemocnice a zejména školy v různých městech řešeny univerzálně. Pomníky, před rokem 1840 ve městech zcela ojedinělé, dotvářely reprezentační ráz ústředních prostor.

Fotografie nejenom věrně dokumentovaly historické pamětihodnosti měst a vznik nové zástavby, ale detailně také dokládaly měnící se vzhled komunikací (dlažba, asfalt — poprvé v Čechách v Karlových Varech, stromořadí, veřejné osvětlení, stále větší množství informačních a reklamních cedulí). Tiché a osamělé ulice na fotograficích šedesátých a sedmdesátých let kypěly ke konci století intenzívním ruchem.

Soutěžení mezi plynovým a elektrickým osvětlením ulic započalo po roce 1879. Roku 1891 byly plynárny již v 37 městech v Čechách. Dočasný pokus o veřejné elektrické osvětlení provedl František Křižík v Praze v Hybernské ulici v roce 1881. Hlavní město předběhl Jindřichův Hradec a Písek, kde bylo elektrické veřejné osvětlení instalováno roku 1887, o dva roky později svítilo elektrické světlo v některých ulicích Žižkova.

Pronikavou změnu v pojetí fotografie města přinesla devadesátá leta. Zároveň nastal i ohromný kvantitativní vzrůst počtu snímků. Asanační zásahy vyvolávaly potřebu fotodokumentace jak původního stavu historických čtvrtí, tak jejich stavebních proměn. Obchody, dílny, pohostinství, hotely a veřejná doprava se často fotografovaly z propagačních důvodů. Pro obrazové časopisy se pořizovaly reprezentativní záběry nových budov a hlavních tříd. Kolem přelomu století nastal ohromný rozmach produkce pohlednic s množstvím záběrů nesrovnatelným s produkcí vizitek a stereofotografií.

Od devadesátých let 19. století fotografovali v ulicích měst také amatérští dokumentaristé pro své potěšení i radost z „lovu“, kteří tíhli k nearanžovanému zachycování života. Záběry těchto autorů jsou mnohdy nejpřitažlivějšími dokumenty soudobého životního stylu.

Oválný tvar u nejstarších pohledu na města zakrýval v podstatě nedostatky v kresbě méně kvalitních krajinářských objektivu. Nevšední pohled na dominanty a bránu města Hradce Králové pochází již z druhé poloviny šedesátých let 19. století. Jeho autorem byl pravděpodobně malíř a fotograf Adolf Russ.

„. . . Od nedlouhého času osobní bezpečnost v pražských ulicích jest ohrožována houfným a systematickým řáděním tzv. fotografů-amateurů, kteří chodce nic zlého netušící přepadají i za bílého dne a v ulicích nejživěji frekventovaných. Všecka až posud proti nim učiněná opatření nepotkala se s žádoucím výsledkem, a bujné a rafinované jejich řádění trvá dále. Chodec nic zlého netušící každé chvíle může zakopnout o aparát připravený k atentátu, každé chvíle octne se před aparátem naň namířeným, poleká se jím na promenádě, o veřejných slavnostech, na ledě, na výletech, všude. Není bohužel místa, kde by zhoubnými a nebezpečnými těmi přístroji nebyla ohrožena bezpečnost člověka domácího i cizího, pánův i dam, ano i zamilovaných, kteří sešli se k důvěrné schůzce. Hlavně o slavnostech a veřejných průvodech je téměř nebezpečno vyjíti na ulici, neboť zhoubné přístroje fotografů-amateurů jsou v takových případech nalíceny všude, číhají za každým oknem, z každého vikýře, za každým komínem, na každé střeše, a ukrytými přístroji těmi i před tváří policie zahajována jest pravá zuřivá rychlopalba.“

Zlatá Praha
(1892)

Zejména Prahu pravidelně navštěvovali fotografové z ciziny. Němečtí fotografové Stengel a Markert využili staveniště Rudolfina k půvabnému záběru z nadhledu na řetězovou lávku s Malou Stranou a Hradčanami v pozadí. Vedle tradičních snímku z nábřeží se již v minulém století fotografové snažili snímat sídlo českých králů méně obvyklým způsobem.

Město Klatovy, jako součást krajiny
s hradbou hor v pozadí,
fotografoval v roce 1875 Ignác Kranzfelder,
klatovský portrétní fotograf.

Představuje se stereofotografie, snímek určený k prohlížení ve stereoskopickém kukátku, zpestřujícím dlouhé večery. Na stereosnimku Františka Fridricha je Újezdská brána a Hladová zeď vinoucí se na Petřín, který teprve získával

J. TAUBER
TAUS.

Fotograf polského původu — B. J. Kocipiński, jenž se usadil v Třeboni, fotografoval kromě portrétů také své působiště. Pohled na náměstí s radniční věží v osmdesátých letech.

Pražští fotografové Cikánek a Schnitzel, kteří měli v sedmdesátých letech filiálku v Mostě, fotografovali také pamětihodnosti města. Na vzácné, ale opět vlivem času poškozené vizitce, je pohled na druhé náměstí v Mostě, jež před svou likvidací se jmenovalo generála Svobody. Na snímku je zachycen barokní kostel sv. Františka Serafínského a zadní část lodi kostela Nanebevzetí P. Marie.

Pražský fotograf František Fridrich, který mimořádně pilně vedle Prahy fotografoval i v západočeských láznich, kde tušil mocnou klientelu, zachytil honosnou ulici v Teplicích s typickými žaluziemi.
Fridrichovi se dařilo již v šedesátých letech fotografovat ulice oživené stafáží.

Fotograf E. Pflanz fotografoval v šedesátých letech hlavní — Císařskou ulici v Mariánských Lázních. Zcela vlevo snímku vyčnívá část dostavníku.

>

W. F. Jantsch pojal svůj snímek na vizitce z Janských Lázní téměř jako impresionistický obraz. Pečlivě rozestavil figury a exponoval v čase jedna dvě vteřiny.

I v lázních Libverda pracoval Jantsch obdobným způsobem. Vedle Fridricha byl jednou z nejpozoruhodnějších osobností místopisné fotografie vizitkové éry.

W. F. JANTSCH

LIEBWERDA.
51. Das Hotel zum „Ordenskreuz“.
Verlag von W. F. Jantsch in Reichenberg.

Pečlivá adjustace, promyšlená kompozice, charakterizuje místopisné fotografie ze Žamberecka od Woldemara Mazury, pro něhož fotografování bylo spíše koníčkem, než příležitostnou výdělečnou činností. Jeho portrétní ateliér byl totiž součástí proslulého pohostinství. Ostatně cedulka podniku je na snímku vlevo patrná.

>

Náměstí u řady měst a městeček si vlastně svou pravidelnou dispozicí byla velmi podobná. Obvykle jim kralovalo barokní sousoší nebo kašna, jež hrála svou roli v kompozičních plánech fotografů. Lékař v Jilemnici, Jaroslav Feyfar, fotografoval jilemnické náměstí kolem roku 1906.

Neznámý fotograf zachytil v Písku dnešní náměstí M. Alše s mariánským sloupem a sochami světců. Před hotelem U Zlatého kola je vůz dostavníkového typu, který vozil hosty na nádraží.

HOTEL U BOŽÍHO OKA

Také na prostranství Apolinářské ulice v Praze, s proslulou restaurací Jedová chýše, shlíží barokní světec. Kompozičně velice vyrovnaný a působivý snímek neznámého autora z doby před rokem 1914. Ukázka, jak fotografové se postupně odvraceli od fotografování pouze ústředních a dominantních prostor, ale zaujaly je i prosté a méně okázalé motivy.

>

Fotografie z Karlína od Jindřicha Eckerta z přelomu století. Snímku dominuje lucerna a nikoli náhodou je tam stojící fiakr. Jestliže bychom vyšli z Eckertovy záliby v symbolických náznacích, pak bychom na fotografii nalezli vše, co souvisí se sklonkem století; od pisoáru a elektrické lucerny, symbolizujících snahy o modernizaci města, po siluetu Žižkova jako mementa minulosti.

DVORACEK
MELICHAR
KONFEKCE
JAN NOV

Amatérský fotograf Josef Prokop pracoval s formátem 9 × 12 cm, který byl v podstatě velmi pohotovým přístrojem. Na rozdíl od předchozího dokumentaristicky orientovaného snímku se Prokopovi jednalo o vyjádření atmosféry centra Hradce Králové.

<

Na tomto záběru, pořízeném pravděpodobně fotografem Langhansovy filiálky v Hradci Králové — jehož reklamní skříňka je na snímku patrná — je lucerna kompozičním, nikoli významovým prvkem. Fotografie z let 1902—1911 ukazuje živý ruch na Palackého ulici v Hradci Králové, ruch nestylizovaný a v podstatě neovlivňovaný fotografovou přítomností, i když se zcela jistě jednalo o záběr ze stativu na negativ 18 × 24 cm. Svislice u architektury fotograf pečlivě vyrovnal; u snímku z ruky na tento formát by to nebylo možné.

Velice živě a bezprostředně působí i záběr z náměstí v Plzni, jehož autorem byl patrně Ladislav Lábek. Přes jistě nenápadné fotografovo počínání si jej dobře všiml — jak patrno — muž zákona.

>
Ani v Liberci se, po přelomu století, nepodařilo neznámému fotografovi býti nenápadným a do záběru, jako za časů techniky kolódiového procesu, se „poskládali" malí kluci, starší pánové i matka s dítětem. Vídeňská ulice v Liberci.

Korzo v Čáslavi na snímku Josefa Prokopa, asi z roku 1905. Živě a autenticky působící snímek, jaký v této době vytvářeli především amatérští fotografové.

MUSIL
Krondorfská
Za nejlepší
uznaná přírodní
KYSELKA
LITR

Proslulou Salzmannovu pivnici v Plzni fotografoval na počátku našeho století Ladislav Lábek, vynikající muzejní odborník a zakladatel Národopisného muzea Plzeňska. Při své fotografické činnosti měl především na zřeteli zachycení proměn města. Příklad snímku, kde dokument města a architektury se snoubí s věrným zachycením života ulice.

Také v Praze v souvislosti s publikováním asanačního zákona byly otázky dokumentace proměn města velmi aktuální. V asanovaných čtvrtích fotografoval Jindřich Eckert, ale i Jindřich Jaksch, fotograf, v jiné oblasti tvorby neznámý. Jakschovy záběry neobyčejně plasticky informují o Praze v období belle époque. Na snímku je někdejší Kurný trh.

Bohumil Střemcha, fotograf amatér, byl v Teplicích
zaujat postavou strážce pořádku před plakátovacím informatóriem.
U Střemchových záběrů, pořizovaných skutečně nenápadně
a bezprostředně, pochopíme také,
proč se určitému typu přístrojů říkalo
„detektivka".

Se silnou dávkou ironie fotografoval Bohumil Střemcha dva pány v rozhovoru před hostincem. Zachycená situace bezprostřednosti, úsměvným nadhledem i všedností posunuje mimoděk Střemchovu fotografii někam hlouběji do 20. století, kdy se začalo hovořit o „rozhodujícím okamžiku“.

<

Dvě ženy se zastavily k rozhovoru. Fotografie Bohumila Střemchy je patrně z Poděbrad. Fotograf není zaujat dokumentem typu, ale scénou samotnou — v podstatě běžnou banální situací.

Neznámý fotograf zachytil situaci, jež je plně po fotografické stránce pojata v duchu své doby. Ústředním prvkem je tu reklamní cedule s nápisem, dávající snímku spolu s postavami a rozložením stínů až neskutečný, absurdní ráz, podobný těm, jaké jsou na některých Atgetových fotografiích.

>

František Drtikol ve svém cyklu o pražských dvorcích si nehrál s významy věcí, ale byl zaujat jejich světelnou a tvarovou atmosférou ve vzájemných vztazích. Vzniklo dílo plné pocitových nápovědí, jež je perlou secesního piktorialismu v oblasti místopisné fotografie. Snímek z let 1910—1911.

VENKOV Fotografická dokumentace proměn venkova je pro 19. století obtížně doložitelná. Fotografové neměli důvod zavítat na vesnici, jestliže tam nehledali nějakou zajímavost vlasteneckého rázu, například „rodný domek velikána", nebo tam nebyl mimořádný památkový objekt či nová pozoruhodná technická stavba. První dokumentace některých typů lidových staveb v Čechách se pořizovala až pro Světovou výstavu ve Vídni, konanou roku 1873. Nebyla však zatím nalezena. „Venkov" byl v práci fotografů v období převládající techniky mokrého kolódiového procesu přítomen v podstatě jen na vyobrazení lidových typů v krojích v ateliéru.

Po roce 1890 se nejen zdokonalila fotografická technika, ale změnil se i přístup fotografů k tematice venkova. Příprava Národopisné výstavy československé vedla jednak k založení zvláštního Fotografického odboru výstavy a jednak k výzvám, co vše je třeba na venkově fotografovat. Na prvním místě bylo uvedeno, že „bude nutno fotografiemi zobraziti sídla národa československého . . .". Výzva měla široký ohlas mezi amatéry i některými živnostenskými fotografy (Ott — Beroun, Duras — Slaný, Šimon — Turnov, Tauber — Domažlice ad.). Vznikla tak pozoruhodná fotografická dokumentace života na venkově, včetně lidových staveb a různých oborů práce venkovského lidu. Některé ze snímků byly vystavovány na místních národopisných výstavách, pořádaných již roku 1894. Bylo to poprvé, kdy podobná tematika byla u nás představena jako součást základního záměru.

Další vlna zájmu o národopis, zvláště o lidovou architekturu, proběhla při pracích k Soupisu památek v jednotlivých okresech od druhé poloviny devadesátých let. Ostatně po roce 1900 začínaly být i na venkově markantní změny, takže fotodokumentace současného stavu se jevila stejně aktuální jako fotografování asanovaných čtvrtí v Praze. S touto myšlenkou přistoupil po roce 1910 k systematické a velkorysé dokumentaci lidové architektury Bohumil Vavroušek. Nevedly ho pouze kroky „sběratele krásy a půvabu", ale i pocit zodpovědnosti a nutnost zachytit mizející kolorit českých vesnic.

Téma „venkovského člověka" a venkova proniklo do obecnějšího povědomí, a proto se začalo objevovat i na fotografiích významných vydavatelů pohlednic. Zájem o lidové památky a architekturu projevovaly na svých výletech i náročnější amatéři, kteří s lidovými stavbami zachycovali i lidové typy, což souviselo s dobovou orientací v literatuře a jejím zájmem o „typ". Někteří fotografové přistoupili k této tematice jako součásti hledání opěrných bodů a jistot, jež spatřovali v minulosti a ryzosti venkovského člověka. Nejvyhledávanější oblastí bylo Chodsko, kde vytvořil fotografické svědectví imponující estetické i dokumentaristické kvality Ferdinand Velc.

Neznámý fotograf vytvořil pohled na Kdyni na Domažlicku, snad jako součást dokumentace pro Národopisnou výstavu roku 1895.

>

Karel Bellmann se zajímal o pohledy z nejruznějších míst. Jeho fotograf, patrně z okna hostince, fotografoval v Uhlířských Janovicích kolem roku 1900. Záběry podobného typu nacházíme na Bellmannových pohlednicích, k nimž snímek svým typem náleží. Uhlířské Janovice — pro úplnost třeba dodat — byly roku 1739 povýšeny na město.

M DUB
RÁKOS
NOSIČE
KOL
co nejrychleji

„Když jsem před 15 lety nastoupil pouť po vlasti, tehdy ještě jen jako turista, pozoroval jsem s lítostí stále větší, jak se kvapem mění vzhled našich vesnic; starobylé statky a chalupy s ozdobnými lomenicemi a pavlačemi, doškovými nebo šindelovými střechami, tak roztomile zapadlé do přírodního rámce našeho venkova, viděl jsem rok od roku více znešvařené opravami rukou, které již nebyly vedeny láskou k řemeslu a touhou po dokonalé práci, celé části vesnic viděl jsem propadati šablonovitým přestavbám, kterým na hony byla vzdálena přirozenost a poesie starých českých vesnic. Zželelo se mi těchto vůčihledně mizejících památek lidového stavitelství československého a odhodlal jsem se sbírati je fotograficky zcela soustavně. Putoval jsem od dědiny k dědině v celé oblasti československé republiky po 12 let a sebral tak bohatý a cenný materiál . . .“

Bohumil Vavroušek,
Dědina, 1925

>
František Duras fotografoval na Slánsku pro Národopisnou výstavu českoslovanskou roku 1895 četné „krajiny venkova“. Na snímku, jehož dobu vzniku připomíná jen podivuhodné spřežení, je ves Přelíc.

Záběr pohlednicového typu ze Stodůlek s naaranžovanou stafáží byl kolem roku 1900 pořízený fotografem Bellmannova tiskařského závodu. Kluci jsou bosí, ale mají pokrývku hlavy. Spřežení, na rozdíl od dětí, vydrželo stát nehnutě.

Malíř a fotograf Jan Umlauf se jako fotograf vedle portrétu zajímal o krajinářskou fotografii již od počátku své fotografické činnosti, tedy od poloviny let šedesátých. Nečinil tak z dokumentaristické potřeby, jako spíše z osobní záliby. Šušek u Kyšperka, dnešního Letohradu.

<

Malebný snímek kostela ve Vráži u Berouna, pořízený jako součást dokumentace vesnic na Berounsku pro Národopisnou výstavu. Kartón, na němž je fotografie nalepena, je na rubu opatřen nálepkou „N. V. Č. Praha 1895“. Autorem byl pravděpodobně Antonín Ott.

V okolí Vamberka a Žamberka fotografoval v osmdesátých a devadesátých letech Antonín Novák, zubní technik, preparátor živočichů a fotograf. Druhé dvě profese byly zálibou, v níž dosáhl proslulosti. Roku 1891 věnoval profesoru Eduardu Albertovi, příteli a rodákovi ze Žamberka, album vynikajících krajinářských snímků, jež jsou vlastně vzpomínkou na jeho rodiště a zamilovaná místa. Vedle pocty věhlasnému rodákovi vytvořil i nevšední poctu svému kraji.

>

Jaroslav Feyfar byl tak okouzlen Jilemnicí a jejím okolím, že i na cesty za pacienty s sebou brával fotografický aparát. Jeho motivací, podobně jako u Umlaufa, bylo zachycování půvabu v uspořádání věcí i opojení nad možnostmi fotografického aparátu.

Motivace fotografů k zachycování podoby vesnic byly různé, ale nejčastější bylo sepětí s cíly Národopisné výstavy. V podobném duchu na Domažlicku fotografoval „dvorní rada Strouhal" mlýn na „Mlýnečku", řečený „Staročeský".

Otto Raiman byl amatérským fotografem v Náchodě. Jako amatéra jej lákaly nevšedně působící motivy z Náchodska, jež jsou spíše náladovými obrázky než dokumentací národopisného charakteru, o kterou ani Raimanovi nešlo. Snímek z Dolní Radechové pořízený před rokem 1914.

>

Malíř a fotograf Ferdinand Velc naopak usiloval o národopisnou dokumentaci. Velcovy záběry z chodských vesnic z roku 1893 jsou úžasným svědectvím fotografickým

Náladová fotografie s nevšední světelnou atmosférou přináší scenérii spíše městského typu. Autorem snímku s prostým názvem „Z Žamberecka" byl Antonín Novák z doby kolem 1890.

<

Rudolf Bruner-Dvořák se jako fotograf Ferdinanda d'Este nepohyboval v cizině jen po boku vznešených, ale putoval i po Čechách a fotografoval vedle pamětihodností i české vesnice. Na kontaktní kopii z negativu 18 × 24 cm je Rábí z doby kolem 1900.

Chalupy v Jilemnici fotografoval Jaroslav Feyfar. Snímek plný vzruchu pochází asi z roku 1907.

PAMĚTIHODNOSTI Podobně jako mnohé jiné pojmy minulého století, měl i výraz „pamětihodnost" poněkud jiný obsah a smysl než dnes. Pod ním bylo skryto vše, co bylo hodné k zaznamenání pro paměť. Jako pamětihodnosti se chápaly jednak technické a stavební novinky a jednak památky minulosti, především středověká architektura a místa související s minulostí národa. Motivací fotografových zájmů byla určitá atraktivnost objektu, která by zaručila spolu s malebným pojetím snímku jeho odbyt. Vizitky a stereofotografie kupovaly střední a vyšší vrstvy, zájemci o kulturní dějiny i turisté jako upomínku z cest.

Vizitky byly často uspořádané do sérií a někdy se i číslovaly. Ceny stereofotografií se uváděly po tuctech. Číslované série Fridrichových vizitek dosahovaly počtu mnoha desítek kusů (např. Památky okolí Prahy, Teplice a okolí, Karlovy Vary).

S rostoucím turistickým ruchem získávaly statut pamětihodností i turistické objekty: rozhledny, výletní hostince, horské boudy, lesní prameny, přírodní pozoruhodnosti. Osmdesátá léta přinesla široké spektrum záběrů, které se pomalu blížilo tematické pestrosti pozdějších pohlednic.

Zúžíme-li náš zájem na dnešní památkové objekty hradů a zámků, zjistíme, že prvním autorem, který se o tyto pamětihodnosti jako o svědky minulosti systematicky zajímal, byl Jindřich Eckert. Již kolem roku 1878 vydal soubor třiceti snímků fóliového formátu s názvem Zámky, hrady a zříceniny v Čechách, v roce 1885 a 1886 pak v souborech Ze staré a nové doby, konfrontoval historickou architekturu a interiéry zámků s výrobky uměleckého řemesla a soudobými uměleckými díly. Eckertův přístup úzce navazoval na probuzený zájem o památky české minulosti, jak jej po vzoru Francie a Německa začali projevovat někteří historici a archeologové. Časopis Památky archaeologické i některé další listy pravidelně uveřejňovaly studie k nesčetným památkám české středověké architektury, jež stála v popředí uměleckohistorického zájmu romantické éry.

Iniciátorem vydání velkoryse koncipovaného Soupisu památek historických a uměleckých v Království českém, zahrnujícího průzkum, soupis i obrazovou dokumentaci ve 120 tehdejších okresech Čech, byl český architekt a stavební podnikatel, jeden z hlavních inspirátorů založení České akademie pro vědy, slovesnost a umění — Josef Hlávka. Tato instituce, respektive její Archeologická komise, byla po roce 1893 (kdy byl publikován asanační zákon pro Prahu) pověřena poskytnout české veřejnosti a vědě podrobný seznam uměleckohistorického bohatství země. Díla se chopili přední představitelé české uměnovědy i regionální historikové, muzejníci, architekti, kteří sami nebo ve spojení s fotografem vybrané památky zaznamenali. Jedním z nejpilnějších fotografů, který na díle spolupracoval, byl František Duras ve Slaném, který pořídil většinu snímků pro svazky týkající se okresů slánského, kladenského, jáchymovského a novoměstského. Do roku 1914 bylo vydáno 40 svazků (s Prahou 44) a v díle se již volnějším tempem pokračovalo až do roku 1937, kdy toto monumentální torzo dosáhlo 51 (resp. 55) svazků. Z hlediska dějin fotografie je významná spolupráce řady fotografů na projektu a kodifikace fotografování uměleckohistorických památek jako zvláštního oboru.

Karlštejn, legendární český hrad, fotografovaný Františkem Fridrichem kolem roku 1870. Kabinetka zachytila ještě stav před Mockerovými úpravami. Téměř holé okolní kopce zvýrazňují monumentálnost památky.

Zámek Hrubá Skála a Trosky, dva symboly Českého ráje, motivy známé z tolika malířských děl, na kabinetce turnovského fotografa Šimona z devadesátých let minulého století. Příklady snímků rozšiřovaných v úctyhodných sériích

Vizitka Františka Fridricha ukazuje Chebský hrad v dnes neobvyklém úhlu pohledu v době kolem roku 1870. Fotograf si v tomto případě počínal zcela samostatně, můžeme hovořit o ryze fotografickém zachycení.

<

Zámeček Zahrádky u České Lípy, posazený do malebného parku, na vizitce Josefa Plhy z šedesátých let, je charakteristickou ukázkou ovlivnění fotografů dobovou krajinomalbou.

OBRAZÁRNA ČESKO-MORAVSKÁ VE FOTOGRAFIÍCH

„Od té doby, co světlo samo počalo tvořiti nejvěrnější obrazy, užito jest vzácného tohoto umění ve všech vzdělaných zemích i k tomu, aby se nejpamátnější předměty i díla umění, ve fotografických obrazech rozšířily v národě, aby se tento jimi poučiti a povzbuditi mohl. Nebude snad ani jednoho výtečného díla uměleckého, ani jediného slavného chrámu, paláce, hradu, ani jediné pověstné sochy aneb malby v Angličanech a ve Francouzích, jejížto fotografické pablesky by se nenacházely v rukou vzdělaných Angličanů a Francouzů. U nás posud velmi málo v té věci učiněno, a to jenom porůznu. A přece nebude nikdo popírati, že i naše vlast českomoravská, ač nepřízní časů velmi mnoho zmařeno jest, co jí někdy zdobou bývalo, chová v sobě tolik výtečných děl uměleckých i krás přírodních, že se kterékoli jiné zemi severně od Alp směle po boku postaviti může. I jsme přesvědčeni, že i naše spanilomyslné obecenstvo umí si spravedlivě vážiti všeliké okrasy vlasti své a že mu nebude nevhod dílo, které mu znenáhla všeho krásného a památného, co buď v naší vlasti českomoravské se nachází neb od umělců našich vykonáno jest, ve věrných obrazcích podává fotografických. Obrazy ty fotografické budou vesměs z dílny uznaného našeho malíře p. Brandeisa ... Tím způsobem dostane se, dojde-li předsevzetí naše dostatečné podpory váž. obecenstva, každému příteli vlasteneckého umění za nějaký čas pokud možná úplné sbírky všeho krásného, čím se každý pravý Čechoslovan honositi může.“

Obrazárna česko-moravská ve fotografiích.
I. L. Kober,
Praha 1864.

>

Řada portrétních fotografů s oblibou fotografovala pamětihodnosti v místě svého působení. František Duras ze Slaného tak činil zvlášť svědomitě, neboť historie byla jeho zálibou. Na fotografii z přelomu století je bývalý františkánský klášter a kostel Nejsvětější Trojice, nalézající se u severního předměstí Slaného.

Zámek v Mnichově Hradišti, jedno z nejvýznamnějších českých panských sídel, fotografoval v osmdesátých letech Jindřich Eckert. V současné době by fotograf tento snímek objektu, schovaného za novější zástavbou, již nemohl vytvořit. Vedle estetické hodnoty má řada snímků pamětihodností ne vždy doceňovanou hodnotu dokumentační.

Zřícenina největšího českého hradu Rabí zlákala k turistickému putování i amatérského fotografa Josefa Prokopa, který na snímku zvěčnil i své přátele. Působivý snímek s nevšední podvečerní atmosférou.

<

Větší města mívala své oblíbené kopce, hory, háje, k nimž se v neděli putovalo. Na Liberecké výšině to byl romanticky vyhlížející Hohenhabsburg, fotografovaný neznámým fotografem v devadesátých letech minulého století. Příklad „turistické pamětihodnosti", jejichž počet se na fotografiích rozhojnil s rozmachem pohlednic.

Ignác Josef Schächtl s oblibou fotografoval mimo ateliér, zejména různé pozoruhodnosti v Táboře a jeho okolí. Na fotografii z devadesátých let je zřícenina hradu Dobronice.

>
Neznámý fotograf amatér zvěčnil při svém výletu dva oblíbené turistické cíle — hrady Žebrák a Točník spolu s párem volů. Použil objektivu o delší ohniskové vzdálenosti, čímž snímek získal kulisovitý charakter.

Čeští turisté pod hradem Křivoklátem, důkaz úzkého sepětí Sokola s turistikou. Hrad působí téměř dojmem malovaného pozadí. Snímek pražského fotografa Františka Gemperleho z doby kolem 1895.

MOSTY Mosty patřily mezi oblíbené objekty fotografů 19. století. Byly díly nové doby, dokladem jejích vymožeností, imponovaly svou monumentálností. Z počátku se fotografovaly jako součást krajiny, od osmdesátých let přibývalo prací, které je dokumentovaly jako samostatná díla.
Rozvoj mostního stavitelství podnítila výstavba silniční sítě a železnic. V první polovině minulého století se začal uplatňovat při stavbě mostů zcela nový materiál — litina a kujné železo. Po roce 1820 se v Čechách a na Moravě začala stavět řada visutých řetězových mostů, z nichž mnohé projektoval ing. Bedřich Schnirch. Ve Strážnici postavil v letech 1823—1824 vůbec první řetězový most v Evropě. V Čechách byl postaven první řetězový most přes Ohři v Žatci v letech 1826—1827. Podle Schnirchových návrhů byly postaveny řetězové mosty v Jaroměři, v Praze přes Střelecký ostrov, v Poděbradech, ve Strakonicích, v Podolsku a v Postoloprtech. Nejpůvabnějším byl snad řetězový most v Lokti, největší rozpětí měl most v Děčíně.
Železniční mosty byly do poloviny 19. století budovány ze dřeva a z kamene. K velkolepým klenutým viaduktům patřily stavby v Karlíně a u Sychrova. Velký dřevěný most vznikl například přes Tichou Orlici u Chocně, jiný byl přes Labe u Hradce Králové. Tradiční materiály vystřídala litina, železo a posléze ocel.
Železné mosty nejrůznějšího typu nalezneme ve fotodokumentaci Jindřicha Eckerta, kterou prováděl pro Pražskou mostárnu bratří Prášilů od osmdesátých let. V souboru uplatňoval i výrazně estetická hlediska, která někdy přesáhla dokumentaristický účel — snímek se vlastně stal skvělou krajinářskou fotografií. Jiné fotografie mostních konstrukcí zase bezděčně směřují ke konstruktivistickým a funkcionalistickým kompozicím dvacátých let našeho století.
Podrobná dokumentace mostních staveb vznikala také jako součást fotografických prací při výstavbě jednotlivých, převážně místních, drah. Nejstarším takovým souborem je reprezentativní album Rakouské severozápadní dráhy vídeňského fotografa Josefa Löwyho z roku 1871. Názorná fotodokumentace vznikala při výstavbě monumentálního mostu u Červené nad Vltavou na trati Písek—Tábor v letech 1886—1889. Jednotlivé fáze výstavby mostu fotografoval vedle jiných autorů, Jindřich Eckert, který podobným způsobem sledoval i stavební práce na novém mostě Františka I. v Praze v letech 1899—1901.
S položením základního kamene řetězového mostu v Podolsku byla spojena pozoruhodná událost: do základního kamene mostu byla vedle daguerrotypické reprodukce portrétu arcivévody Štěpána tajně vložena i daguerrotypie s autoportrétem M. V. Lobethala, která je nejstarším autoportrétem fotografa u nás a která přináší i nejstarší fotografické vyobrazení přístroje. Byla nalezena při demontáži mostu v roce 1960. Souhrou náhod byl tak učiněn významný objev pro dějiny české fotografie.

Řetězový most u Lokte, jeden z nejstarších u nás, na fotografii Jindřicha Eckerta z počátku osmdesátých let. Hrad v mlžném oparu v pozadí podtrhuje monumentálnost mostní konstrukce.

Jindřich Eckert při plnění zakázky pro mostárnu bratří Prášilů v Praze fotografoval v Čechách četné mostní konstrukce. Při své náročnosti neodolal, aby dokument o výměně mostního tělesa nepojal jako krajinářskou fotografii s dominantou mostu a zamyšlenou postavou hledící do vodní hladiny v popředí. Most u Klášterce nad Ohří.

<

František Fridrich nevšedním způsobem fotografoval řetězový most Františka I. v Praze. Postavu člověka umístil do míst zrcadlení vodní hladiny a tím docílil zvláštní, až tajemné atmosféry.
Chodci na mostě mají podobu nezřetelných skvrn.
Vizitka z doby kolem 1865.

Dokument o výměně mostního tělesa u Chrástu
kolem roku 1875.
Fotografie Jindřicha Eckerta.

Josef Löwy při dokumentaci Rakouské severozápadní dráhy
fotografoval vedle nádraží i krajinu kolem trati a mosty.
Na zajímavém snímku s originálně řešeným popředím
vyfotografoval cukrovar a most u Kolína.

Ryze fotograficky řešený dokument
o mostu v Týně nad Vltavou,
pořízený kolem roku 1885 Jindřichem Eckertem.

Eckertův neobyčejně vyrovnaný
a působivý snímek mostu v Mělníku.
V podstatě krajinářská fotografie
z doby kolem 1885.

Most na trati Bechyňky, elektrické železnice vedoucí z Tábora do Bechyně, fotografoval v roce 1903 Josef Šechtl, syn Ignáce Josefa, který byl zapsán ještě pod německým Schächtl. Vlevo na snímku dýmá komín elektrárny trati, za vláčkem se patrně sune drezína.

<

Dokument neznámého autora ze stavby viaduktu u Červené v roce 1889. Poklid snimku je opět vhodně vyvážen postavami mužu v loďce, vnášejících do obrazu fiktivní děj.

Řetězový most Františka Josefa I. muže ožít v obrazové paměti některých čtenářů pod pojmy Štefánikův nebo Eliščin. Kompozičně nejvhodnějším způsobem zachytil neznámý fotograf v 80. letech most v jeho technické kráse.

Josef Benda, pražský portrétní fotograf, rodák z Hořovic, nezapomínal na svůj kraj a prováděl zde fotodokumentaci nejrůznějšího druhu, v tomto případě stavby železnice Beroun—Rakovník v roce 1876. Most na tomto snímku je pojat jako součást dokumentace železniční tratě.

>

Silniční mosty se fotografovaly mnohem méně než železniční, kdy fotodokumentace mostu byla součástí dokumentace dráhy. Pro mostárnu bratří Prášilů fotografoval Eckert i most přes Labe v Němčicích. Technické dílo podivuhodně kontrastuje s vesnickými domky. V pozadí Kunětická hora.

Krása konstrukcí mostů vedla k pokusům o nové, předtím nevídané pohledy, jež bezděčně připomenou pozdější práce konstruktivistů.
Železniční most na trati Rakovník—Protivín z počátku osmdesátých let na snímku signovaném Eckert — Müller'n.

V roce 1871 fotografoval J. Löwy, či jím pověřený fotograf,
prostou konstrukci mostu přes Labe v Kolíně.
Je tu patrný rozdíl proti Eckertovu přístupu,
který čelním pohledem
zduraznil monumentalitu a puvab
pravidelnosti konstrukce.

KRAJINA Období takzvaných mokrých kolódiových desek přinášelo popisné záběry krajin, které byly pro svou technickou náročnost vytvářeny především na objednávku. Autory byli jednak zavedení vydavatelé místopisných snímků (Helm, Fridrich, Jantsch), jednak místní fotografové, znalci svých regionů. Převládající strohost záběrů se zvláště malířsky poučení fotografové snažili překonávat akademickými kompozičními zásadami a snahou o malebnost. Zachovaly se tak i fotografické práce odkazující až k tradici nizozemské krajinomalby 17. století. Častější však byly snímky s romantickým nebo klasicistním vyzněním, vzácně mohou některé fotografie již připomenout díla impresionistů.
Tematická změna nastupující kolem roku 1880 souvisela s rozmachem turistiky, se změněným pohledem na využívání volného času, s hlubším oceňováním přírody jako místa odpočinku. První velký fotograf české krajiny Jindřich Eckert shrnul své nejpůsobivější krajinářské snímky do publikace Krajinné obrazy z Čech fyziognomicky a geologicky zajímavé, která vyšla poprvé roku 1891 se 48 snímky. Druhé vydání o tři roky později obsahovalo již 148 fotografií! První česká příručka o fotografii z roku 1863 v odstavci „Pojímání krajiny, pomníků, atd." kladla důraz především na technickou stránku vzniku snímků. Nedoporučovalo se především fotografovat tam, kde bylo mnoho stromů a „větřík", neboť délka expozice trvající „podle síly světlosti a ohniska aparátu" vteřinu až minutu by způsobila, že „stromy by byly rozmazané". Zdůrazňovalo se, že „lepší dojem poskytuje krajina, když jest slunce za námi". Volba místa „jakož i nejpříhodnější doba jest ponechána úplně uměleckému citu každého fotografa".

V roce 1897 otiskl Fotografický obzor devatero podmínek umělecké fotografie podle Alfreda Horsley Hintona, který okouzloval svými pracemi i fotografy u nás. V témže roce a v roce 1899 vyšly ve Fotografickém obzoru dvě statě týkající se krajinářské fotografie. V nich se zejména zdůrazňovalo výrazné popředí snímku, jen jeden motiv („nic, co by i jinak rozptylovalo pozornost") a připouštělo se, že „světelný efekt, může se stát sám o sobě motivem". Proti dřívější praxi se zdůrazňovala i forma mraků („běl oblohy v obraze jest lží") a střed obrazu. V dalším vývoji se začal klást důraz především na detail: J. Petrák v Základech umělecké fotografie konstatoval, že charakteristický detail je osou obrazu.

V knize K. Wellnera Umělecká fotografie krajiny a nástin rozvoje krajinomalby z roku 1908 bylo dosaženo kodifikace zásad umělecky působící krajinářské fotografie.

Fotografie krajiny se stala naprosto dominujícím tématem amatérů u nás. Převládaly jednoduché motivy s pohledy do parků, lesů, na osamělé stromy. Na mnoha těchto snímcích se setkáváme s vlivy české krajinomalby od Julia Mařáka až po Antonína Slavíčka, ale i s vlivy významných fotografů od zmiňovaného Horsley Hintona až po Léonarda Missonnea, zvaného „králem krajinářů".

Po roce 1910 nalezneme krajinářskou tvorbu trojího vyústění: jednak popisného typu na pohlednicích od profesionálních i amatérských fotografů, jednak práce amatérských autorů stylizujících se do uměleckého projevu a jednak práce, jež v intencích secesního piktorialismu se snaží o postihování nálady krajiny a působení na smysly diváka. Fotografové z poslední skupiny nalézají své motivy v extrémních světelných podmínkách, za šera, mlhy, v noci, v ranním oparu, vyhledávají bizarní tvarové a světelné souvislosti. Libují si ve všedních motivech a neznámých zákoutích.

Jindřich Eckert byl vášnivým turistou. Na některých snímcích je také jeho postava patrná. Není vyloučeno, že muž s krosnou je právě on. Z mnoha snímků nejvyšší české hory, s oblibou fotografované i německými fotografy, byla proto vybrána tato: Jindřich Eckert – Sněžka, 1882 – 1884.

Podobu české krajiny po tisíciletí utvářely přírodní činitelé, v posledních staletích stále výrazněji člověk. Krajina sama provokovala malíře i fotografy k úvahám; vedla jejich kroky k novým pohledům a svou měnící se světelnou atmosférou nutila k přemýšlení o nejoptimálnějším momentu pro zvěčnění. V Čechách je velmi pestrá paleta krajinářských typů, a ne všechny se jevily jako vhodné k zachycení. Na fotografiích mnohem častěji než v dílech malířů nacházíme stopy zásahů člověka do krajiny. Kultivace krajiny člověkem byla ovlivněna i specifickými geologickými činiteli: například Křivoklátsko, kraj hlubokých lesů, si uchovalo svou podobu díky složitému terénu, drsnějšímu podnebí, těžké kamenité půdě. Fotograf tam přišel stěží. Naopak krajiny pískovcových skal, zformovaných přirozeným působením přírodních sil, byly vděčným námětem pro malíře i fotografy jako typy harmonické, čisté krajiny s romantickým akcentem (Český ráj).
Zvlášť výrazně poznamenalo českou krajinu baroko. Právě pro 17. a 18. století byly typické velké urbanistické koncepce, spojené se začleňováním architektury a uměleckých děl do přírodního rámce. V podivuhodném souladu přírody a architektury si dodnes některé realizace uchovávají své kouzlo (Manětín, Kuks, Lysá nad Labem, . . .). Krajina spolu s architekturou a plastikou se stávala celistvým výtvarným dílem. Vytvářely se pohledové dominanty v dlouhých průhledech a panoramatech, zdůrazňovala se osovost jako jeden ze základních znaků barokní dispozice. Při budování přírodních zahrad a parků dominovala zákoutí s malebnými detaily.
K nejpůvabnějším patří přírodní park v okolí ratibořického zámku, kde bylo upraveno i prostředí podél Úpy od České Skalice až po Rýzmburk — dokonalý příklad anglického parku 19. století. Harmonie přírodního prostředí s díly člověka měla vždy mimořádný význam pro rovnováhu lidské psychiky a uvolňovala tvůrčí schopnosti.
Někdy i ekonomické stimuly si vynucovaly promyšlené zásahy do přirozené přírodní skladby — zakládání soustav rybníků, usměrňování lesního hospodářství. Po polovině 19. století však přibývalo méně přirozených zásahů člověka do přírodního prostředí. Objevily se první rozsáhlé devastace krajiny, upozorňovalo se na škody způsobené na polesích v okolí dolů a hamrů. Škody na lesních porostech v osmdesátých letech minulého století kolem Lokte a Nového Sedla souvisely patrně s přechodem průmyslových podniků v tomto prostoru na vytápění uhlím. Došlo i ke sporům mezi majiteli lesů s majiteli „kouřících provozů". Kolem roku 1900 bylo v okolí Lokte poškozeno na 450 ha lesů. Lesní hospodáři tehdy volili cestu k nápravě přeměnou jehličnatých lesů na listnaté s příměsí modřínu. Zájem o ochranu krajiny vedl již v minulém století k vytvoření prvních lesních rezervací: pralesů Žofína a Boubína v letech 1838 a 1857.
Fotografové v české krajině hledali harmonii, soulad i odkaz na národní tradice. Krajina, stejně jako tváře lidí, má své osudy, a v její tváři můžeme číst. Fotografie jsou očima doby, podobně jako očima krajiny jsou rybníky, řeky, lesy a louky.

Říp je symbolem Čech. Vedly k němu mnohé stezky turistů. Tento snímek je příkladem upomínkové krajinářské fotografie z výletu, jíž je do jisté míry i snímek předchozí. Na rubu je připsáno: „V upomínku na Roudnici, 7. 7. 1907“.

„Pro uměleckou fotografii se dá z čistě impresionistického pojímání přírody mnoho těžit. Právě proto, že je fotografie omezena jen a jen na věrnou reprodukci přírody, přihlížejme na to, abychom podávali co možno malebný, čistě malířský její vzhled. Jen tím dostanem do fotografie kus umění, jen tak možno mluvit o umělecké fotografii.“

K. Wellner:
Umělecká fotografie krajiny
a nástin rozvoje krajinomalby.
Praha 1908.

„Motiv krajiny obcházím ze všech stran, vyhmatávám takřka ono místo, z něhož čočka zachytí nejhovornější výraz krajiny, která mne upoutala. Umět volit bod, z něhož světla a stíny se rozloží v klidu, v harmonii, z něhož noty světel a stínů se složí v melodii, jež mi zřetelně zazní a rázem je mi drahá — v tom vidím umění fotografovat krajinu.“

F. Drtikol
(nedatovaný rukopis
Oči široce otevřené)

>
„Trosky od Mladějova. Daroval J. Eckert“ je připsáno na snímku patrně rukou paní Náprstkové. Volbou stanoviště i úhlem pohledu vycházeli mnohdy i renomovaní fotografové z malířských zkušeností.

Snímek Tetínského kostela se poprvé objevil v Eckertově souboru darovaném manželům Náprstkovým asi roku 1885. Fotografie zaujme světelnými akcenty tvořenými průlomy ve skále pod kostelem. Je dokladem, jak Eckert nejen promyšleně volil místo, ale i čas expozice — je patrné, jak fotograf vyčkával na příhodnou souhru světel a stínů.

U krajinářské fotografie minulého století plynul čas jiným tempem než v dnešní fotografii. I vodní hladina vlivem dlouhých expozičních dob byla jiná. Kabinetka některého příslušníka rodiny Quastu, patrně Ferdinanda, zobrazuje tok Vltavy. Opět nechybí lidská postava, pohlížející na peřeje. Snímek patrně z druhé poloviny sedmdesátých let.

>
Jindřich Eckert dokumentoval stavbu železniční tratě mezi Davlí a Skochovicemi. Mimochodem jej zaujaly i bizarní skalní útvary v terénu, a proto je pojal i do celého souboru o výstavbě. Atmosféru dokresluje postava muže hledícího v dál.

V Krkonoších Eckert pobýval a fotografoval několikrát. Vedle záběrů na řadu bud, z nichž některé patří k těm nejstarším, zachoval pro dnešek pohledy na místa a krajinářské scenérie milovníkům Krkonoš důvěrně známé. V tomto případě nám však pomůže popiska: „Krkonoš, Vysoké kolo, Velký Šišák a Mládenčí kámen", psaná rukou samotného Eckerta.

>

Zadumčivou pošumavskou krajinu na fotografii mistrně zachytil Ignác Kranzfelder z Klatov. Původně se vlastně jednalo o práci na stavbě železnice Plzeň—Železná Ruda v roce 1875. Na snímku září most u osady Běňov.

Šumavská jezera byla cílem toulek mnoha turistů s fotografickými aparáty. Ani tam nemohl mezi nimi chybět Jindřich Eckert. Soubory s názvem Upomínka na Šumavu věnoval Eckert svým přátelům — manželům Náprstkovým asi v roce 1882.
Příklad promyšleně zvolené světelné atmosféry.

Legendární Svatojánské proudy byly také oblíbeným místem vyjížděk. Bizarní podvečerní atmosféru zachytil kolem roku 1908 Bohumil Střemcha.

>
Krajina na Žamberecku Antonína Nováka z Vamberka. Dílo mohlo být ovlivněno velkými českými krajináři, má však některé ryze fotografické prvky: chlapec na stromě, světelný akcent na postavě hledící do vody.

Antonín Novák: Divoká Orlice u Litic. Opět vynikající snímek, kde fotograf k zvýraznění atmosféry využil protisvětla. Tato i předcházející fotografie vznikly na přelomu osmdesátých a devadesátých let.

MALÍŘSKÉ FOTOGRAFIE

Horsley Hintén vydavatel „Amateur Photografera" v Liverpoolu sděluje následující podmínky fotografie umělecké:

1.

„Dle obvyklých pravidel umění má se hlavní předmět obrazu nalézati ve středu, linie dalších na obraze se nalézajících předmětů mají se ke středu sbíhati, tak aby pozornost na těchto upoutána byla . . .

2.

Jest známo, že má jen jeden předmět poutati pozornost v obraze. Odporučuje se tudíž veškeré postranní předměty, jež by tomu vadily, odstraniti respektive z obrázku odříznouti; . . .

3.

Každé silně osvětlené místo jest samo sebou místem, jež nejvíce zrak poutá, proto jest nutné vystříhati se všech *prázdných* t. j. bílých ploch, neb míst v obraze.

4.

Hodláte-li něco fotografovati, aby to bylo umělecké (malířské), musíte býti trpělivými a nefotografovati vše, co se pěkným býti zdá . . .

5.

Vystříhejte se každého zvláštního interesantního a nápadného předmětu, myslíte-li na uměleckou fotografii, neb nejedná se při tom o ilustraci pro vůdce cizinců.

6.

O ostrém neb neostrém ustavení není pravidel. Příliš pravdy a příliš věcnosti poškodí cit, proto střezte se detailů.

7.

Nedomnívejte se však, že neostrost obrazu zvýší jakost uměleckého obrazu . . ."

FOTOGRAFICKÝ OBZOR, 1897

>

Již v minulém století se objevuje „nová krajina", krajina ovlivněná průmyslovou civilizací. Antonín Ott v tomto pohledu na Hýskov částečně se ztrácející v kouři cementárny odkryl pro fotografii nové téma. Snímek z doby kolem roku 1895.

Krajina doplňovaná lidskými zásahy v bizarní směsici nesouladu; fotografie z dokumentace Rakouské severozápadní dráhy u Trutnova, signovaná J. Löwy 1871.

Technika měnila nejen krajinu,
ale poskytla i nové možnosti
k vidění krajiny.
Inženýr Jan Plischke
fotografoval Kladno s okolím
z balónu
v roce 1905.

DOPRAVA A CESTOVÁNÍ

II

PŘEKONÁVÁNÍ VZDÁLENOSTÍ A FOTOGRAF Snadné překonávání vzdáleností, tato odvěká touha člověka, našla své skutečné možnosti až ve století průmyslové revoluce. Nový vynález — fotografie — byl svou epochálností ihned dáván do souvislosti s významem železnic a parních strojů, a to hned v jednom z prvních rozsáhlejších článků o vynálezu daguerrotypie u nás, otištěném v České včele v březnu 1839.

Síla a možnosti dopravních strojů fotografy přitahovala a fascinovala. Dokumentaristické ztvárnění se mísilo s okouzlením. Nejvíce fotografií dopravních prostředků je spjato se železnicí, po nástupu automobilismu také s auty. Poměrně vzácná je dokumentace lodní dopravy. Fotografování městské dopravy, zvláště tramvajové, mělo své místní zvláštnosti.

Téma lze rozdělit na několik celků: dokumentace typů vozidel a plavidel, pohledy na dopravní prostředky v provozu na tratích a cestách včetně slavnostních zahájení, záběry železničních tratí i s nádražími a dokumentace stavby železnic a tramvajových tratí.

Nejstarší fotografie lokomotiv, tramvají a automobilů jsou vlastně určitými ateliérovými „portréty". Proto bylo mnohdy vyretušováno pozadí, nebo za objekt byla napnuta bílá plachta, aby plně vyzněla krása stroje. Stroj býval při slavnostnějších příležitostech často konfrontován s lidskou postavou, i celou skupinou. Role člověka je zde jak ve funkci „sloužícího stroji", tak „pána stroje".

Snímky dopravních prostředků jako typů vrcholí tovární dokumentací. Například soubor negativů kolejových vozidel firmy Ringhoffer, pořizovaný od roku 1873 J. Eckertem, je v podstatě evropským unikátem. Dochovaly se i fotografie jednotlivých typů aut firmy Laurin a Klement i vozovky v Kopřivnici. Při studiu této „galerie vozidel" jsme svědky proměn od „portrétů" aut po snímky čistě technického charakteru včetně precizně vyvedených detailů a snímky s vysloveně propagačním záměrem, v nichž se uplatňovala americká retuš.

Nejstarší fotografie strojů v akci vzdávaly hold lokomotivám, jež svou monumentálností a silou představovaly takřka symbol technického pokroku. Jedoucí vlak vnášel do snímku dynamiku. Takové záběry však vyžadovaly značnou dávku trpělivosti, a proto se častěji fotografovaly dýmající vlaky v klidu, ve stanici. Nejvíce snímků z provozu městské hromadné dopravy zachovali amatérští fotografové. Nejstarší dochovaná dokumentace železniční trati u nás je reprezentační album Rakouské severozápadní dráhy od vídeňského fotografa Josefa Löwyho z roku 1871. Löwy, či jeho fotograf, zachytil ve velkorysém pojetí mosty a největší nádraží této trati v úseku z Vídně až do Trutnova. Ani fotodokumentace místních drah s nádechem lokálního patriotismu nepostrádala velkorysosti (album Ignáce Kranzfeldra ze stavby trati Plzeň—Železná Ruda, z roku 1875). Na rozdíl od oficiálně působící dokumentace profesionálních fotografů mají záběry amatérů většinou spontánnější charakter (František Brož).

Fotografie z oblasti cestování jsou cenným pramenem pro historiky dopravy. Zdánlivé maličkosti jim mnohdy umožní nejen datovat, ale i lokalizovat snímek. Tyto fotografie jsou i významným dokladem měnícího se životního stylu a obdivného vztahu lidí k fenoménu techniky.

PLAVBA Doprava po vodních cestách byla vždy ekonomicky i technicky výhodná a má v Čechách dlouhou tradici. Voroplavbu a lodní dopravu podporovala, Janem Lubemburským počínaje, řada panovníků. Vory se plavily na všech větších českých řekách, i když patří především k obrazu jižních Čech a k jejich tokům, lemovanými bohatými lesy. S rozvojem průmyslu a stavebním podnikáním spotřeba dřevní hmoty neobyčejně rostla. O rozvoj voroplavby a plavby v Čechách se zvlášť zasloužil, vedle jiných, někdejší c. k. loďmistr Vojtěch Lanna, který vytvořil pro voroplavbu příhodné podmínky na Nežárce, Lužnici, Blanici a Otavě, zdokonalil plavení po Vltavě a Labi. Voroplavba se rozvíjela i na Sázavě, v malé míře i na Berounce. Plavení vorů samotíží, s frekvencí od Vyššího Brodu do Prahy a dále do Německa, bylo v některých úsecích postupně nahrazováno vlečnými parníky. Pramenů, skládajících se z vorových tabulí (vorů), se využívalo i k přepravě nákladů a do r. 1891 i lidí. (Pro export do oblastí Německa bylo postupně určeno až 90 % pramenů z jižních Čech.) Jiným druhem voroplavby byla přeprava živých ryb z hlubockého panství do Hamburku v plovoucích dřevěných nádržích, tzv. haltýřích.

Rozvoj říční plavby souvisel především s postupem splavňovacích prací. Na přelomu 18. a 19. století byly nejlepší podmínky na Labi nad Mělníkem, horší již na Vltavě. Po vyhlášení volné plavby na mezinárodních řekách ústících do moře byla svobodná plavba vyhlášena na splavném toku od Mělníka do Hamburku v roce 1821. 1. 5. 1822 se zřídila Pražská plavební společnost a v Karlíně se vybudoval první pražský přístav. Společnost zavedla přímou přepravu zboží na trase Praha—Hamburk, nejprve pronajímanými plachetními loděmi a od roku 1857 i vlastními kolesovými parními remorkéry a nákladními vlečnými čluny. Proti proudu musely být lodě v Čechách vlečeny koňmi. Z Děčína pluly lodě do Obříství, kde se zboží překládalo na silniční povozy. Na Vltavě mezi Mělníkem a Prahou se dalo plout jen za příznivého stavu vody.

Plavba na řekách se pronikavě změnila se zavedením parního stroje a kotle. Pro Labe mělo zásadní význam založení Královské privilegované saské paroplavební společnosti v roce 1836, jejíž paroloď připlula do Děčína poprvé v květnu 1839. Později pluly lodě společnosti pravidelně do Litoměřic a výjimečně i do Obříství, kam cestující vozil z Prahy dostavník. Zpáteční lístek na trase Drážďany—Praha pro 2. třídu stál v roce 1848 osm zlatých; přesně tolik, za kolik se inzerovala daguerrotypie.

První česká paroloď s názvem Bohemia, výrobek Rustonky, byla spuštěna na Vltavu v roce 1841; 23. 5. se vydala na plavbu do Drážďan. Pravidelná paroplavba byla zahájena českou akciovou společností, založenou Františkem Dittrichem, v roce 1865. 26. srpna 1865 vykonal parník Praha slavnostní zahajovací plavbu z Prahy do Štěchovic, kde byl i fotografován Jindřichem Eckertem. Tato pražská společnost pro paroplavbu na řece Vltavě, od roku 1895 přejmenovaná na Pražskou společnost pro paroplavbu na Vltavě a Labi v Čechách, se orientovala na přepravu osob. V roce 1918 čítal její park celkem 21 parníků. Množství dopravovaného zboží na Vltavě po roce 1874 v důsledku výstavby železnice pokleslo, na Labi ovšem díky přepravě uhlí stále stoupalo. Labské plavební společnosti se posléze roku 1881 spojily v Rakouskou severozápadní paroplavební společnost, která byla pronajata roku 1903 německé společnosti se sídlem v Drážďanech. V tomto roce bylo také dosaženo maxima přepravy. Ústí nad Labem se stalo nejfrekventovanějším přístavem monarchie, který objemem zboží — především ovšem uhlí — předčil i Terst!

Vzácná fotografie vorů mezi mosty Františka I. a Karlovým v Praze v letech 1914—1915 z ateliéru Schlosser-Wenisch. Spojený pramen o šířce dvanácti metrů plul možná až do Hamburku či Magdeburku. Je zřetelně přetížený. Plavec srovnává pramen při najíždění do propusti.

Snímek z Bellmannova Artisticko-typografického ústavu
patrně z přelomu osmdesátých a devadesátých let
zobrazuje přívoz v Roudnici.
Neostrá figura převozníka a koně dokládá delší čas expozice,
mraky byly patrně na snímek doplněny.

„Svatojánské proudy mají dva slapy. U hořejšího výletníci obyčejně stanou, nalézá se zrovna u památníku Ferdinandova. Slap dolejší je menší a slove ‚Kubíček'. Výletníci vstoupí na prám, na němž může se usadit 40—50 osob, čtyři plavci ponoří vesla do hučících proudů a romantická plavba po vodě dolů počne. Voda hučí, opírá se do lodi, která chvílemi silně se kolébá, ale přitom hbitě prchá. Hovorný průvodce vyrušuje vás každé chvíle z pozorování divoké krajiny. Má téměř každý útvar skalní své jméno a mnohá sluj, mnohý útes svou historii nebo aspoň pověst. Loupežnických historek z dob starších i novějších zná obecní strážník štěchovický několik a ukáže nám rokle a sluje skalní, v nichž se lotři skrývali. Plujeme kolem skal ‚U křemele', „V boháčích", ‚U bednáře', dále je ‚Ztrhaná', ‚Bílá skála', ‚Mařenka'.

Hledíme vpravo, vlevo, vpřed i vzad i chápeme, proč tato zvláštní krajina dala již tolika umělcům podnět k tvoření básnickému, hudebnímu i malířskému. Každý ten skalní velikán k nám hovoří řečí tajuplnou a přece známou, v hlubinách duše lidské ohlasu nalézající. Štědře v proudech Svatojánských ruka boží darů přírodních udělila. Hodinu trvala naše plavba, než jsme zase u Štěchovic přistáli."

Z Prahy do Svatojánských proudů.
Nakl. J. Otto 1888.

>
Vzácná fotografie z plavby na Vltavě přímo z paluby od Bohumila Středmchy z doby kolem roku 1905. Na lodním zvonci je nápis s názvem společnosti, který při tehdejší stavovské cti mají i lodníci na svých čapkách.

Přívoz u Svatojánských proudu vyfotografoval při svých turistických poutích Bohumil Střemcha podobně jako loď impozantně naplněnou výletníky v době kolem roku 1905. V tichém obdivu se můžeme zastavit nad krajinou, která zmizela ve vodě přehrady, i nad fotografiemi z výletů pražského úředníka a jeho rodiny

Pohled na přístav v Podskalí od Železničního mostu v době, kdy již Podskalí ustupovalo nové zástavbě. Kopie z poškozeného negativu 13 × 18 cm neznámého fotografa z doby kolem 1900.

<

Část přístavu v Ústí nad Labem na vizitce neznámého autora asi z přelomu šedesátých a sedmdesátých let.

Přístav v Karlíně na snímku nadšeného amatérského dokumentaristy Prahy Františka Dvořáka z doby kolem roku 1905.

>

Přízračně a neskutečně působí loďky zvědavců kroužící kolem trosek parníku František Josef po výbuchu kotle 19. května 1898. Kontaktní kopie z poškozené desky formátu 18 × 24 cm Rudolfa Brunera Dvořáka.

Záběr na Vyšehrad a kostel před přestavbou a Železniční most před výměnou ze zimního přístaviště lodí na Smíchově. Kontaktní kopie z negativu neznámého autora patrně z přelomu osmdesátých a devadesátých let.

>

Vodní bagr města Prahy, výrobek akciové strojírny Breitfeld a Daněk a spol., vystupuje z mlhy jako přízrak, fantastický stroj plující jakoby v prostoru. Fotografie neznámého autora

JÍZDA PO CESTÁCH S novou organizací prací se od počátku 19. století zlepšilo udržování a zrychlila výstavba státních silnic. Do poloviny 19. století byla plánovaná síť dobudována a s nástupem železnice již nedoznala podstatnějších změn. V roce 1806 měly Čechy jen 97 mil, roku 1848 již asi 505 mil (to je 3 830 km) dobudovaných silnic. Na síť státních (císařských, erárních) silnic navazovalo tehdy ještě kolem 480 mil nových silnic postavených vrchnostmi podle jednotných norem. Velkoryse budované silnice, jež v podstatě zachovávaly směr starých zemských cest, se staly základem silniční sítě na dalších sto let. Měly kamennou vozovku, postranní příkopy, opěrné a zárubní zdi, zábradlí, patníky, milníky po 250 sázích (474 m), kamenné mosty přes řeky, jež nahrazovaly dřevěné. Vroubila je stromořadí, která vtiskávala charakteristickou podobu krajině.

Rychlost výstavby brzdil nedostatek finančních prostředků: například silnice z Prahy přes Slaný do Karlových Var, započatá roku 1792, byla dokončena až roku 1844! (Nutno ovšem podotknout, že souběžně se stavěly silnice další.)

S lepší kvalitou silnic se zlepšovaly parametry silniční dopravy formanské i státní poštovní. Roku 1823 byly zavedeny tzv. poštovské rychlíky, tažené dvěma páry koní s vozy pro osm až deset (ale i více) osob, jež například z Prahy do Vídně jely 37 hodin. Cesta ovšem stála přes 17 zlatých. Majetnější lidé jezdili ve vlastních vozech se zapůjčovanými poštovními koňmi, pravidelně měněnými v poštovních stanicích. Ostatní chodili pěšky nebo využívali formanských vozů.

Prvními hromadnými dopravními prostředky se staly dostavníky, zřizované soukromníky. V roce 1835 jezdilo z Prahy již 15 dostavníkových spojů do všech velkých měst v Čechách.

S rozvojem železnice postupně dálková dostavníková, poštovní a částečně i formanská doprava zanikala. Formané se věnovali spíše místnímu povoznictví a zasílatelství. Těžké formanské vozy vystřídaly nízké valníky a kryté stěhovací vozy.

V sedmdesátých letech byly vydány nové předpisy pro konstrukci „okresních silnic" a pro zlepšení a údržbu dosavadních. Byl vydán i nový řád silniční policie. V témže desetiletí se objevily na silnicích a cestách, spíše jako rarita, bicykly. Po začátcích s vysokými koly — „kohoutovkami" — přišly do módy tzv. bezpečnostní bicykly „roverky". Měly již obě kola stejná, opatřená pneumatikami, nízký rám a řetězový převod na zadní kolo.

Vývoj dopravy na silnicích směřoval k automobilu a je potěšitelné, že Češi stáli na špici tohoto vývoje. K nejrychlejším silničním vozidlům do konce minulého století patřil elektromobil. Mezi jeho úspěšné konstruktéry patřil i František Křižík. Prvním automobilem, který jezdil po silnicích Čech, byl vůz Benz-Victoria, zakoupený roku 1893 libereckým továrníkem Theodorem Liebigem, velkým propagátorem motorismu. Na základě Liebigova přání prodal Karl Benz v roce 1897 jeden dvouválcový motor řediteli kopřivnického závodu

Vizitka s vyobrazením jednoduchého letního kočáru z kyšperského zámku pochází pravděpodobně od Jana Umlaufa.

Vzácná fotografie pojízdných nosítek ze zámku v Kyšperku, dnešním Letohradě. Pán zámku spolu se sluhou upřeně hledí do objektivu. Vyobrazení může být i jednou z variant na téma „pán a jeho sluha". Zajímavé je i oblečení „tahouna" — sluhy. Vizitku někdy v šedesátých sedmdesátých letech vytvořil kyšperský malíř a fotograf, přítel zámeckého pána Jan Umlauf.

specializovaného na výrobu kočárů a vagónů. Zakoupený Benzův motor byl umístěn do automobilu President, který měl reprezentovat český průmysl na Jubilejní výstavě ve Vídni roku 1898. Byl prvním továrním automobilem poháněným benzínovým motorem ve střední Evropě. V roce 1898 vyrobili v Kopřivnici prototyp prvního nákladního automobilu a poté vytvořili sérii osobních vozů stejné koncepce, ale s různými karosériemi. Zprvu se typy odlišovaly jmény, později jen číselným označením. V roce 1900 vyjel z Kopřivnice i první závodní automobil. Byl dokončen a vystavován i první omnibus.

Základem vzniku automobilky v Mladé Boleslavi byla dohoda mladoboleslavského knihkupce Václava Klementa a turnovského strojníka Václava Laurina o zřízení opravny jízdních kol. V najaté dílně kola nejprve opravovali a později i sami vyráběli pod názvem Slavia. Podnik se rozrostl natolik, že v roce 1897 zakoupili nový pozemek v místech dnešní automobilky. Ze studijní cesty z Paříže přivezl Klement motorovou dvoukolku bratří Wernerů, kterou s Laurinem kriticky prostudovali a výsledkem bylo vytvoření prvního motocyklu v Rakousko-Uhersku. Výrobek byl skutečným motocyklem, nikoli pouze kolem opatřeným motorem.

V roce 1901 předváděli Laurin a Klement na automobilové výstavě ve Vídni dva quadricykly, dvoumístné čtyřkolové vozíky motocyklového charakteru. V roce 1905 zkonstruovali první automobil — Voiturettu typu A, o rok později silnější typ B. Velký obchodní úspěch levného automobilu (3 600 K) umožnil rozšířit závod. Voituretty se vyráběly ve stokusových sériích! Osmiválec vyrobený roku 1907 byl první v Rakousko-Uhersku. Vedle osobních aut se výrobní program rozšířil i o nákladní vozidla. Autobus Laurin a Klement jezdil v Praze na první městské autobusové lince a také na prvních meziměstských autobusových tratích, zavedených v roce 1908 mezi Pardubicemi a Holicemi, Pardubicemi a Bohdančí. Vyvážel se i do zahraničí, stejně jako nákladní auta a autodrožky, jež měly úspěch zejména ve Vídni a Petrohradě. Konjunkturu podniku dovršilo zakoupení liberecké automobilky RAF, včetně technické dokumentace a rozpracované výroby.

Základem pozdější firmy Walter v Jinonicích byla také pronajatá dílna pro opravu bicyklů a vah na Smíchově. V Praze se automobily vyráběly i v pražské automobilové továrně, známé pod značkou Praga. Její chloubou byla především užitková vozidla: nákladní automobily, hasicí, dezinfekční a ambulanční vozy. Ale i některé osobní vozy měly velké úspěchy: Grand, Alfa atd.

Stále větší obliba motorových vozidel přivedla k zájmu o jejich výrobu řadu podnikatelů, snažících se většinou již bez úspěchu proniknout mezi zavedené značky. Do počátku první světové války se na území dnešního Československa vyrobilo 7 520 automobilů, což ve srovnání s jinými evropskými zeměmi byl počet vysoký.

Zvlášť honosný kočár i spřežení měl pražský arcibiskup. Kontaktní kopie z negativu formátu 18 × 24 cm, vytvořeného v devadesátých letech asi Brunerem-Dvořákem.

Autorem vzácného momentního snímku uhánějícího kočáru s panovníkem v okolí Prahy nemohl být snad nikdo jiný než Rudolf Bruner-Dvořák. Kontaktní kopie z negativu 18 × 24 cm z roku 1901.

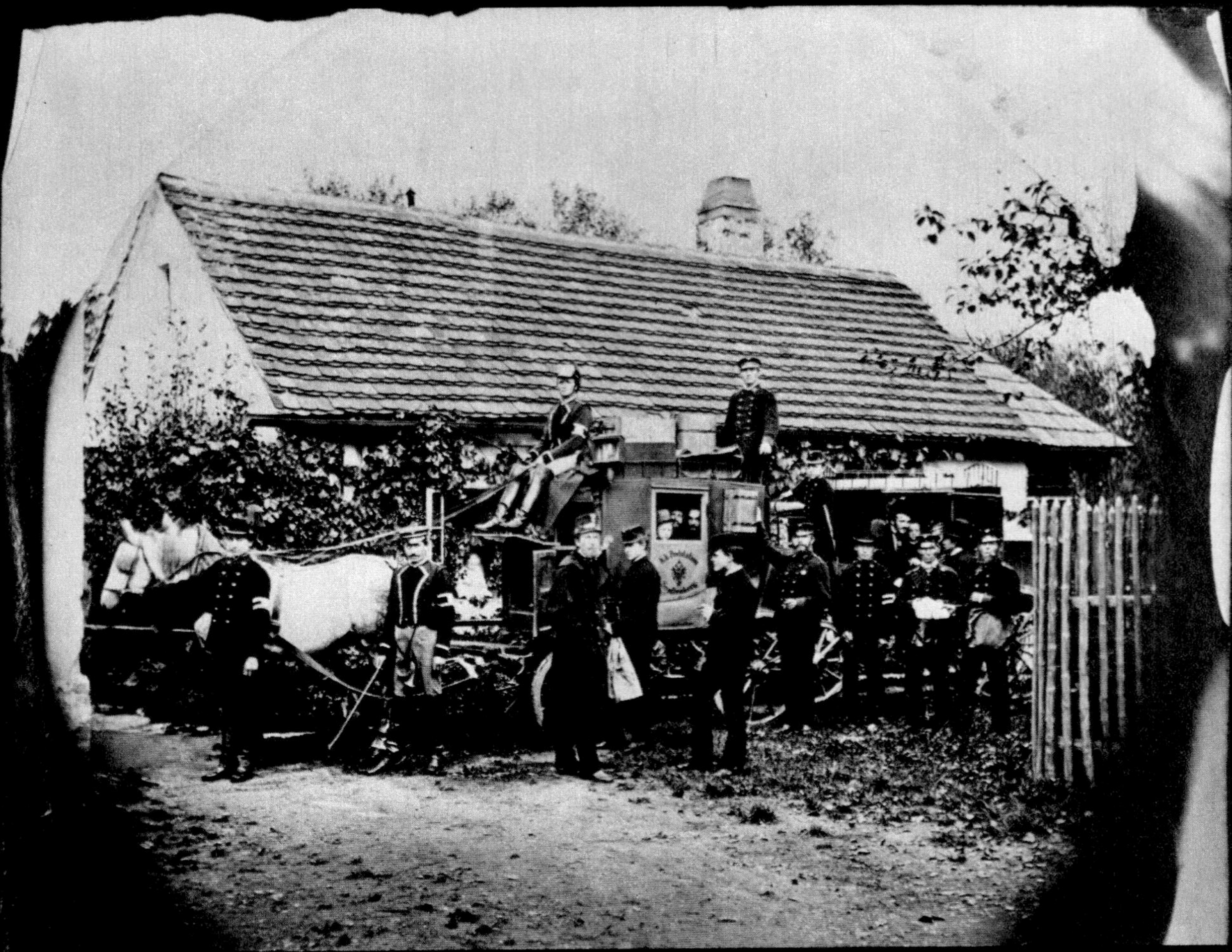

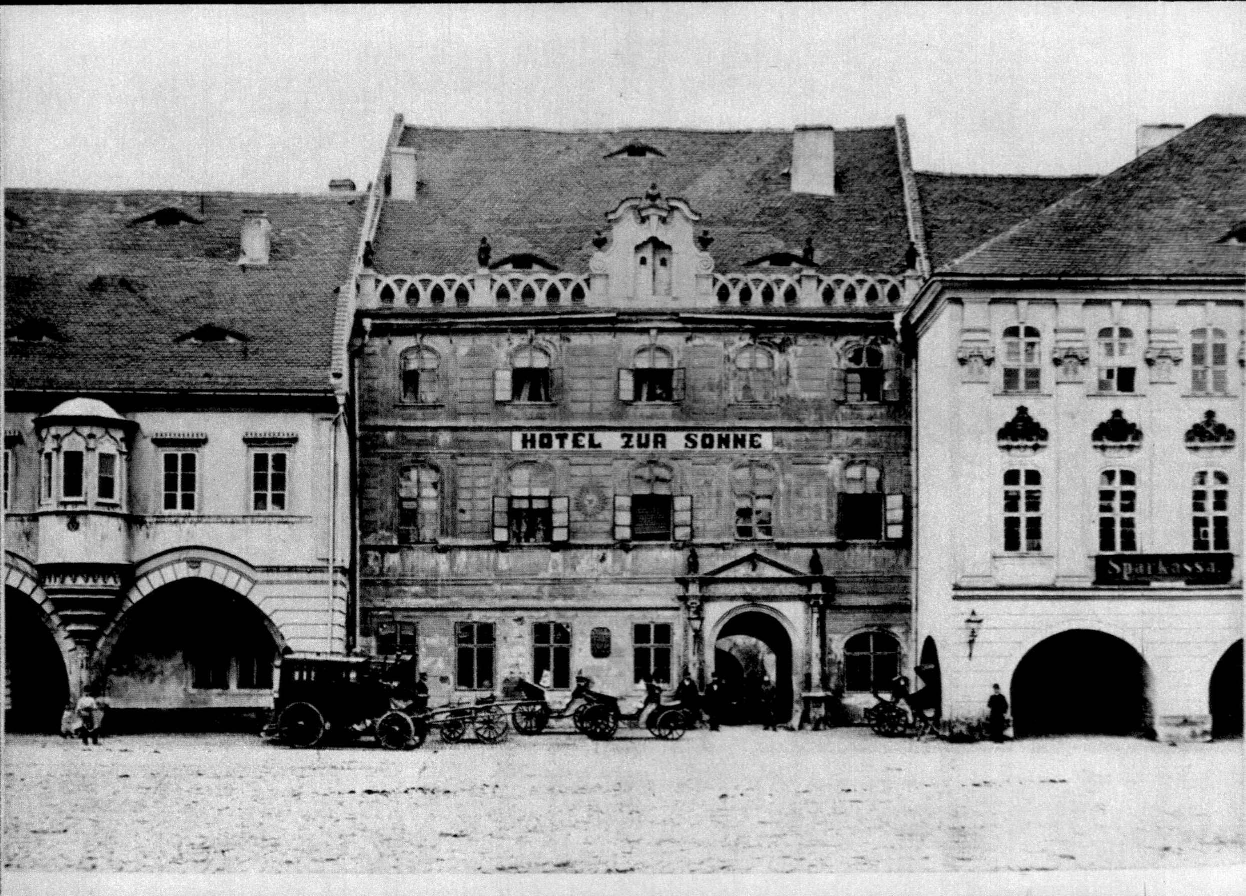
HOTEL ZUR SONNE
Sparkassa.

Fiakr pod pražským orlojem, kde bylo jedno ze stanovišť. Snímek fotografa ze Štencova grafického závodu pořízený kolem roku 1910.

Ojedinělý snímek pošty ze šedesátých či sedmdesátých let 19. století ze Žamberka. Autorem snímku byl patrně Woldemar Richard Mazura. Délku expozice ilustruje stěží rozeznatelné dítko sedící na okně. Po pečlivé režii postavy zkamenělý ve svých typických postojích.

Dostavník a kočáry před hotelem v Kadani na snímku Jindřicha Eckerta ze sedmdesátých let. Dopravní prostředky jsou zde zachyceny mimochodem při záběru architektury.

Pohřební vůz města Smíchova z doby kolem 1900 fotografoval rovněž neznámý autor. Jednalo se o výrobek firmy P. Klubal a spol.

Vůz plzeňských počišťovačů před c. k. okresním hejtmanstvím. Snímek Čeňka Hrbka dokumentující snahy plzeňského magistrátu o čistotu města. V Praze podobnou dokumentaci pro magistrát prováděl Jan Kříženecký. Nevhodná postava „zevlouna“ byla ze snímku vyretušována.

Užitkový vůz firmy Filip Haas a synové, výrobek firmy Pokorný-Beivl v Praze. Snímek neznámého autora z doby kolem 1900.

Bruner-Dvořák fotografoval v roce 1906 automobil Benz typu Parsifal v jeho přirozeném prostředí s komorou na formát negativu 24 × 30 cm. Díky ostrosti kresby můžeme přečíst i nápis na pneumatikách. Pánové nehledí do objektivu, ale vpřed. Nereprezentují samy sebe, ale automobil.

<

„Baron Liebig startuje do Porýní" je napsáno na rubu této fotografie neznámého autora, pořízené v roce 1894. Rozkošná fotografie dokumentuje zároveň Liebigovu propagační cestu do Francie, který jej a vůz Benz Victoria — první automobil na našem území — proslavila.

Jindřich Eckert, který má v historii české fotografie tolik primátu, fotografoval v roce 1899 ve svém ateliéru s malovaným pozadím a umělou balustrádou automobil Versucher, typ A, vyrobený Kopřivnickou vozovkou. Fotografie je zároveň reprezentativním portrétem dam. Iluzi prostoru dotváří malované pozadí.

K předváděcí jízdě automobilu značky Benz továrníka Klubala, výrobce kočárů, pražskými ulicemi byl přizván proslulý momentní fotograf Rudolf Bruner-Dvořák, který vytvořil skvělý dokument o cestě auta po Hradčanech a Malé Straně. Sledem snímků auta v klidu i v pohybu vznikla první „automobilová reportáž“ v Praze. Psal se rok 1898. Identifikace „Klubalova auta“ nebyla mimochodem dlouho jasná. Kontaktní kopie z negativu 13 × 18 cm.

Neznámý fotograf (snad Bedřich Trsek) dokumentoval těsně před rokem 1914 převoz elektromotoru z nádraží v Hradci Králové ulicemi města patrně do některé z továren. Na formát negativu 42 × 30 cm pořídil působivý dokument o síle strojů. Na kopii jsou dobře čitelné firemní cedule i technické detaily „parovozu".

Ukázka z tovární dokumentace firmy Laurin a Klement, prováděné neznámým fotografem. Voituretta typ A z roku 1906.

„Vyhlídkový vůz pro 24 osob" vyrobený Kopřivnickou vozovkou v roce 1913 a pojmenovaný — jak jinak — „Titanik". Snímek neznámého autora.

Podobný informačně propagační charakter měla i fotodokumentace výrobků Kopřivnické vozovky. Nesselsdorf = Kopřivnice. Automobil z doby kolem 1908.

Autoportrét Jaroslava Feyfara
před svým motocyklem Laurin a Klement
v Jilemnici v roce 1907.

ŽELEZNICE První z našich železnic, koněspřežná dráha České Budějovice—Linec o délce 129 km (rozchodu 1 106 mm), vybudovaná v letech 1825—1832, sloužila především k přepravě soli do Čech. Trať byla první velkou železnicí pro pravidelnou dopravu na evropském kontinentě. Stále vzrůstající provoz obstarával Vojtěch Lanna s 800 koňmi; první nákladní vozy konstruoval Josef Božek. V Českých Budějovicích bylo zboží překládáno na Lannovy vltavské lodi a pokračovalo do Prahy. Tak byl vlastně propojen Dunaj s Vltavou v duchu průkopnické myšlenky F. J. Gerstnera. Trať byla přestavěna na parostrojní až v roce 1873!

Druhá koněspřežná dráha vedla z nádražíčka u pražské Písecké brány do Kladna a Lán. Byla postavena velmi úsporně v letech 1828—1833 a provoz prvního úseku byl zahájen v květnu 1830. Doprava dříví z fürstenberských křivoklátských lesů byla však pro tuto dráhu málo rentabilní; až těžba a spotřeba buštěhradského uhlí provoz oživila. Na parostrojní byla přestavěna roku 1863.

V roce 1835 se začalo se stavbou první parostrojní železnice — Severní dráhy císaře Ferdinanda, která měla vést z Vídně přes Břeclav do Přerova a dál do Haliče s odbočkami do Brna, Olomouce a Opavy.

6. 6. 1838 vjel do Břeclavi první stavební vlak;

7. 7. 1839 přijel slavnostně vlak z Vídně do Brna. Cesta trvala čtyři a půl hodiny.

V roce 1842, kdy bylo zřejmé, že Rakousko zaostává ve výstavbě železnic za svými německými sousedy, převzal jejich výstavbu stát s úkolem vybudovat základní železniční síť. Bylo zřízeno generální ředitelství drah, kde působil i mladý český inženýr Jan Perner, pověřený stavbou úseku z Olomouce do Prahy. Po třech letech práce, dne 20. 8. 1845, přijel do Prahy po desetihodinové cestě první vlak z Vídně. Inženýrským vrcholem díla, na němž pracovalo dvacet tisíc lidí, byl třebovický tunel, dlouhý 531 metrů. Provoz trati dočasně zajišťovala soukromá Severní dráha Ferdinandova.

Ještě v roce 1845 byla zahájena stavba státní dráhy do Podmokel, jejíž součástí bylo „římské dílo 19. století do té doby nevídané“ — karlínský viadukt spojený se jménem Aloise Negrelliho. Celá trať do Podmokel a Drážďan byla otevřena 8. 4. 1851. Provoz obstarávala Severní státní dráha, která roku 1850 převzala přepravu na svých tratích výhradně do vlastní péče.

V roce 1847 se začalo využívat prvních státních telegrafních linek, na něž se postupně napojovaly železniční stanice. V roce 1858 už byly všechny stanice spojeny vlastním telegrafem. Roku 1854 se opět umožnila stavba soukromých drah a zároveň se prodaly stávající státní dráhy do soukromých rukou. Téhož roku vyjely z Ringhofferovy továrny na Smíchově první železniční vagóny.

Stavba železnic se stala předmětem spekulace a do-

Vzácná a poškozená fotografie s nečitelným podpisem lokomotivy Žatec belgické firmy J. Cockerill. Lokomotiva stejného typu přijela do Prahy v roce 1845! Snímek je pravděpodobně nejstarší fotografií lokomotivy u nás, vytvořené krátce po zavedení techniky mokrého kolódiového procesu roku 1851. Jedná se o reprezentativní snímek na točně s vyretušovaným pozadím.

Fotografie stejného typu jako předchozí, vytvořená ovšem na formát vizitky a o třicet let později. Jednalo se o lokomotivu Severoněmecké spojovací dráhy, fotografovanou patrně ihned po dodání Ferdinandem Strackem z Liberce. Na vizitkách, jak vidno, se nerozšiřovaly pouze portréty osobností a pamětihodnosti historie . . .

šlo k případům, že vedle hlavních jednokolejných tratí byly budovány i konkurenční souběžné dráhy.
V průběhu dvou desetiletí — do konce sedmdesátých let — byla v Čechách víceméně živelně vybudována základní kostra železniční sítě. Klasickým případem živelnosti byla železniční síť v Praze. Největší pozornost se zprvu věnovala stavbám soukromých drah souvisejících s přepravou uhlí: Buštěhradské železnici, Ústecko-teplické dráze a Turnovsko-kralupsko-pražské dráze a úsekům Pardubice—Turnov—Liberec, Smíchov-Plzeň-Brod nad Lesy. Provoz mezi Smíchovem a Plzní byl zahájen 14. 7. 1862. Železnice v Plzni, ale i v jiných městech, byla mocnou injekcí pro hospodářský rozvoj. 14. 12. 1871 byl zahájen provoz mezi Vídní a Prahou přes České Budějovice. Poměrně izolovaným jižním Čechám se tak otevřely nové ekonomické možnosti. V nejrušnějších letech výstavby, 1865—1874, bylo postaveno na 3 500 km tratí.
V druhé polovině sedmdesátých let, poznamenané burzovním krachem ve Vídni roku 1873, výstavba hlavních železničních tratí již pouze dobíhala. Jedna z posledních velkých staveb z Března u Chomutova přes Plzeň na bavorskou hranici byla dokončena v roce 1877. Na trati byl nejdelší tunel v Čechách pod Špičákem u Železné Rudy. Po roce 1880 se opět realizovalo několik státních drah, které doplňovaly již vzniklou síť. Významné bylo i schválení zákona o místních drahách, zaměřeného na hospodářské zlepšení menších měst ležících mimo hlavní železniční tahy. Místní dráhy stavěl jak stát, tak soukromé společnosti i drobní koncesionáři. Z iniciativy bechyňských občanů vznikla v letech 1902—1903 první elektrizovaná trať nejen u nás, ale i v celé střední Evropě. Byla spojená se jménem Františka Křižíka jako projektanta a dodavatele elektrotechnických zařízení. Rozmach místních drah zastavila až perspektiva automobilové dopravy. Díky místním drahám byla v Čechách jedna z nejhustších železničních sítí v Evropě.
V osmdesátých letech začalo znovu zestátňování soukromých drah, někdy spojené s obtížnými jednáními. Tento proces v podstatě skončil v roce 1909; před rokem 1914 byla v soukromých rukách z větších drah jen Ústecko-teplická dráha a Buštěhradská železnice.
Po úspěších se železničními vozy započala v Čechách i vlastní konstrukce lokomotiv, a to v První českomoravské strojírně v Libni v roce 1900. Roku 1905 již závod opustilo 150 lokomotiv, v roce 1914 toto číslo vystoupilo na 500. Rychlíková lokomotiva z roku 1911 byla schopná jet trvalou rychlostí 100 km/hod.
Významnými výrobci železničních vozů vedle Ringhofferovy strojírny byl od roku 1882 závod v Kopřivnici a od roku 1900 vagónky ve Studénce a v Kolíně.
Závěrem jen malé srovnání: rychlíky v roce 1848 měly rychlost 50 km/hod., v roce 1896 jezdily průměrnou rychlostí 70 km/hod. a maximální 90 km/hod.

„Komise pro zkoušky mostů" a „Komise technicko-policejní zkoušky" na dráze ‚Modřany-Dobříš', dokumentované Františkem Brožem v letech 1896—1897. Na snímcích komisí obvykle nechybí dítka a psi.

Neznámý autor vyfotografoval příjezd vlaku na nádraží do Jindřichova Hradce v letech 1903–1904. Pravděpodobně amatérský snímek.

Snímek vlaku na nádraží na Zbraslavi od Františka Brože z roku 1897
s působivou světelnou atmosférou. Brož, který dokumentoval výstavbu
několika tratí a který se v albech tituloval jako „amateur“
byl asi milovníkem železnic. Přes dokumentaristickou působivost
a spontánnost některých snímků se technická kvalita jeho

Z TÁBORA DO BECHYNĚ

„... Nedivno, že ve chvílích, jež předcházejí definitivnímu zahájení vozby na elektrické dráze Táborsko-bechyňské, lid našeho kraje ve slavnostním je rozrušení! Vždyť začíná nová kapitola života tohoto lidu, zvyklého nevšímavosti a chudobě! Nemůžeme, nežli přáti si, aby nová dráha přinesla hojnost požehnání dumným našim krajům. Kéž elektřina, jež bude proháněti vozy od Tábora k Bechyni, otřese myslemi našeho lidu a roznítí v něm chuť k podnikavosti, aby alespoň částečně chudoba od nás se vystěhovala."

TÁBOR
12. 6. 1903

„výpravčí: ouředník ruchu, provozu nebo vozby, drážní pořadatel, jištěč, zastavatel, expeditor,
strojvůdce: ředitel stroje, ředitel tahu, inženýr, mašinista,
topič: fajrman, fajrák, rousňák, sudlař, čadař,
průvodčí: hamař, hamovník, náhubkář, vyprovazeč, doprovazeč vlaků, kárník, konduktér,
stroj: lokomotiv, kolomotiv, samohyb, samovozka, samotažnice, parní vůz, ohňokol, ohňový vůz, parochod, parovoz, parostroj, zeměparník, kolový parník, kolejový parník, vozotah, vozostroj, kolejovka, čadná kolejovka, kočerka,
výhybka: ekscentr, veksl, výměna, přepojka, střidadlo, směna,
telegraf: dalekopis, rychlopis, dálnostprav, nástroj dalekopisný."

JINDŘICH KÜHN:
Po stopách železničního názvosloví.
Železniční revue 1939.

>
Nádraží v Týně nad Vltavou. Snímek ateliéru Šechtl-Voseček z doby kolem 1905.

Snímek železniční stanice Německý Brod, jako součást dokumentace J. Löwyho Rakouské severozápadní dráhy v roce 1871, je zajímavý také tím, že ukazuje křižování dvou drah různých společností. Půvabná je také drezína osazená na první koleji řadou pánů.

TYN nad VLTAVOU-MOLDAUTEIN

DEUTSCHBROD-NEMECKYBROD

Jindřich Eckert dokumentoval po dokončení výstavby všechny významnější železniční stanice na trati Rakovník—Beroun—Protivín v roce 1876. Práce jsou signované se společníkem Juliem Müller'nem. Soubor mimo jiné ukazuje, jak byly nádražní budovy stavěné podle typizovaných projektů. Kopce u Zbečna, kam dnes opět zasahuje křivoklátské polesí, byly tehdy holé. Nádraží, budova i informační cedulky se skvějí novotou.

<

Vedle Eckerta fotografoval na této trati v roce 1876 i Josef Benda. Fotograf stojící asi na střeše lokomotivy zaujal všechny lidi daleko široko. V období techniky mokrého kolódiového procesu bylo těžké být nenápadným. Nádraží Beroun.

>

Krajina údolí Vltavy se železniční trati u Sedlce u Prahy z let kolem 1860. Snímek dokládá, jak se při stavbě již počítalo s druhou kolejí. Autor není znám.

Krajina u Tábora se sloupy elektrické dráhy. Jedna z četných ukázek, jak železnice měnila krajinu i pohled na ni. Snímek ateliéru Šechtl-Voseček z let 1902—1903.

J. Benda: tunel „Buda“ na dráze Rakovník—Beroun.
1876.

<
Snímek jedoucího vlaku v zimní krajině u Náchoda,
vytvořený amatérským fotografem L. Geitnerem
v roce 1910.

DOPRAVA VE MĚSTĚ První a neúspěšný pokus o pravidelnou přepravu osob podnikl v Praze roku 1829 povozník Jakub Chocenský na trase Staroměstské náměstí — Sněmovní ulice. Rovněž pokus jeho zetě Prokopa Wurma nebyl úspěšný a do šedesátých let zůstaly Pražanům drožky, fiakry a malé hotelové omnibusy, vozící lidi z nádraží. K uskutečnění prvního pravidelného omnibusového provozu došlo až v roce 1860 na trase Karlín—Malá Strana (o dva roky později prodloužené k nádraží na Smíchově). Dopravní společnost měla půvabný název „Karlínské podniknutí omnibusů". Roku 1872 vznikla konkurenční První pražská společnost pro omnibusy, jež v roce 1874 přepravila již téměř milión osob. Do omnibusu, jenž měl vstup v zadní stěně a sedadla i na střeše, se vešlo 12—16 osob. Po příkladu jiných měst (Vídeň 1865, Budapešť 1866, Brno 1869) se zavedla i v Praze koněspřežná tramvaj, a to od 23. září 1875. Koncesi převzal belgický podnikatel Eduard Otlett, který také přivezl z Belgie prvních deset vozů, vyrobených pravděpodobně v USA.Ale již roku 1876 vyrobili první vůz koňky u Ringhofferů a brzy začaly být i vyváženy. Síť pražské koňky se zejména v letech 1883—1885 velmi rozšířila a pokryla tak základní potřebu dopravy ve městě. Na šesti linkách bylo k dispozici 117 vozů a 535 koní.

V Čechách nevznikla parní městská dráha jako mezityp mezi koňkou a elektrickou tramvají tak jako na Moravě v Brně, Ostravě a Bohumíně. Vývoj směřoval jednoznačně k provozu zabezpečovanému silou elektřiny, nikoli páry, která však byla poměrně úsporná. Propagátorem elektrických drah byl František Křižík, který také v Praze u příležitosti Zemské jubilejní výstavy 1891 postavil první elektrickou dráhu o délce 1,4 km, mající nejprve spíše propagační a zkušební charakter. Roku 1894 zřídilo elektrickou malodráhu dvouměstí Teplice-Šanov o délce 7 km. Roku 1896 otevřel Křižík elektrickou dráhu na trase z Florence do Vysočan. Vozy dodala Ringhofferova strojírna, elektrické vybavení Křižíkův závod.

Roku 1897 zavedl elektrickou úzkorozchodnou dráhu Liberec. V tomto roce byla uvedena do provozu i třetí elektrická dráha v pražské aglomeraci — od smíchovského Anděla na Klamovku do Košíř; zároveň vznikla i dráha města Královských Vinohrad. K vykoupení koňky v Praze došlo roku 1898 a ihned se začalo s elektrizací jednotlivých tras. Poslední linka koňky vedla přes Karlův most v roce 1905.

V roce 1899 zavádělo elektrickou úzkorozchodnou dráhu i Ústí nad Labem, dráhu o normálním rozchodu Olomouc a Plzeň. V roce 1900 elektrifikovalo svou parní tramvaj Brno, 1901 vznikla elektrická dráha v Ostravě a na trase Most—Litvínov—Janov. Elektrické pouliční dráhy dále vznikly v Čechách v Mariánských Lázních a v Českých Budějovicích, na Moravě v Opavě, Jihlavě a Českém Těšíně. Většina elektrických drah měla úzký rozchod (1 m), což bylo levnější, ale z hlediska dalších perspektiv méně prozíravé. Křižík vždy propagoval normální rozchod, umožňující návaznost na železnici.

Autobus se v síti městské dopravy objevil jen krátce, a v to v Praze v letech 1908—1909. Trolejbusový provoz v českých zemích byl zahájen v Českých Velenicích v roce 1907, o dva roky později pak v Českých Budějovicích.

V obou městech trolejbusová doprava zanikla v období první světové války.

Vývoj zakázkové osobní přepravy směřoval k nahrazování dražších fiakrů levnější jednospřežní drožkou. První autodrožky se objevily v Praze 6. září 1907. Taxíky se v Praze vzhledem ke značně vysokým sazbám, na rozdíl od Vídně nebo Paříže před první světovou válkou, příliš neujaly.

Pozemní lanové dráhy byly jen pasívním doplňkem městské dopravy. V souvislosti se Zemskou jubilejní výstavou 1891 byla Družstvem pro stavbu rozhledny na Petříně postavena petřínská lanová dráha o délce 400 m. Současně zřídila pražská obec druhou lanovou dráhu od řetězového mostu Františka Josefa ke Křižíkově elektrické dráze na Letné, jež směřovala k výstavišti. V letech 1907—1912 byly zřízeny dvě pozemní lanové dráhy v Karlových Varech.

Otevřený vůz pražské koňské „tramway" na první lince
Malá Strana — Karlín, jehož vyobrazení zachoval na pohlednici
antikvář Zikmund Reach. Klasický snímek koňky, zachycené
v klidu ve stanici. Koním se pro jejich vychrtlost přezdívalo
„veverky". Kolem 1880.

Obdobně koncipovaný snímek Jindřicha Eckerta vozu Křižíkovy elektrické dráhy Praha—Libeň—Vysočany, pravděpodobně z roku 1896. Fotografie z pamětního alba pro F. Křižíka. Pozadí je voleno tak, aby nerušilo vzhled vozu.

>

Kontaktní kopie z negativu formátu 18 × 24 cm Rudolfa Brunera-Dvořáka ze slavnostního zahájení provozu Křižíkovy elektrické dráhy na Balabence, kde byla dočasná konečná. 19. března 1896.

Fotografie Jindřicha Eckerta vozu Hlaváčkovy elektrické dráhy Smíchov — Košíře z roku 1897. Vůz je zachycen s cestujícími v klidu na trati. Kladka této dráhy běhala podél chodníku. Řidiči i průvodčí měli čamary, protože Hlaváček, košířský starosta a majitel dráhy, byl vlastenec. Skončil naprostým finančním vyčerpáním a sebevraždou.

PRAHA-VYSOČANY
PRAG-WYSOČAN
RAHA-VYSOČANY-LIBEŇ
RAG-WYSOČAN-LIEBEN
5
SMÍCHOV-KOŠÍŘE
4

Vuz liberecké pouliční dráhy na snímku neznámého autora z doby kolem 1912. Vozy tramvají v Liberci, statutárně druhého města v Čechách po Praze, se od pražských lišily rozchodem, lyrou místo kladky, posazením světel a mnoha dalšími detaily.

Liberecký motorový vuz s vlečňákem, na němž ledabyle sedí cestující. V Liberci žili dva fotografičtí fandové městské dopravy, kteří již jako studenti gymnázia s kamerou detektivkou horlivě fotografovali tramvaje — pánové Ervin Cettineo a Anton Schlupek. Zachovali po sobě několik tisíc negativů z několika zemí, na nichž jsou jen tramvaje. Negativy třídili originálním způsobem: nikoli podle míst, kde fotografovali, ale podle toho, čím fotografovali. Převažující většina jejich snímků pochází z doby po první světové válce.

Půvabná fotografie neznámého autora ze zatěžkávací zkoušky mostu v Jihlavě vozem jihlavské pouliční dráhy. Historická hranice Čech procházela Jihlavou . . .

Motorový vůz v Teplicích na snímku A. Schlupka z 5. 9. 1918. Živé zachycení vozu na trati.

Jindřich Eckert fotografoval ruch dopravy na dnešním náměstí Míru v Praze pod kostelem sv. Ludmily. Ostré boční odpolední světlo vytvářelo zvláštní světelnou atmosféru. Šedá dlažba tak díky tehdejším fotografickým materiálům vycházela jako bílá. Asi 1898.

<

Vůz liberecké pouliční dráhy šplhá městem. Vůz je opět zachycen v klidové poloze. U řidičovy plošiny se rojí stíny lidí. Snímek z doby kolem 1902, ještě v období, kdy vozy v Liberci měly kladku.

Svéráznou dokumentaci pražských elektrických drah prováděl v letech 1910—1925 Antonín Novotný, zaměstnaný jako technický kreslič u tehdejších Elektrických podniků. Jako jeden ze zaměstnanců fotografoval nevšedním způsobem jak prostředí dílen, tak i prostředí kanceláří. Občas si odskočil do ulic města vyfotografovat, jako dokument, dopravní nehodu s tramvají, nebo prostě jen tramvajový provoz. Negativy i pozitivy pečlivě označoval. Vyhlídkový vůz č. 500, určený k okružním turistickým jízdám, zahájil své pravidelné cesty Prahou 15. května 1913. Na snímku je zachycen při výjezdu z Ústřední elektrické stanice král. hl. města Prahy.

>
Řidič a průvodčí vozu č. 43 linky Královské Vinohrady — Most Palackého. Fotografie Jindřicha Eckerta z pamětního alba pro F. Křižíka z let kolem 1900.

43

Svážení mandele na saních
na stereofotografii Josefa Hladíka z okolí

PRÁCE A PRACOVNÍ PROSTŘEDÍ

III

FOTOGRAF A TÉMA PRÁCE Téma „práce a pracovní prostředí ve fotografii" je nesmírně členité a zahrnuje překvapivě velké množství snímků i pro 19. století.

Nejstarší fotografie těchto námětů vznikaly v ateliérech nebo v improvizovaných ateliérových podmínkách. Prvek aranžovanosti, z technického hlediska nezbytný, vtiskával snímkům „lidí při práci" osobitou pečeť po celé 19. století. Homo faber v ateliéru byl fotografován buď jako obecný představitel určité profese, anebo jako konkrétní osoba, která ze stavovské hrdosti (nebo i nutnosti) se nechala fotografovat v pracovním oděvu.

Fotografování pracovních skupin přivádělo fotografa přirozenou cestou z ateliéru do autentického pracovního prostředí. Zde většina fotografů v období techniky mokrého kolódiového procesu stála před neřešitelným úkolem a tím byl nedostatek světla. Snímky z interiérů továren, dílen, obchodů jsou tak v podstatě zachovány až z devadesátých let a až na malé výjimky vznikly následovně: celé osazenstvo strnulo v pohybu a fotograf obvykle ještě za použití bleskového světla provedl kýžený „otisk" skutečnosti. Uměle zastavený čas v práci působí zvláštním dojmem, umocněným někdy i nepřirozeným rozvržením světelných zdrojů. Jakoby stroje byly kulisami a nástroje v rukou lidí rekvizitami. Prvek divadelnosti vystupuje i v ryze pracovních dokumentech ze syrového prostředí zřetelně na povrch. Zdá se, že mezníkem v zájmu o fotografování průmyslových, ale i zemědělských podniků byla Světová výstava ve Vídni roku 1873. Aby se reprezentovali, objednali někteří majitelé podniků pro tuto výstavu fotografickou dokumentaci svých závodů. (O. Bielfeldt fotografoval chemické závody J. D. Starcka v západních Čechách, J. Eckert Vojtěšskou huť, neznámí fotografové zemědělské podnikání Schwarzenberků.) Další fotografickou aktivitu tohoto typu vzbudila Zemská jubilejní výstava 1891 a místní průmyslové výstavy realizované v devadesátých letech. Po přelomu století se tento druh fotografie stával i součástí propagace v časopisech a reklamních brožurách. Prohluboval se i tematický rejstřík fotografů.

Fotografové svět práce pouze snímali. Nezaujímali žádný kritický postoj. Aktivita, s jakou vystoupil například Lewis Hine v USA, fotografující práci dětí v továrnách, není v Čechách doložena.

Z běžných popisných prací vybočuje Eckertův soubor dokumentující ochranné pomůcky při práci ve sklárně, konkrétně u J. Inwalda ve Zlíchově u Prahy, vytvořený kolem roku 1902, nebo neznámý fotograf fotografující o desetiletí později v Poldovce na Kladně. Určitým vrcholem možností fotografa je dokument o práci v příbramských rudných dolech, pořízený F. Drtikolem. Je vzácným dokladem fotografickým i faktografickým. Je dokladem hledání cest k modernímu fotografickému výrazu i v těch nejextrémnějších podmínkách.

PRÁCE V ZEMĚDĚLSTVÍ A LESNICTVÍ Ještě na počátku 19. století a místy mnohem déle přetrvával feudální charakter zemědělské výroby, založené na trojhonné soustavě s převahou pěstování obilovin. Vzrůst počtu obyvatel a fakt, že většina zemědělské půdy byla již využita, si vynutily přechod k intenzívnějšímu systému hospodaření. Zaváděly se nové plodiny, z nichž mimořádný význam měly jeteloviny, brambory, řepa cukrová i krmná. Měnil se také systém chovu některých druhů zvířat, stájové krmení se zavádělo i v létě. Zdokonalovala se kultivace půdy.

Velkostatky, které zrušením roboty v roce 1848 získaly najednou velké množství finančních prostředků z „výkupů za robotu", se mohly soustředit na modernizaci vlastní zemědělské výroby. K všeobecnějšímu rozšiřování střídavého hospodářství docházelo až po polovině 19. století, přičemž do roku 1900 stále klesalo procento úhoru. Poklesly osevní plochy některých obilovin (zejména žita, ovsa, prosa, pohanky) a naopak více se pěstovaly hodnotnější druhy pšenice, ječmene a kukuřice. Rozšířilo se rovněž pěstování luskovin, a mimořádně se zvětšily plochy pro pěstování brambor a cukrové řepy, zcela nové plodiny 19. století. Také podíl pícnin na ploše orné půdy v Čechách vzrostl v průběhu celého minulého století nejméně čtyřikrát. Stále větší oblibu si získávalo pěstování ovoce; zvláště v úrodných krajích se ovoce stalo význačným tržním produktem. Pro trh se začala pěstovat i zelenina, okraje měst tak začala vroubit zahradnictví. Plochy vinic se zmenšovaly; vinařství stagnovalo. Naopak chmelařství se změnilo v typicky tržní odvětví, které ovlivnilo rozvoj a pověst českého pivovarnictví. Políčka byla i tam, kde jsou dnes louky.

Intenzifikace zemědělské výroby přispěla obecně k lepšímu postavení a zvýšení kulturní a životní úrovně vesnického obyvatelstva, což mělo svůj význam politický a národnostní. Ovšem zavádění výkonnějších a větších strojů (např. parních mlátiček) zvýhodňovalo velkostatky, za nimiž stále více zaostávala rolnická hospodářství. Využívání zemědělské techniky a nových přístupů k intenzifikaci bylo v různých krajových a ekonomických podmínkách odlišné.

Zavádění strojů vytlačilo i tradiční práce související se zemědělskou výrobou. Nový způsob zpracování plodin, například chmelu a cukrové řepy, vyžadoval nový typ pracovníků, sezónní dělníky, rekrutující se z venkovské chudiny. Nová zemědělská kultura tak podstatně zasáhla i do oblasti společenských vztahů.

Lesy zastihl přelom 18. a 19. století ve velmi špatném, někdy i kritickém stavu, neboť těžba dřeva byla značně vysoká a nekladl se důraz na obnovu lesa. Na mnohých fotografiích nás překvapí holé svahy — například kopce v okolí Křivoklátu, Karlštejna a v Brdech. V lesním hospodářství se výrazně uplatňovaly místní vlivy a přístupy majitelů. Na přibývání holin měla vliv i pastva dobytka, hlavně ovcí, a nesystematické prořeďování porostů. Úsilím několika generací lesníků se podařilo uměle obnovit znehodnocené porosty, především smrkem a borovicí.

Od striktního pojetí ochrany lesa jako důležité dřevní suroviny i jako oblasti zájmů myslivosti se již v polovině minulého století dospělo k úvahám o funkci lesa jako důležitého činitele při ovlivňování klimatu a regulaci povodní. Zdůrazňování hygienické funkce lesa našlo svůj výraz ve zřizování lesních lázní. Své léčivé a rekreační poslání plnily lesy především v okolí lázeňských měst. V Sedmihorkách u Turnova se v roce 1855 pro lázeňské hosty zřídily tzv. vzdušné lázně, léčící vzduchem prosyceným ozónem, spolu s tělocvikem v lesním prostředí.

Lesník na snímku Vojtěcha Kramera, vytvořeném na slaném papíře kolem roku 1855. Muž má všechny atributy svého povolání, včetně psa. Větve a pařezy mají roli charakterizačních rekvizit. Na dobu svého vzniku obdivuhodný snímek. Malá obrysová ostrost snímku je způsobena právě strukturou papíru a navíc všechny snímky na slaném papíře působí dojmem sníženého kontrastu.

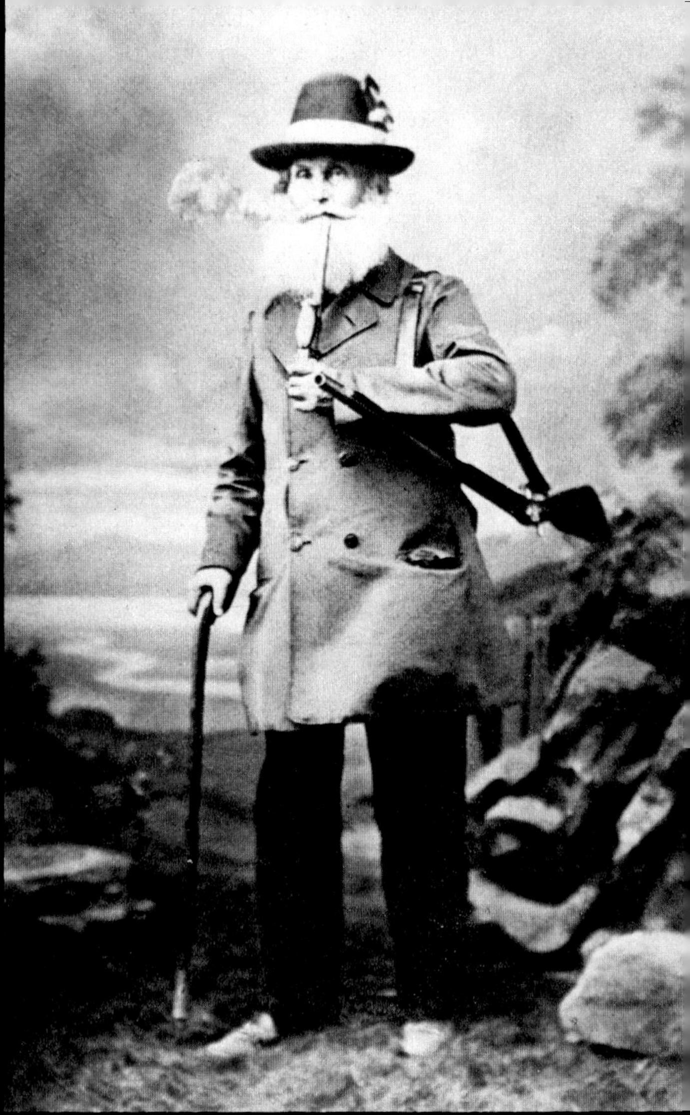

Lesník na vizitce J. Böttingera se fotografoval před malovaným pozadím kolem roku 1869. I on má určující znaky svého povolání, i když ne tak bizarně seskupené jako jeho domažlický kolega.

Rolník v Křižlicích na snímku Jaroslava Feyfara z roku 1908.
Jedna z nejpůvabnějších fotografií s tímto námětem.

<
Zahradník na vizitce neznámého autora ze šedesátých let.
Není vyloučeno, že se jedná o zámeckého zahradníka. Nebo byl tento muž amatérským milovníkem zahrad, či se jedná o portrét pomologa? Ani jemu nechybí v ruce fajfka.
Rýč a konev jsou atributy, řetěz od hodinek dokazuje určitou zámožnost.

Snímek Bohumila Střemchy z okolí
Nymburka nebo Poděbrad z doby kolem 1908
bezděky připomene Slavíčkovy obrazy.

Kosení obilí u Roztok nad Vltavou na vzácném snímku neznámého fotografa z doby kolem 1900. Žena v popředí ještě používá srpu.

Ženy a dívky i dívenky pracují na řepném poli pana Wohanky u Úholiček u Prahy. Snímek Josefa Fiedlera z přelomu století.

Pasák se stádem ovcí u Kysperka. Autorem snímku z šedesátých sedmdesátých let byl pravděpodobně Jan Umlauf.

„Mistr svého umění jest mezi dřevorubci ‚břetenář'. Zima přináší mu hlavní odbobí jeho živnosti: v zimě se přede, potřebuje se vřeten. Ale kdepak jsou časy, kdy hospodyně chodské, které chtěly míti nejjemnější nit, nepředly než na ‚břetene', ano předli i muži a ti předávali jen na vřetenech, kolovrat nechávajíce ženským! Dnes — skoro jako by se už i ten kolovrat chtěl z chodské sence vystěhovat, ... dávno mezi staré haraburdí ... Už je s přádlem nikdo po senci neroztočí! A tak věříme, že prorokoval pravdivé proroctví náš staroch vřetenář, sedávaje nám k dílu svému: ‚Haž já pominu, pomine tuto teký, huž sem poslední.' ...
Hlučnější a veselejší život najdeme u škatulkářů. Díme úmyslně u škatulkářů, ne u škatulkáře, neboť tam jest řemeslníkem ne jednotlivec, nýbrž celá rodina dohromady, a čím je ona četnější, tím snazší a vydatnější práce ... Pro nedostatek světla i místa fotografována práce vně, ale vše postavili a rozestavili si škatulkáři sami a věrně, jako v senci bývá."

J. F. Hruška
Mezi chodskými dřevorubci.
S 12 fotografickými ilustracemi od E. Strouhala, ředitele panství v Koutě u Domažlic.
Plzeň 1935.
(Psáno r. 1897 pro Světozor).

>
Se zemědělstvím souvisí přímo i nepřímo řada výrobních odvětví provozovaných podomácku. Na kolorovaném diapozitivu z Domažlicka od neznámého autora z devadesátých let přadlena zpracovává přízi. Snímek byl patrně pořízen magnéziovým světlem v autentickém domácím prostředí. Na nádobí jsou lesky od světelného zdroje.

Malíř a fotograf Ferdinand Velc prováděl na Domažlicku, které bylo vzhledem ke své minulosti populární oblastí národopisného bádání, nevšední dokumentaci fotoaparátem ze života chodských vesnic. Jeho snímky ze čtyřměsíčního pobytu roku 1893 pořizované na formát negativu 13 × 18 cm, působí přirozeným a nearanžovaným dojmem. A přitom jsou i velice sdělné po obsahové stránce. Fotografie zachycuje lámání lnu mědlicí.

Mladí dřevaři jdou na práci do lesa. Práci dřevařů na Domažlicku fotografoval počátkem století dvorní rada Strouhal, správce velkostatku. Negativy z jeho pozůstalosti jsou uloženy v Chodském muzeu v Domažlicích a jsou opředeny řadou otazníků.

Působivé svědectví ze sklizně vína v Žernosekách z konce století zachoval Rudolf Bruner — Dvořák, jehož snímky jsme zvykli vídat spíše v souvislosti s událostmi. Ostatně sklizeň vína je také událost. Bruner-Dvořák se ovšem živil i fotografováním interiérů továren a snímky pamětihodností. Nikdy se však nezabýval ateliérovým portrétem. Kopie z negativu 18 × 24 cm.

Na zimním snímku zachytil Strouhal vřetenáře při práci, jemuž asistuje dcera nebo vnučka. Vřetenář vyráběl vřetena

Naprosto přirozeně působí stavení rybáře na snímku Bohumila Střemchy z prvního desetiletí našeho století pravděpodobně z Poděbrad. Střemcha stavení pravděpodobně zachytil pro jeho bizarnost, nikoli z dokumentačních či pamětních zřetelů.

Výlov na Starém rybníku u Putimi z ateliéru Quast z Písku z roku 1906 je naopak aranžovaný slavnostní výjev, kde příslušné náčiní má roli atributů profese. Nazývá se „U Váhy“.

Také tento výjev byl okázale koncipován jako pamětní obraz pro potomstvo, kde fotograf sloužil pro jeho zaznamenání, zvěčnění. Půvabný živý obraz na téma Rybářství byl vytvořen patrně u příležitosti Národopisné výstavy roku 1895 a fotografoval jej František Duras. Není však vyloučeno, že se jednalo o živý obraz pro nějakou výstavu ve Slaném. V podstatě jde o alegorický vůz, kde je snad vše, co může mít souvislost s rybářstvím v pestré směsici, korunované svatováclavskou korunou.

Skupinový snímek Josefa Fiedlera z řepařské stanice pana Wohanky v Úholičkách s majitelem a jeho zaměstnanci. Sebevědomý pan Wohanka a dívenky okolo, nejmladší dole, hlídači-mistři nahoře. I když snímek nezobrazuje sám pracovní proces, přesto o jeho podstatě vlastně říká velmi mnoho.

ŘEMESLA A OBCHODY 19. století znamenalo soumrak pro řadu klasických řemesel, pro něž byl charakteristický dokonalý rukodělný projev, spojení užitné hodnoty s estetickou působivostí a pocit zodpovědnosti tvůrce díla za jeho kvalitu. Řemeslník, který předměty sám navrhoval a vyráběl, se mnohdy oprávněně cítil být umělcem.

Středověké řemeslnické cechy a bratrstva s osobitými zvyklostmi byly elitářskými organizacemi. Zahrnovaly řemesla výrobní, zpracovávající textilní materiály, kůži, dřevo, kovy, drahé kovy, hlínu, nerosty, dále potravinářská, produkující nebo prodávající potraviny a nápoje, a poslužná, kam například náležely činnosti spojené s péčí o vzhled a čistotu lidí (lazebníci, holiči). Společenské zařazení jednotlivých cechů bylo variabilní podle vážnosti a bohatství příslušného řemesla. Novým živnostenským řádem s platností od 1. května 1860 si byla teoreticky všechna řemesla rovna, na venkově i ve městech. Někdejší cechy zanikly, vznikala nová živnostenská společenstva jako organizace povinné a do roku 1883 liberální v tom smyslu, že umožňovaly provozovat živnost každému, kdo se prokázal určitým kapitálem, aniž byl vyučen. Vznikaly i živnosti nové. Rozmáhající se tovární výroba odsoudila mnohá, kdysi prosperující řemesla jen k pracím opravářským, což podstatně omezovalo tvůrčí ambice řemeslníků. Některá, zejména potravinářská, se ve spojení s obchodem přizpůsobila bez újmy změněnému ekonomickému myšlení. Jiná tradiční řemesla se snažila — většinou marně — vyrovnat se s tovární velkovýrobou novinkami. Přizpůsobovala se masovému vkusu. Obecně nastával úpadek zručnosti a estetického cítění. Reakcí na nový stav byly hlasy volající po obrodě a záchraně rukodělné výroby. Jedním z těchto projevů bylo zakládání uměleckoprůmyslových muzeí, kde významnou roli hrály bohaté místní obchodní a živnostenské komory, a zakládání odborných škol (keramické, textilní, dřevařské, krajkářské, šperkářské, kovářské atd.). Dalším z projevů byly návraty k tradičním řemeslným hodnotám a stylům vytvářením děl kopírujících staré práce, včetně lidových výrobků. Tyto tendence korespondovaly ostatně i s oblibou historizujících slohů a od konce 19. století i s vlnami folklórismu. Již před známou Národopisnou výstavou českoslovanskou v roce 1895, jež byla mezníkem v českém národopise, proběhlo v osmdesátých letech několik regionálních výstav, propagujících především lidové řemeslo a umění (Praha, Plzeň, Jindřichův Hradec). Mezníkem pro propagaci české řemeslné výroby i průmyslu byla Zemská jubilejní výstava v roce 1891. S oběma výstavami byla spojena velká dokumentační aktivita fotografů, obracející se do oblasti řemeslné výroby. Tento trend se projevil již na Světové výstavě ve Vídni 1873, kde byly, kromě jiných objektů, také rekonstrukce lidových staveb a kde byl prezentován tzv. „národní domácký" průmysl.

Součástí snah o povznesení řemesel byl vznik družstev k podpoře lidové výroby (Chodovia, Družstvo podkrkonošských tkalců) a družstev s velkým významem pro umělecká řemesla (Zádruha 1906, Artěl 1908, Svaz českého díla 1914. Artěl se zajímal i o uměleckou fotografii.)

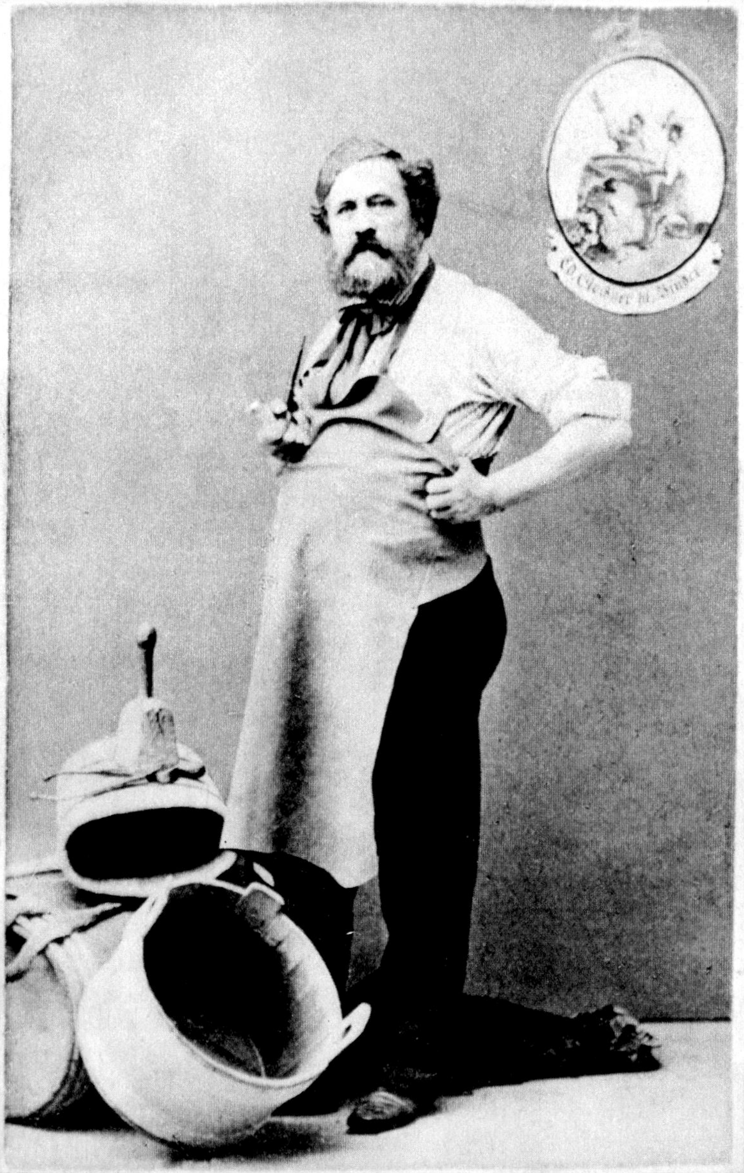

Představitelé řemesel na vizitkách neznámého autora.
Jednotlivá řemesla charakterizují jednak vývěsní štíty
a jednak nářadí, případně výrobky řemeslníků.
Na vzácných snímcích ze šedesátých let
je bednář a truhlář.

Na snímku Jindřicha Eckerta z osmdesátých let je preclíkář.

Bedřich Fuchs se synem Robertem a společníkem Zahnem fotografovali v Praze v roce 1886 proti zdi s plakáty typy různých povolání z ulice. Na snímku, později rozšiřovaném v sérii Pražské typy Zikmundem Reachem, je podomní brusič s obrovskými nůžkami, jako atributem svého zaměstnání.

Kominík na vizitce neznámého fotografa patrně z přelomu sedmdesátých a osmdesátých let.

Muž na této kabinetce propaguje nový výrobek ze „Skladu kuchyňského náčiní, domácích přístrojů a zboží norimberského“ pánů Čermáka a Skřivana v Praze. V podstatě jde o reklamní snímek, který si do své sbírky zařadil Vojta Náprstek (proto razítko V. N.), který vždy propagoval pronikání nové a účelné techniky do Čech.

„Ve velkých městech jsou ve větších závodech zavedeny pevné ceny. Tam je zbytečno smlouvati, neboť obchodník snaží se sám z důvodů konkurenčních stanoviti ceny pokud možno nízké. Jsme-li stálými odběrateli, čítá nám často sám výhodnější ceny. Smlouváme-li už, smlouvejme diskrétně, a vidíme-li, že obchodník nesleví, koupíme zboží jiné, odpovídající cenou naší tobolce.
V obchodě se nepouštíme do dlouhých rozhovorů a omezíme se toliko na zboží, jež kupujeme. Nikdy nemluvíme o druhých a nikoho nepomlouváme. Obchod je veřejné místo, kde cizí lidé mohou náš hovor vyslechnouti. Obchodníkovou povinností jest, aby kupujícího zdvořile pozdravem uvítal a postaral se o rychlou a bezvadnou obsluhu; ale zdrží se dryáčnického vychvalování svého zboží a jarmarečního nucení ke koupi. Dobrá jakost, solidní ceny a řádná obsluha jsou mu nejlepším doporučením a získají mu víc a trvalých zákazníků než nejnápadnější reklama.
Příručím v obchodech připadá povinnost, vyzbrojiti se krajní vlídností, ochotou a trpělivostí. Není to snadné; ale nejsou-li jich schopni, ať se věnují raději jinému povolání.“

J. HRDINOVÁ,
Nauka o společenském styku,
Praha 1921

>
Vzácný snímek interiéru lahůdkářství před rokem 1914 v Náchodě, pořízený neznámým fotografem. Výstava hojnosti.

Tento snímek je lakonicky označen „Prodejna škodováckého konzumu“. Neznámý fotograf zvěčnil personál i zákazníky. Nad dveřmi je cedulka na originálu dobře čitelná: „Každý čtvrtek čerstvé mořské ryby.“ Kolem 1910.

ŘEHÁČEK-VINO-NÁCHOD
MAGGI
kostky
hotova

„P. T. Vydávaje poznovu svůj ceník fotografických přístrojů a potřeb, mám především za svoji povinnost poděkovati všem, kdož mne dosaváde svojí vzácnou, tak hojnou přízní poctili. Přízeň ta jest mi důkazem, že snaha moje, posloužiti rychle, levně a solidně došla ocenění. — Této zásadě zůstanu i nadále věren a tím doufám, že nejen starý kruh odběratelů si zachovám, nýbrž i nové další získám.
Do ceníku pojal jsem zejména ony druhy zboží, jež mám stále na skladě a jimiž tedy v každý čas, bez prodlení posloužiti mohu...
Objednávky z venkova vyřizují se dle možnosti ještě týž den, kdy došly. Není-li náhodou něco na skladě, uvědomí se o tom objednatel korespond. lístkem. Nejvýhodnější jest poslati obnos za objednané zboží poštovní poukázkou, na jejímž kupónu možno zakázku napsati...
Při koupi nového přístroje jsem ochoten převzíti starší aparát v přiměřeném obnosu a na úhradu kupní ceny... Každému ochotně a svědomitě vysvětlím při koupi aparátu nejen manipulaci s dotyčným přístrojem, ale i podstatu fotografování vůbec a na žádost udělám s kupovanou komorou snímek na zkoušku."

Cenník fotografických přístrojů
a veškerých potřeb ku fotografování,
jež má na skladě
JOSEF NOVÁK
v Plzni, Solní ulice.
(Kolem 1905.)

>
Obchodník Karel Barvínek v Kyšperku prodával vedle potravin a pitiva i fotografie, jak je z výlohy dobře patrné. „Rychloposel" rozvážel čerstvé zboží z nádraží. Snímek neznámého autora.

Ulice bývaly plné nápisů a reklam, písmo mnohdy obohacovalo domovní fasádu. Obchod „materialisty" Václava Svobody v Solmsově ulici v Plzni na snímku Ladislava Lábka z doby kolem 1905.

KAREL BARVÍNEK.
Novinka
ŽÍZEŇ UHASÍTE
Novinka

MATERIALISTA
MATERIALIST
SKLAD PRAVÉHO ČÍNSKÉHO A RUSKÉHO ČAJE, PRAVÉHO JAMAJ. RUMU FRAN. COGNACU.
HAUPTDEPOT ECHTEN CHINESISCHEN u. RUSSISCHER THEE'S ECHTEN ALTEN JAMAIKARUM FRANZÖSISCHEN COGNAC.
MATERIALISTA
JOSEF KUDRNA
MECHANIK
JOSEF ANT. KOUDELKA
HYNEK
ČMUCHAL
VÁCLAV SVOBODA.
COGNAC 20
DROGERIE
„ZVONU"
DROGERIE
„GLOCKE"
Odol
MAGGI
Odol

Vedle Měšťanského pivovaru v Plzni, produkujícího proslulý Plzeňský Prazdroj, byly v západočeské metropoli ještě další tři úspěšné pivovary. Na snímku z roku 1910, jehož autorem byl patrně Ladislav Lábek, je Höfnerova pivnice, čepující plzeňský Světovar.

>
Jindřich Eckert kolem roku 1890 fotografoval ledaře na Novoměstské náplavce u Šítkovských mlýnů v Praze. Led, který ledaři těžili a rozváželi, byl velice potřebnou surovinou k chlazení, zejména piva.

Novoměstské náplavky.

Ignác Josef Schächtl, nebo jeho syn Josef,
vyfotografoval v pivovaru v Přehořově klasickou pivovarskou scénu
s majitelem, jeho chotí, služkou a dcerou (?)
a s nejvýznamějšími zaměstnanci.
Pivo se samozřejmě ochutnává.

Půvabný snímek podkovářů v Písku. Nechybí nic,
co má řádný portrét pracovní skupiny obsahovat: cedule s nápisem a letopočtem,
ba i heslem („Raz na raz“), atributy profese důmyslně rozmístěné.
Uprostřed jsou osoby požívající největší úcty, včetně nestora cechu.
Snímek neznámého fotografa.

Impozantní pohled na trh na hlavním náměstí v Plzni patrně od Čeňka Hrbka s dominantou kostela sv. Bartoloměje. Kolem 1900.

>

Trhy na náměstích menších měst si byly velmi podobné. Boudy, povozy, zelenina a hrnčířské zboží rozmístěné přímo na dlažbě . . . Na fotografii Antonína Nováka je trh v Rychnově nad Kněžnou na přelomu osmdesátých a devadesátých let.

Trh na severní straně náměstí v Náchodě fotografoval asi v roce 1910 Petr Pavel Kolínský. Kopie z desky formátu 13 × 18 cm.

Bohumila Středchu zaujal v Poděbradech trh před zámkem,
kde pod sochou Jiřího z Poděbrad se prodávaly nejrůznější zemědělské produkty.
Středchu nezajímal tradiční dokumentární celkový pohled,
ale fotografoval jako účastník trhu přímo z davu. Kolem 1908.

Prodavačka kašpárků
a malá obdivovatelka.
Fotografie Bohumila Střemchy
v Praze kolem 1908.

Provazník potřeboval pro svou činnost prostor, a proto mnohdy pracoval přímo na ulici. Snímek B. Střemchy z Nymburka nebo Poděbrad po roce 1906.

>
Prodavač zápalek na Karlově mostě. V tomto případě fotograf Střemcha vyčkával, až rozvržení osob na snímku umocní jeho obsah. Nejedná se o náhodnou momentku, ani o aranžovanou fotografii. Podobně se fotografuje na ulici i dnes, kdy fotograf čeká na okamžik děje, který zesílí jeho obrazový i obsahový účin. Chudák zachumlaný v kabátě držící dlouhé hodiny krabici s balíčky sirek je lhostejně míjen dámou v černém, za níž hopká bílý psík.

PRŮMYSL Po Rusku zaujímalo Rakousko v Evropě druhou největší plochu a do roku 1871, kdy je předběhly německé státy, bylo na druhém místě i do počtu obyvatel. Z různých příčin se industrializace v Rakousku opožďovala a celková zaostalost proti průmyslově vyspělým evropským státům vzrůstala. Od poloviny 19. století získaly české země v Rakousku klíčové hospodářské postavení. Byly průmyslovou základnou monarchie a tuto pozici získaly v době dovršení industrializace. Čechy si uchovaly v průmyslové výrobě vedoucí postavení v tradičních oborech — v textilní a sklářské výrobě a čelné postavení získaly v těžbě uhlí (80—90 % těžby v celém Rakousku). Značného významu nabylo i hutnictví a strojírenství. V některých odvětvích měly Čechy zcela monopolní postavení (výroba porcelánu, zpracování lnu, vlny, cukrovarnictví).

Jestliže bychom porovnali celkový ekonomický potenciál českých zemí se západní Evropou, byl zcela srovnatelný s francouzským. Industrializace měla své důsledky sociální, kulturní a politické. České země prodělaly nadprůměrný hospodářský vzestup, což kontrastovalo s ekonomikou relativně zaostávajícího státu, i když podobný vzestup samozřejmě prodělala Vídeň a celé Dolní Rakousy. Ke zvláštnostem českého vývoje patřila skutečnost, že rozmach českého podnikání a růst českého bankovního kapitálu vedl k jeho izolovanosti od podnikání německé společnosti v Čechách.

Rozhodujícím obratem v hospodářském mechanismu bylo využití parních strojů, s jejichž uplatňováním souvisel i přechod většiny průmyslových odvětví od užívání dřeva a dřevěného uhlí k minerálnímu uhlí. Až v první polovině sedmdesátých let předstihla roční těžba hnědého uhlí těžbu „černého" kamenného uhlí. Vzrůst těžby ovlivnilo i využití uhlí jako paliva na železnici a jako topiva v domácnostech. Významnou roli začal hrát export hnědého uhlí.

Se vzrůstem těžby surovin a kapitalizací výroby se významnou ekonomickou oblastí stalo hutnictví železa, kde důležité místo v Čechách zaujímala Pražská železářská společnost s kladenskými hutěmi, již typickým kapitalistickým podnikem, který vyřadil z provozu rozptýlené menší železárny pracující tradiční technologií. Původně zaostalé české hutnictví získalo rychle vysokou technologickou úroveň.

Dalším podstatným rysem utváření kapitalistické ekonomiky bylo vydělení strojírenství jako samostatného odvětví, kde si však uchovávaly vedoucí postavení Dolní Rakousy a Štýrsko. Dřívější mechanické dílny se postupně přetvářely v průmyslové závody, neustále rozšiřující svůj program. V této době se vytvořily základy proslulého pražského i plzeňského strojírenství.

S celkovou industrializací českých zemí souvisel i rozmach potravinářského průmyslu jako klíčového odvětví. Cukrovarnictví bylo častým objektem kapitálových investic a na rozdíl od pivovarnictví nemělo žádnou souvislost s předchozí řemeslnou tradicí. Obě odvětví výrazně pozměnila tradiční strukturu zemědělské výroby a vedle lihovarnictví a mlynářství byla mostem mezi tovární výrobou a zemědělstvím.

Stará huť u Berouna z doby kolem 1895. Prumyslová krajina, kontrast puvodní zástavby s kostelem, s továrními komíny a řekou v popředí. Tmavá tonalita přesouvá vyznění snímku do jakéhosi vznešeného pochmurna. Autorem byl pravděpodobně Antonín Ott.

Poldina huť na fotografii Jindřicha Eckerta z doby kolem 1875. Prumyslový objekt v kontrastu se skalisky v popředí a pozadím ztrácejícím se v dýmu působí až neskutečně jako scenérie z románu Julese Verna.

>
Eckertova fotografie Pražské strojírenské akciové společnosti, někdejší Rustonky v Libni, z doby kolem 1885 dostatečně zřetelně ukazuje, co všechno se změnilo v této oblasti za sto let. Fotografováno z hory Vítkov.

Neznámý fotograf zachytil průmyslové objekty u dolu Anna
v Příbrami kolem roku 1875. Kontrast polních brázd
s haldami — „nová krajina“.

„Když jsem nastoupil v té továrně na fotografie, jak se o firmě Langhans mezi fotografy říkalo, bylo tam asi sedm negativních a osm pozitivních retušérů, dva operatéři, čtyři kopisté, dvě přijímací dámy, jeden účetní, jeden knihař a jeden sluha.

Představte si řadu 8—10 negativních pultů a dále 6—8 pozitivních pultů, v zatuchlé, lakem a matoleinem čpící místnosti, kde sedělo při pilné práci šestnáct až dvacet otroků pod vrchním dozorem mocného pana Hruschky, renegáta z Jihlavy.

Od rána od 8 do 12 a od 13 do 19 hodin ticho jako v kostele, jen když Hruschka odešel do ateliéru, tak se rozpoutal hovor, a bylo-li jisto, že se brzy nevrátí, zazněl i společný zpěv. Deset hodin denně i v sobotu za plat krásný na tehdejší dobu. 22 korun byl plat I. retušéra, pak to již klesalo podle výkonů až na 12 korun. Za tento plat měl být živ pozitivní retušér, jistý Langer, asi šedesátiletý svobodný člověk, který často říkával: ‚Dnes jsem měl k obědu studenej Václavák.‘ Až na tu úmornou práci desetihodinovou byl jsem za těch časů při platu 18 korun týdně živ docela dobře a chodil dokonce v lakýrkách a v cilindru, ovšem jen v neděli, ne do závodu.“

J. POSSELT,
Z historie pražských fotografů
(vzpomínkové vyprávění).
Upraveno.

>
Podolská cementárna na kontaktní kopii z negativu 24 × 30 cm Rudolfa Brunera-Dvořáka. Přes pochmurnost objektu nezapře snímek svéráznou malebnost. Kolem 1908.

Jindřich Eckert se svým dočasným společníkem Juliem Müler'nem pořídil kolem roku 1878 obsáhlou fotodokumentaci Vojtěšské huti na Kladně. Ani při fotografování továrních objektů, jejich svérázné technické krásy, se nezbavil tradičního úsilí o malebnost a harmonii.

PODOLSKA

ADALBERT

Otto Bielfeldt fotografoval i přímo ve Starckových závodech, které v první polovině 19. století patřily k největším chemickým komplexům monarchie. Na snímku je Starckova továrna v Břasích, jejichž okolí bylo tehdy jednou z nejprůmyslovějších oblastí Čech. Fotografie z roku 1872.

Schacht XII Miröschau.

Tento snímek z dělnické kolonie Na závisti při stavbě železnice Modřany-Dobříš z let 1896—1897 může připomenout divoký západ a budování tratí pro „železné oře". Dřevěná kantýna s množstvím soudků, krmící se vepříci, muzika, trasírovací tyče — bizarní atmosféra odpočinku po práci. Fotografie Františka Brože.

<

Neznámý fotograf fotografoval kolem roku 1870 „Šachtu XII." v Mirošově u Rokycan. Jako by snímek ani nebyl z Čech. Bezděky může evokovat atmosféru dobývání zlata za zlaté horečky.

Snímek Františka Krátkého z výstavby železnice má název: „Odstřel skály u Týnce nad Labem na dráze Kolín—Mladá Boleslav 1885“. Příběh o práci na železnici. Postoje všech lidí s nástroji jsou zrežírovány tak, že si „čtenář snímku“ dokáže představit, jaký má kdo pracovní úkol. Bohužel stáří snimku ovlivnilo jeho obrazovou kvalitu.

>

Práce při stavbě mostu přes Otavu u Strakonic na trati Strakonice—Březnice—Rožmitál v roce 1898 dokumentoval opět František Brož, titulující se vytrvale ve svých albech ze staveb různých železnic jako amatér.

Pracovní týmy se mnohdy fotografovaly jako určité „živé obrazy“. Snímek Jindřicha Eckerta je ze stavby viaduktu u Červené nad Vltavou z roku 1889.

Stavba mostu přes Otavu u Strakonic

Tato fotografie Františka Brože nese název
„Stavba viaduktu v km 5,8 místní dráhy Kolín—Čerčany“.

Montáž vedení troleje, coby živý obraz, zachytil Ignác Josef Schächtl
se synem při stavbě „Bechyňky“ v roce 1903.

Ignác Kranzfelder:
Pracovní skupiny při hloubení tunelu
pod Špičákem
na trati Plzeň—Železná Ruda
v roce 1875.

G. Laube:
„Horníci zasypaní 17 dní na dole Emeran v Bílině"
zní nápis na snímku z roku 1892.
Naše fantazie nikdy neobsáhne
celý dosah této věty.

Pracovníci Valdštejnských železáren v Sedlci u Rokycan na snímku neznámého autora z roku 1873.

>
Neznámý fotograf byl přítomen historické události, zkomponované kvůli němu jako „živý obraz". Titul snímku zní: „První pokusy se saturací Fray-Jelínkovou v květnu 1863 ve Vysočanech". Nastala revoluce v cukrovarnictví!

Rudolf Bruner-Dvořák fotografoval kolem roku 1903 na formát 24 × 30 cm interiéry z výroby kočárů u firmy Jech v Praze za použití zábleskového světla.

>
Kovohuť v Příbrami na snímku neznámého fotografa asi z poloviny osmdesátých let. Fotograf opět využil přirozeného denního světla a dělníci museli vydržet nehnutě stát několik vteřin.

Neznámý fotograf v cukrovaru v Domažlicích překvapivě využil přirozeného osvětlení. Zajímavé je i používání elektrického světla v cukrovaru, neboť snímek pochází údajně z roku 1887.

V Harrachovych sklárnách v Novém Světě
fotografoval kolem roku 1900
neznámý fotograf.

Rudolf Bruner-Dvořák se svou komorou 24 × 30 cm fotografoval v tkalcovně firmy J. Bartoň a synové v Náchodě v roce 1908. Muži a ženy stojí skloněni nad stavy a kolem se míhají řemeny transmisí, charakteristické kulisy tehdejších provozů. Pracovní rytmus člověka se podřizoval tempu stroje, jakoby se člověk stal jednou z jeho součástí.

Fotografie Františka Drtikola z příbramských rudných dolů z let 1908—1909 jsou naprosto výjimečným pramenem. Bizarní prostředí dolů je fotografováno člověkem, který měl výjimečný cit pro světlo a atmosféru a který měl umělecké ambice. Nesledoval vytvoření popisného dokumentu z prostředí dolu. Snímky stojí vlastně na vrcholu dokumentaritických možností fotografie, jak z hlediska místa pořízení, tak i způsobu ztvárnění.

UNIFORMY A ZAMĚSTNÁNÍ Na četných slavnostech defilovaly v pestré paletě barev a střihů nejen uniformy vojenské, ale i četnické, požárnické, železničářské, uniformy městských posluhů nebo počišťovačů. Zvlášť okázalé byly uniformy portýrů.

K armádě se připojovaly další ozbrojené složky, mezi nimiž zvláštní význam mělo četnictvo, zřízené roku 1849 a určené, spolu s policií, k udržování pořádku v zemi. V padesátých a šedesátých letech čítal mírový stav rakouské armády v celém státě (asi s 31 milióny obyvatel) 650 000 vojáků. V Čechách byla ústředí pěších pluků původně rozmístěna v Písku, v Hradci Králové, v Čáslavi, v Praze, Plzni, Mladé Boleslavi, Terezíně, od roku 1882 ještě v dalších městech vedle jezdectva a dělostřelectva. Výcvik, výzbroj a bojeschopnost rakouských vojsk jako celku nedosahovala v padesátých a šedesátých letech úrovně jiných modernějších evropských armád, což se projevilo v rakousko-italsko-francouzské válce 1859 nebo v prusko-rakouském konfliktu v roce 1866. Po prohrané válce s Pruskem nastalo půlstoletí mírového vývoje, přerušené jen v létě 1878 rakousko-uherskou okupací Bosny a Hercegoviny, podrobených osmanskou říší. V tomto období se vojsko různými reformami a dalšími opatřeními dostalo na úroveň armád jiných vyspělých evropských zemí.

V roce 1868 byl podstatně změněn branný zákon a změnila se i organizační struktura armády, členěná na čtyři relativně samostatné celky: c. k. vojsko, c. k. válečné námořnictvo, c. k. zeměbrana v Předlitavsku a c. k. zeměbrana v Zalitavsku. K zeměbraně se organizačně připojovala domobrana (Landsturm) a četnictvo (Gendarmerie), vytvářející samostatné jednotky a útvary. Vedle pěchoty, jezdectva a dělostřelectva, jako základních druhů vojska, rostl význam početného vozatajstva, železničního, telegrafního a ženijního vojska i týlových jednotek.

Se změnami v politicko-vojenské orientaci i strategii v poslední třetině 19. století došlo i k podstatným změnám v pevnostním systému monarchie. Starší pevnosti v Čechách, vybudované proti Prusku, ztratily svůj někdejší význam a byly postupně rušeny (Praha, Hradec Králové, Terezín, Josefov). V tomto údobí se také rychle a zásadním způsobem měnila výzbroj vojsk zaváděním nových a účinnějších zbraní. Zjednodušovaly se také uniformy. Potřeba početnějšího a kvalifikovanějšího velitelského sboru měla vliv na úpravy ve vojenském školství.

K dalším výrazným opatřením došlo roku 1912, kdy byl přijat opět nový branný zákon a další organizační opatření, jež se snažily reagovat na určité problémové jevy v armádě. Specifickým problémem byla zejména národnostní otázka, neboť do armády přicházelo stále více vojáků neznalých němčiny jako velícího jazyka. Svou roli sehrálo i antimilitaristické hnutí, sílící v Čechách zejména v souvislosti s anexí Bosny a Hercegoviny. Do určité míry tak krystalizovaly problémy, které se vyhrotily v průběhu 1. světové války.

Vojenské manévry většinou fotografovali zvlášť pověření fotografové, vojenské slavnosti často fotografové místní. Specifické místo v tomto typu dokumentace má početný soubor prací Rudolfa Brunera-Dvořáka (např. válečný přístav a práce na válečných lodích v Terstu kolem roku 1911).

Značné pozornosti místních fotografů se těšila cvičení požárního sboru. V organizované požární ochraně má nejdelší tradici město Praha, včetně prevence a legislativních opatření. Vlastnímu založení Pražského požárního sboru (16. srpna 1853) předcházel složitý vývoj, přičemž nejstarší řád O pořádku při hašení ohně je již ze 14. století. V čele sboru stál „hasební mistr", který však se svými muži až do roku 1864 odpovídal i za čištění ulic. Sbor byl podřízen přednostovi hospodářského úřadu magistrátu. Organizace pražských požárníků se stala vzorem podobným profesionálním i dobrovolným sborům v jiných městech, zejména po vydání Řádu o policii v příčině ohně z roku 1876. K nejpověstnějším náležel Dobrovolný sbor hasičů v královském městě Kolíně, založený již roku 1867 údajně jako třetí nejstarší požární sbor v Čechách. Vedle místních požárních sdružení měly větší průmyslové podniky své vlastní požární útvary.

Zikmund Reach ve svém cyklu
fotografických pohlednic s názvem
Pražské typy
pamatoval i na uniformované muže pořádku.
Podle typu pozadí možno soudit,
že portrét vznikl
u Zahna a Fuchse
roku 1886.

Ponocný sice nebyl opatřen klasickou uniformou, ale svou „pracovní náplní" plně náleží do této kapitoly. Přes vážnost vzezření může třeba konstatovat, že se vlastně jedná o kratochvilný snímek a nikoli dokument ponocného jako typu, i když tuto hodnotu také snímek má. Je možná jedinou známou fotografií ponocného u nás. Kabinetka ze souboru Jindřicha Eckerta Karnevalové typy z roku 1879.

1877 Boreš

Poštovní doručovatel šedesátých let minulého století
na vizitce J. Springera. Fotografie typu.

Skupina ostrostřelců neznámého fotografa
a z neznámého města
asi z osmdesátých let.

Rudolf Bruner-Dvořák byl přítomen
cvičení pražského hasičského sboru,
aby z něho provedl fotografický záznam . . .

. . . Pracoval s komorou na formát 24 × 18 cm a požárníky zachycoval v jednotlivých klíčových momentech cvičení.

. . . U motocyklu při výjezdu vyretušoval stojánky,
neboť motorizovaná část sboru
byla zachycena v klidové pozici.
Z technického hlediska je zajímavá expoziční doba
u snímku sjezdu na plachtě.
Požárník je totiž zachycen naprosto ostře,
je přitom v pohybu a citlivost tehdejších desek
se pohybovala v nejlepším případě
mezi 7—8 DIN.

>

Hasičské cvičení v Náchodě fotografoval v roce 1901
P. P. Kolínský. Klasický popisný záběr celkového
vzhledu události.

Jos. Hoffmann

František Duras ve Slaném fotografoval v dešti cvičení místních požárníků komorou na formát 24 × 30 cm. Kolem 1900.

<

Téměř mysticky působí, bohužel velmi poškozený, snímek z cvičení dobrovolných hasičů v Liberci, pořízený fotografem Josefem Hoffmannem patrně již v šedesátých letech.

Záběr z opravdového požáru domu v Plzni fotografoval v bezpečné vzdálenosti neznámý fotograf kolem roku 1900. Momentka z ruky, z povozu nebo drožky.

>

Cvičení mužů ve zcela jiných uniformách a se zcela jiným účelem fotografoval Antonín Sklenář z Kralovic. Jednalo se o vojenské manévry u Kralovic v roce 1912. Obdivuhodně živé bezprostředně působící záběry neoficiální povahy pořizoval komorou na formát 9 × 12 cm.

VÝCHOVA A VZDĚLÁVÁNÍ Ve výchově dětí měly značný vliv prvky křesťanské etiky. Série zákonů z let 1868—1870 vymanila školství z výhradního vlivu církve, která nadále pečovala jen o výuku náboženství, zavedla se osmiletá školní docházka, upravily se mimo jiné vyučovací podmínky, stanovily školní obvody, zřídilo zvláštní ministerstvo vyučování. Škola měla být všude tam, kde bylo v obvodu jedné míle více než 40 žáků. Chlapci a dívky měli být pokud možno vzděláváni odděleně.

Úpravy školství, zejména novelizace z roku 1883, měly vliv na vznik mnoha nových škol. V sedmdesátých letech vznikla řada reálných gymnázií (Domažlice, Plzeň, Příbram, Pelhřimov, Nové Město pražské, Rokycany, Kolín, Nový Bydžov, Roudnice, Vysoké Mýto). V následujícím desetiletí se věnovala zvýšená pozornost odborným školám zemědělským, lesnickým, hospodářským, průmyslovým, obchodním akademiím, školám všeobecně i odborně řemeslnickým, z nichž některé získaly značnou proslulost: keramická v Bechyni, založená 1883, kamenická v Hořicích nebo škola broušení drahokamů v Turnově, založené roku 1884. Z odborných řemeslnických škol bylo nejvíce tkalcovských a košíkářských. Roku 1889 vznikla v Praze, z původní mistrovské školy, čtyřletá pražská průmyslová škola, kde se po sedmi letech vytvořilo zvláštní oddělení chemické a roku 1903 elektrotechnické.

Svoboda vyučování v duchu dobového liberalismu měla neobyčejný vliv na zkvalitnění výchovy a rozšiřování vzdělání. Značný význam pro další vývoj emancipované české společnosti a její vzdělanost mělo prosazení požadavku založení českých vysokých škol. Od roku 1897 směly studovat na všech filozofických fakultách v Rakousko-Uhersku i ženy. Významnou skutečností, která ovlivnila vyspělost a schopnosti české společnosti, bylo vysoké procento gramotnosti. Míra gramotnosti, a to zejména širokých vrstev, byla neobyčejně vysoká. Ke konci 19. století patřily Čechy s pouhými třemi procenty analfabetů mezi obyvateli staršími deseti let k územím s nejvyšší gramotností nejen v Rakousko-Uhersku, ale v Evropě vůbec. Existovaly samozřejmě rozdíly v gramotnosti i vzdělanosti podle věku, sociálních vrstev, ale i podle pohlaví. Gramotnost mužů byla vyšší. Také škola, jako základní faktor mající připravit člověka pro duchovní i praktický život, nevychovávala všude stejně. Na venkově byla zaměřena spíše praktickým směrem, orientujícím žactvo k praktickým znalostem ze zemědělství, sadařství nebo včelařství, ve městech zase — především měšťanské školy — připravovaly děti jako budoucí obchodníky nebo řemeslníky. Kulturní aktivita v celé společnosti vedla k tomu, že již děti získávaly vztah k četbě. I proto mohl tak neobyčejně vzrůstat počet časopisů: v roce 1863 se vydávalo 45 českých časopisů, v roce 1893 již 351! Na druhé straně Jan Neruda při kritice atmosféry českých maloměst si v polovině osmdesátých let trpce povzdechl, že nejčtenější českou knihou jsou kuchařské recepty Magdaleny Dobromily Rettigové . . .

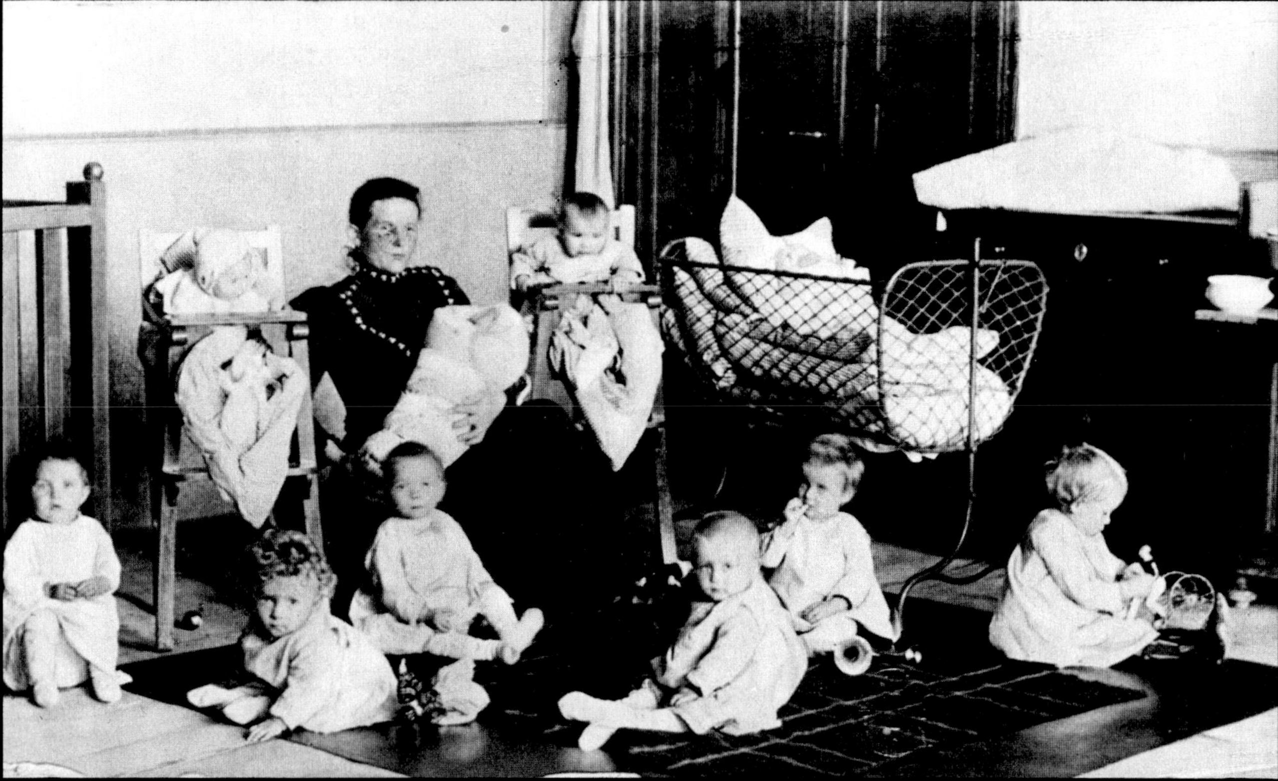

Fotografie z jeslí v Holešovicích pořízená kolem roku 1900 Jindřichem Eckertem. Na snímku mohou zaujmout účelně řešené sedačky a postýlka. V minulém století chodily děti do jeslí a mateřské školy velmi zřídka, obecně se považovaly za „odložené“.

Děti fotografa Velce v typickém oblečení své doby a s charakteristickými postoji dětí před fotoaparátem. Kolem 1900.

„Mají-li však dospělí ve hře děcku stále napomáhati, jest otázkou, jíž beze vší pochyby záporně zodpověděti musíme; neboť dítě, s nímž stále dospělí si hrají, pozbylo by samostatného důmyslu a samostatnosti vůbec ve všem konání — dnes ve hře — zítra v práci. Proto naprosto je nutno, aby dítě mezi dětmi si hrálo, samo své hračky robilo, a samo jich užívati dovedlo.
Kdo bedlivě život dětský stopuje, sezná brzo, že hračky kupované (třebas drahé) nemají téměř žádného významu pro život dítěte. I tu osvědčuje se přísloví: ‚Nejlépe chutná jádro, jež sami jsme vyluštili.' A mnohdy koupená hračka teprve po rozbití nabývá ceny; či nepozorovali jste něžnost děvčátek k pannám bezhlavým a bezrukým?"

L. Malý:
Hračky dětí československých.
Praha 1895

>
Dítka poněkud bohatší v námořnických oblečcích. Holčičku hrající si na nevěstu, jakož i kozu s dětským vozíkem fotografoval na Táborsku Josef Šechtl kolem 1908.

Chlapecká třída na snímku Josefa Šechtla z doby kolem 1908 zaujme neobyčejně živým zachycením nejroztodivnějšího klukovského počínání ve škole. Jako by fotograf řekl: „Dělejte si, co chcete a já vás budu fotografovat!" Snímek je na hony vzdálen klasickým seskupením školních tříd na poskládaných lavicích před školou či na školním dvoře. Bosé nohy některých žáků podtrhují celkový dojem.

První třída obecné školy v Počaplích na Berounsku fotografovaná neznámým fotografem. Jen pár hochů se usmívalo; klečení na dlažbě nebylo asi moc příjemné. Čepice se smekly. Klasická školní fotografie. 1912.

Spolek „Přátelé chudé školní mládeže ve Vršovicích" obdaroval chudé děti a pak se s nimi vyfotografoval. Členy spolku byli jen pánové. Dámy nebyly obvykle výdělečně činné. Snímek neznámého fotografa z doby kolem 1900.

Fotografická studie dětské hry neznámého fotografa patrně z přelomu století. Obrázek připomene oblibu pohybových studií od osmdesátých let. Snímky jsou zajímavé z technického hlediska

Neznámý fotograf pořídil cyklus snímků kolektivních dětských her snad jako názornou pomůcku nebo doprovod k textu o pravidlech hry pro pedagogy. Hra „Pešek v kole" kolem 1900.

>
Fotografie neznámého autora nese název: „Jedno z prvních vyučování žehlení elektřinou". Pochází patrně z doby kolem 1910. Momentka, nikoli popisné svědectví o akci.

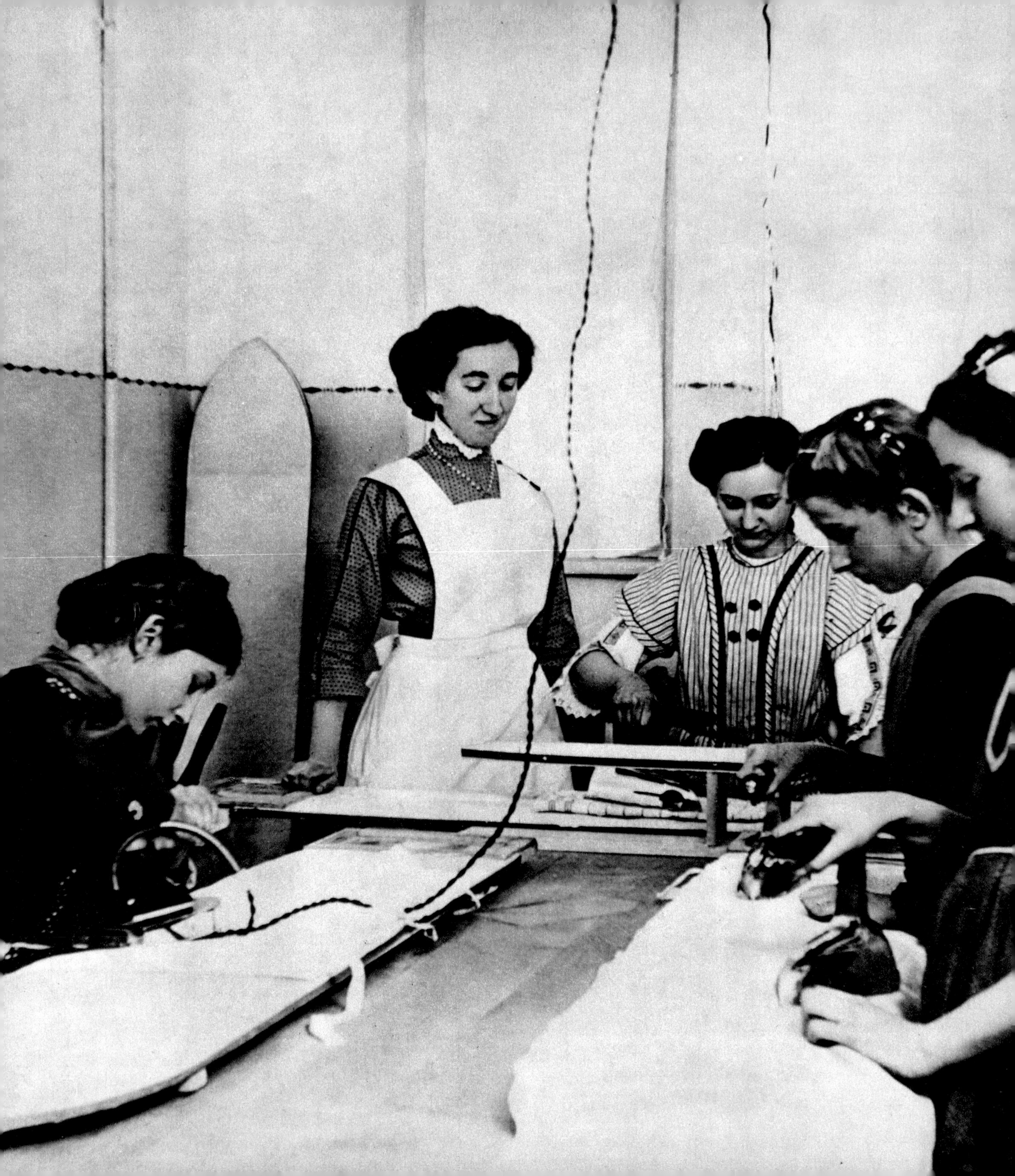

Mládenci v libeňské Vychovatelně se pod odborným dozorem pedagoga učí malířskému řemeslu. Snímek Jana Křiženeckého pro pražský magistrát jako doklad sociálních snah města. Byl pořízen roku 1910.

Bizarní fotografie nese obsáhlejší vysvětlení: „Pracovní kout vědecké pracovny chemické pro doktoranty prof. E. Votočka na Ďábliku ve starém chemickém ústavě na Karlově náměstí v Praze v roce 1903. Tato fotografie byla od poslance dr. Srba předložena v parlamentu vídeňském jako doklad, jak macešsky se vláda vídeňská chová k českému národu a jeho vysokému učení.“ Další komentář jistě není třeba. Autor snímku není znám.

FOTOGRAFIE V ODBORNÉ A VĚDECKÉ PRÁCI Od druhé poloviny osmdesátých let se rozrůzněnost fotografické práce stávala stále markantnější. Fotografie nacházela bohatší uplatnění i v odborné a vědecké práci; od této doby je datována spolupráce vědců s fotografy na konkrétních úkolech: Jindřich Eckert při fotografování typů krajin z Čech spolupracoval s geologem Gustavem Laubem, na cyklu rentgenogramů s Ivanem Pulujem. Ignác Josef Schächtl se mimo jiné zabýval i zhotovováním mikrofotografií pro táborskou vyšší hospodářskou školu.

Jeden z nejvýznamnějších fyziků působících v českých zemích, Ernst Mach, který v letech 1867—1895 pracoval na německé univerzitě v Praze, vyfotografoval v roce 1885 projektil letící rychlostí větší než 340 m/s. Macha k experimentálnímu zkoumání jevů, které nastávají při letu projektilu, přivedla analýza rozdílu mezi zvukovými vlnami a vlnami vyvolanými explozí. První snímky, pořizované již v roce 1884 při světle elektrického výboje, ukazující letící střely se zviditelněnými zvukovými vlnami, dokázaly, že projektil je doprovázen čelnou kuželovou vlnou, pomocí které je přenášen zvuk, který dospívá k uchu rychlostí náboje. (V praxi to znamená, že výstřel je slyšet v cíli současně s nárazem střely.) Mach se stal zakladatelem balistické fotografie. Po odchodu z Prahy, za profesury na vídeňské univerzitě, se zabýval i rentgenovou stereofotografií.

Nejvýznamnější český vědec 19. století, Jan Evangelista Purkyně, při mnohostrannosti svých výzkumů, využil také fotografie a principu záznamů pohybu vedoucích později ke kinematografu. Svými přístroji — phorolytem a kinesiskopem — názorně předváděl kontinuální vnímání následných obrazů (např. stahů srdečního svalu). Při svých biotypologických výzkumech byl sám sobě modelem.

Cenných úspěchů a mezinárodního uznání se dosáhlo v oblasti astrofotografie, jíž se věnovali zejména bratři Josef a Jan Fričové, Vojtěch Šafařík, V. J. Bufka a Václav K. B. Zenger, který zhotovil na šest tisíc snímků Slunce. Významným pracovištěm tohoto oboru byl Astronomicko-fotografický ústav při pražské hvězdárně, založený jejím ředitelem profesorem Ladislavem Weinekem v roce 1894, který za své snímky získal řadu cen.

Systematická výuka fotografii a fotografické kursy se začaly pořádat v Praze v souvislosti s nástupem amatérského fotografického hnutí. KFA zahájil pravidelné kursy od roku 1891. Přednášky o fotografické chemii, určené pro fotografy z povolání, organizovalo i Technologicko-průmyslové muzeum Obchodní a živnostenské komory jako součást „zvyšování kvalifikace".

Jediná škola pro fotografy v Rakousko-Uhersku byla ve Vídni. Vyučování zde bylo zahájeno 1. března 1886. Později mohli zájemci využívat ještě proslulé školy v Mnichově, bavorského státního ústavu pro fotografii, založeného v roce 1900.

Počátky vědecké aplikace fotografie na českých vysokých školách můžeme oficiálně datovat 21. květnem 1881, kdy byl na Českém vysokém učení technickém jmenován lektorem fotografie Bedřich Čecháč. Samostatný Ústav praktické fotografie byl na tomto učení založen v roce 1899 Karlem Kruisem, který byl následujícího roku jmenován řádným profesorem „kvasné lučby". Jeho nástupcem se stal profesor anorganické technolo-

Velice vzácný snímek, nejstarší fotografický doklad svého druhu u nás: pannotypie hvězdárny v Žamberku od Antonína Chramosty z roku 1855. Na hvězdárně působil velký dánský hvězdář Theodor Brorsen, jemuž se hvězdárna stala životním osudem a který její jméno proslavil ve vědeckém světě. Na snímku je patrně zachycen se svým přítelem a mecenášem, majitelem hvězdárny Johnem Parishem, jehož smrt v roce 1858 znamenala konec věhlasné observatoře.

gie a fotografie Jaroslav Milbauer, který ústav podstatně rozšířil a vybavil kinematografickým zařízením.

Pod dojmem zřízení Stolice pro fotochemii na technice ve Vídni v roce 1892 byl zaveden pravidelný kurs fotografování na německé polytechnice v Praze. Na filozofické fakultě české univerzity přednášel v roce 1893 profesor B. Brauner na téma O fotografii k účelům vědeckým; roku 1908 vznikl na univerzitě Fyzikální ústav. Pro oblast vědecké fotografie a fotochemie se habilitoval Viktorin Vojtěch, který se posléze stal řádným profesorem fotochemie a fotografie v samostatném Ústavu pro fotochemii a vědeckou fotografii Univerzity Karlovy, zřízeném ovšem až roku 1922. Státní grafická škola vznikla r. 1919, až po vzniku samostatného státu.

Také stále širší uplatňování fotografie v kriminalistice dokazovalo sílící význam fotografie v odborné práci. Kolem roku 1900 bylo fotografie využíváno nejen k portrétní identifikaci, ale fotografovaly se i místa činu, fotografie se používaly i při rekonstrukcích činů, soudních pitvách, k dokumentaci znaleckých posudků v řadě oborů. V Praze existoval velmi dobře vybavený policejní ateliér v Bartolomějské ulici, kde své odborné vědomosti a zkušenosti po určitou dobu předával i autor klasické učebnice kriminalistické fotografie — Paul Friedrich.

>
Eckertův rentgenogram z roku 1896 jako výjimečný doklad o spojení vědeckého experimentu s dílem výtvarné hodnoty. Eckertovy rentgenogramy, vytvořené následující rok po zveřejnění Roentgenova objevu a patřící k nejstarším u nás, byly vytvářeny na pražské německé technice u profesora fyziky a elektrotechniky Ivana Puluje. Vedle rentgenogramů ruky, žáby, jsou v souboru i rentgenogramy nejrůznějších předmětů, uspořádaných do působivých celků. Vedle sebe se prezentují negativní i pozitivní kopie rentgenogramu, což zesiluje emotivní účin. Eckertovo album Pokusy při světle kathodovém završuje objevy 19. století a předznamenává fotografický experiment století dvacátého.

Druhá nejstarší daguerrotypie českého původu u nás dochovaná — řez stonkem rostliny Floruse Ignáce Staška z roku 1840, v původní adjustaci.

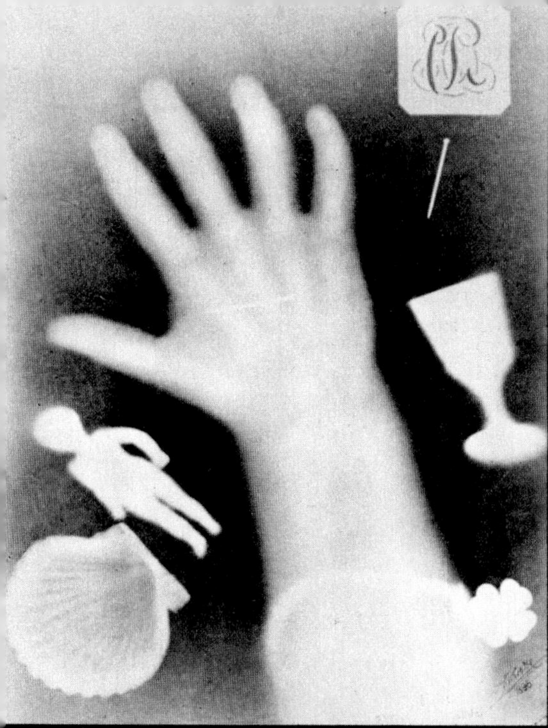

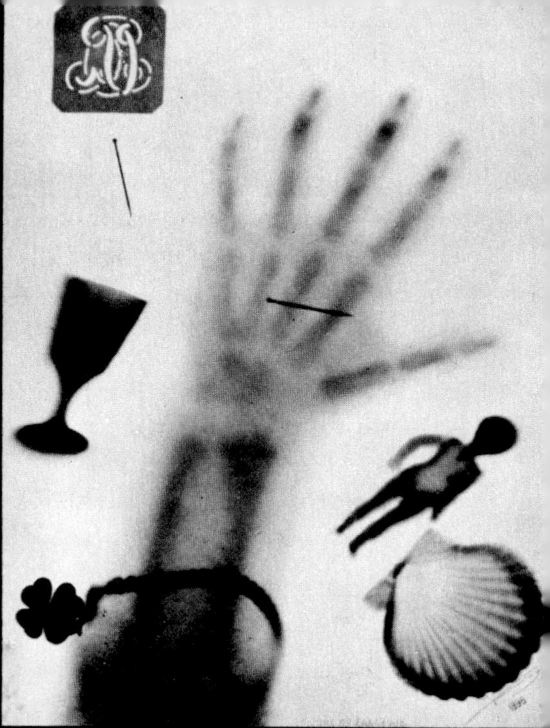

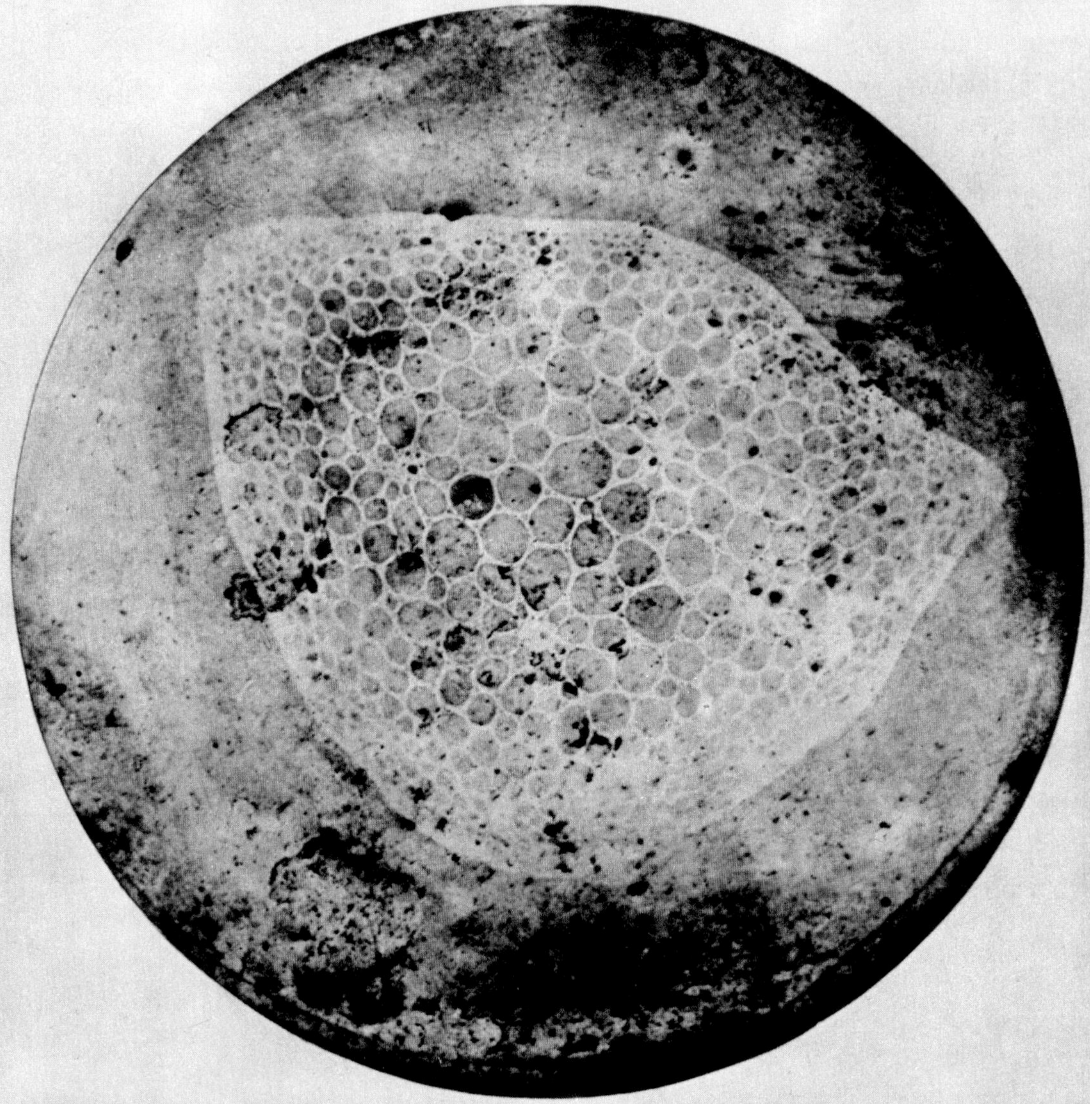

„Když si představíme zrcadlo, které zobrazuje všechny předměty, které se před ním objeví, je to ta nejvhodnější podoba s daguerrotypií. Nikdy nepůsobil obraz velkého malíře takovým dojmem; již efekt množství je vynikající, avšak efekt detailu je nedostižný. Bůh řekl: ‚Staniž se světlo!' a bylo světlo. Daguerre říká nyní věžím z Notre Damu: stañte zde a ony poslouchají. Daguerrotyp je s to rozmnožovat obrazy přírody a umění přibližně stejně jako tisk tvorbu lidského ducha. Daguerre doufá, že bude moci zakrátko i portrétovat. Žijeme ve skutečnosti ve zvláštní době: naše smysly a uvažování nespočívají v tom, sám si něco udělat, nýbrž spíše hledáme s nejvyšší vytrvalostí prostředky, které to udělají místo nás a pro nás. Pára lidem sílu zpateronásobila a brzy železnice zdvojnásobí prchavý kapitál života, plyn nahrazuje slunce, dělá se všechno možné, aby se vzduch stal dopravním prostředkem. Touha po nadpřirozených prostředcích se brzy dostala z reálného světa do světa idejí, z obchodu do umění. Kolik věcí bylo vymyšleno, aby se výtvarné umění zjednodušilo a vylepšilo. Nyní přichází Daguerrův vynález, který odnímá malíři a rytci jeho námahu a za chvíli budeme asi slyšet o strojích, které skládají Corneillovy verše a diktují molièrovské veselohry. Avšak přesto Daguerrovým objevem nebude umění pohřbeno: neboť tak málo jako uškodil tisk spisovatelům, stejně málo bude daguerrotyp malířům škodit a jako tisk učinil zbytečnými opisovače, tak daguerrotyp učiní konec kopistům."

Jurendův Vlastenecký poutník
na rok 1840.
(Předán do tisku
7. července 1839)

V roce 1869 Jindřich Eckert rozšiřoval bizarní soubor snímků, na nichž Jan Evangelista Purkyně uskutečnil svůj biotypologický výzkum. Fyziognomické studie portrétoval buď Eckert, či spíše Purkyňův laborant Lokaj. Mají znázorňovat — čteno od shora: opovržení, odmítavost, rozhořčení, dobrou pohodu-veselost, šibalství, přemýšlení.

Oblékání nevěsty. Fotografie Josefa Hoffmanna z Liberce z doby kolem 1880. Naprosto ojedinělé dílo bylo patrně inspirováno konkretním obrazem, z něhož také asi pramení dokonalé kompoziční aranžmá. Dcery Clam-Gallase.

VOLNÝ ČAS A ZÁBAVA

IV

PROŽÍVÁNÍ VOLNÉHO ČASU — PODÍVANÁ A DOKUMENT Návštěva fotografického ateliéru i nakupování fotografických pohledů souviselo s prožíváním volného času. Prohlížení stereofotografií v kukátku nebo listování rodinným albem patřilo ke chvílím pohody. Fotografování samo se posléze stalo prostředkem zábavy.

Nejstarší snímky z této oblasti vznikaly ve fotografických ateliérech ve stylizovaném prostředí, kdy herci a někteří pouliční hudebníci se fotografovali tak, jako známé osobnosti. Portrétování některých skupin se mohlo změnit v zábavnou kratochvíli, jejímž výsledkem byly žertovné snímky. Podobné dějové kompozice s jedním, dvěma i více aktéry můžeme souborně označit jako fotografické scény. (Pojem, zahrnující širokou paletu zábavných aktivit, komponovaných fotografem, naznačuje i vzájemné propojení divadel s ateliéry.) Alegorická dílka a fotografie související s živými obrazy manifestovaly někdy i fotografovy názory. Komponování různých výjevů z rodinného života, záznamy divadelních představení a sestavování pohádkových nebo biblických výjevů s figurkami i herci mělo ovšem ryze obchodní ráz. Ve svém souhrnu je celá produkce fotografických scén, zachovaná obvykle na stereofotografiích, cenným dokumentem soudobého životního stylu a kulturního obrazu doby.

Od konce osmdesátých let fotograf při hledání i vytváření „námětů ze života" opouštěl ateliér, což mu umožnil pokrok ve fotografické technice. Různé projevy zábavy se stávaly oblíbeným námětem fotografů a fotograf byl často zván k nejrůznějším akcím: zvěčňoval společnost na honech a dostizích, byl přítomen v zábavních podnicích, zachycoval výkony artistů, sportovců i podívanou na vykopávky archeologů. Začal se stávat nezbytnou rekvizitou podobných událostí, neboť fotografie okouzlovala svou autenticitou, nesrovnatelnou se zachycením výkonu nebo výjevu na kresbě. Snímky se publikovaly v časopisech a na pohlednicích, na rozdíl od předchozího období techniky mokrého kolódiového procesu, kdy se náměty ze stejné oblasti prohlížely ve fotokopiích v albech nebo stereoskopických kukátkách. Oblíbená kukátka byla vytlačována projekcemi diapozitivů, jež po roce 1910 nahradil kinematograf.

Dokladem vzniku další funkce fotografie, totiž fotografování jako prostředku vlastní zábavy a potěšení, aktivního využívání volného času, jsou především snímky fotografů-amatérů. V mimořádnějších případech (J. V. Sládek, J. Prokop atd.) vznikal i jakýsi fotografický záznamový deník: „co jsme zažili a prožili s rodinou a přáteli na cestách s fotoaparátem".

ZVYKY A OBŘADY Fotografie z minulého století, zobrazující zvyky, obřady a obyčeje, se dochovaly jen velmi vzácně. I ve fotografické dokumentaci pro Národopisnou výstavu českoslovanskou se tato tematika objevovala zřídka. Výjimkou byly fotografie zobrazující svatební obřad. Snímek ze svatby míval své čestné místo v albu a ve zvětšenině obvykle i na zdi v ložnici. Pohřby se obvykle fotografovaly jen u význačnějších osobností, jako dokument pro časopis, pohlednici nebo stereofotografii.

Křesťanský kalendář byl vyplněn četnými svátky, u nichž způsob slavení byl spojen zejména na venkově s příslibem úrody nebo zemědělskými pracemi. Základními svátky církevního roku byly vánoce a velikonoce, vztahující se k Narození, Ukřižování a Zmrtvýchvstání Krista. Zvyklosti kolem svátků vánočních, spojené se stromečkem, výběrem dárků, podívanou na betlémy v chrámech, se rozvíjely nejprve ve městech, kde naopak četné obřady venkovské ztrácely smysl. K předvánočnímu období patřily i svátky sv. Ondřeje, sv. Barbory a zejména sv. Lucie, okolo nichž bylo opředeno hojně představ souvisejících většinou s ochranou před nadpřirozenými silami. Mikulášská nadílka, spojená se jménem štědrého biskupa, byla rozdávána i v minulém století. Období vánoc v širším významu končilo o Třech králích, kdy se dlouho udržovala tradice tříkrálové koledy, po koledě o svátku sv. Štěpána. Silvestrovské veselice dnešního typu jsou novodobou záležitostí, běžné ale bylo novoroční obcházení s blahopřáním.

Masopust jako svátek byl zbaven religiózního nánosu. Obřady a obyčeje s ním spojené vlastně naznačovaly přechod k jarním polním pracím na venkově. Pojem označoval jednak samotnou masopustní zábavu, konanou až tři dny před Popeleční středou, a jednak celé období od Tří králů po začátek postu, tedy Popeleční středu — Popelec. Jako masopust se označovala i hlavní figura masopustního průvodu. V městském prostředí se v tomto období konaly bály a maškarní plesy.

Řada předjarních a jarních svátků byla na venkově spojena s projevy a žádostmi o hojnou úrodu a ochranu hospodářství (sv. Matěj — pokládaný za poslední den zimy, sv. Řehoř, sv. Jiří, vynášení smrti o 5. neděli postní, Filipojakubská noc). Fotografická dokumentace těchto lidových projevů není z 19. století, pokud je známo, zachována. Chyběl i fundo-

Svatební fotografie selského páru
vytvořená neznámým fotografem v devadesátých letech.
Úprava „do ztracena“ odstraňuje rušivé okolí,
zdůrazňuje předmět snímku
a působí „umělecky“.

vaný přístup k těmto tradicím. Fotografové nejraději dokumentovali kroje a lidové stavby, tedy statické objekty.
Doba od postní Květné neděle až do velikonočního Vzkříšení se nazývala Pašijový týden. Období bylo naplněno obřady připomínajícími Kristovo utrpení včetně pašijových her, z nichž proslulé byly pašijové hry v Hořicích na Šumavě, zachycené v roce 1897 na kinematograf a na fotografiích. (Film natočený v Hořicích americkou společností se označuje za první hraný film na světě.) Velikonoční svátky končily Pondělím velikonočním, kdy se ve městě i na venkově chodilo na koledu, spojenou s pomlázkou.
Původně pohanské obyčeje o letnicích byly propojeny s křesťanskými svátky svatodušními a vztahovaly se ke slunovratu a k příslibu dobré úrody. Předkřesťanský základ mělo také pálení svatojánských ohňů a celý soubor obyčejů a pověr okolo svátku sv. Jana Křtitele (24. 6.).
Ukončení sklizně se nikde neobešlo bez oslavy ve formě dožínek, dočesné nebo vinobraní. Oblíbené posvícení se především chápalo jako svátek na oslavu světce — patrona místního chrámu, respektive jeho posvěcení. Posvícení bylo tudíž dnem místně proměnlivým. „Císařské posvícení", stanovené Josefem II. na neděli po sv. Havlovi, se jednotně neujalo. V Čechách se všeobecně slavilo Svatováclavské posvícení. V mezidobí do adventu bylo v kalendáři ještě několik význačných dnů, především Všech svatých a Dušiček, uctívaných podobně jako dnes, vzdáním pocty zemřelým.
Pověry a obřady se pojily i k důležitým okamžikům, souvisejícím s životem rodiny (narození, křtiny, svatba, pohřeb). Zvláště první rok života dítěte byl spojen s řadou pověrečných praktik. Množství pověr souviselo se zemědělskou činností, ale i řemeslnickou prací, ochranou stavení, lidovou medicínou.
Trochu mimo oblast „zvyků a obřadů" byly slavnostní rodinné oslavy u příležitosti jmenin a narozenin. Oslava svátků byla obvyklejší než „světění" narozenin. Svátky Annen, Václavů, Josefů a Pepiček se staly v druhé polovině minulého století širší společenskou záležitostí. Ke specifickým oslavám patřily narozeniny panovníka a jubilea jeho vlády.

„Klasická" svatební fotografie z ateliéru Gustava Liebicha v Žacléři novomanželů Richterových z roku 1912, jako typ svatební fotografie páru z města.

Část svatebního průvodu na chodské vesnici, snímek Ferdinanda Velce na kolódiový negativ z roku 1893.

<

Svatba ve Stráži. Vybledlý snímek neznámého fotografa. Novomanželé jsou velmi mladí. Ženy a holčičky jsou v šátcích. Snímek z druhé poloviny osmdesátých let.

Fotograf Strouhal a jeho „chodské křtiny“ z první poloviny devadesátých let. Křest se konal běžně tři až čtyři dny po porodu, nejpozději do týdne. Alespoň jedno ze dvou jmen, jež dítě dostávalo, bylo po kmotru či kmotře. Oba se stávali ochránci svého kmotřence, měli mu být oporou po celý život. Kmotr nebo kmotra (podle

Mnoho diváků a mnoho hostu kráčelo a sledovalo pohřební pruvod Viléma Schaumburga-Lippe, pána na Náchodě, v roce 1906. Nechyběl ani rytíř v brnění na černě zahaleném koni.
Fotografie náchodského fotografa Petra Pavla Kolinského.

>
Ferdinand Velc se snažil vytvořit plastické svědectví o životě na chodské vsi. Rozsahem, obrazovou kvalitou i emotivním vyzněním nemá jeho fotografické dílo v Čechách devadesátých let obdoby.

Procesí ve Vysokém nad Jizerou z počátku našeho století na stereofotografii Josefa Hladíka.
Působivý živý snímek před zahájením vlastního průvodu.

Procesí na Chodsku na snímku Ferdinanda Velce z roku 1893.
Snímek byl pořízen na negativ 18 × 13 cm.

V bujnou kratochvíli se změnila masopustní slavnost v Ejpovicích. Rokycanský fotograf M. Bicher fotografoval veselé účastníky před hostincem U černého orla v roce 1909. Mezi maskami nechybí ani fotograf.

Mikuláš s čertem a andělem, v němž se skrývá — malířka Zdenka Braunerová.
Vzácná fotografie — pravděpodobně z let kolem 1908 — ukazuje i část kuchyně na venkově

Josef Prokop fotografoval Štědrý den u příbuzných kolem roku 1900. Vánoce jako svátky rozjímání, vzpomínek a pokory.

<

Fotograf J. Fibinger zachytil slavnostní chvíle u vánočního stromku s gramofonem. Kolem 1910. Vánoce jako svátky darů a hojnosti.

SPOLEČNOST A ZÁBAVA Nejen prací živ je člověk. Využívání mimopracovního času, čili času nevěnovaného zabezpečování obživy, ale zábavné činnosti, je staré jak lidský rod. Formy oddechu se přirozeně kultivovaly a vyvíjely, velké změny v pojetí i organizaci volného času nastaly právě v souvislosti s vysokou koncentrací obyvatel ve městech a rostoucím podílem techniky v životě lidí. Fotografie ze společenských a zábavních akcí tak mohou zahrnout nesmírně pestrou paletu aktivit všech sociálních skupin od návštěv plesů a divadel (od kamenných po marionetová), po zábavy na poutích a návštěvy hostinců se společným popíjením v rámci členství v nějakém spolku.

K nejoblíbenějším společenským akcím patřila v minulém století návštěva divadla; lze přímo říci, že atmosféra století byla prosycena divadelností. Fotograf jednak dokumentoval samotné divadelní objekty, jednak fotografoval herce, což mnohdy přispívalo k oboustranné reklamě. Sběratelství divadelních portrétů bylo velmi rozšířené. Počátky divadelní fotografie tak nalézáme již v éře daguerrotypie v ateliérových portrétech herců, kteří se i s rekvizitami dostavovali do fotografova ateliéru. Snímky zachovaly nejen podobu herců, ale často i konkrétní role s charakteristickou mimikou. Použitá ateliérová pozadí vyznívají někdy poněkud absurdně, nicméně v minulém století se ani na divadle nevěnovala pozornost odpovídající slohovosti kostýmů a dekorací. Údajně první úspěšnou fotografii z divadelního představení u nás vytvořil MUDr. Alfréd Baštýř stereoskopickou komorou expozicí deseti sekund v roce 1892.

Vedle portrétů herců v občanském oděvu i kostýmu se sběratelům nabízely i scény z divadelních představení nejrůznějšího zaměření s herci i umělými figurkami. Jediným autorem u nás, který se zabýval také touto produkcí ve velkém, byl František Krátký, který neváhal používat ani cizích zdrojů.

S oblíbeností divadla souviselo i vytváření alegorií a živých obrazů v ateliéru, pro něž se někdy půjčovaly z divadel kostýmy. V některých případech se již fotografie dostávala do polohy nejen zprostředkovatele zážitku, ale její samotná příprava byla přímým zdrojem potěšení. Pěknou ukázkou je Eckertův soubor Karnevalové typy, který je cenný i dokumentární hodnotou zobrazovaných scén. Dokumentaristické hledisko převažovalo u živých obrazů, kde fotografie (nebo kresba) byla jedinou možností, jak náročnou kompozici zachovat v paměti. Pohybující se živé obrazy — alegorické vozy — nechyběly na žádné větší výstavě nebo slavnosti a fotograf je obvykle dokumentoval jako součást těchto akcí.

První fotografie společenské zábavy mimo prostory ateliérů nalézáme až v osmdesátých letech. Souvislost „živých" snímků s nástupem pohotovějších kamer na suché desky je zřejmá. Fotografové nejprve prováděli celkové pohledy, teprve později si všímali jednotlivých detailů. Flašinetáře nebo cirkusové umělce také nejprve zval profesionální fotograf do svého ateliéru, kde je zvěčňoval podobně jako známé osobnosti nebo typy. „Romantika" kočovné živnosti poměrně často vrhala před objektivy amatérů artisty, kouzelníky, potulné hudebníky. Ze strany fotografů to nebylo programové hledání, výraz soucítění, nýbrž touha „lovit" bizarní záběr.

Češi se v minulém století podíleli na činnosti mnoha spolků, z nichž některé měly podpůrný, ale většinou vzdělávací nebo zábavný ráz. Patřilo k bontónu aktivně pracovat ve spolcích. Známé osobnosti, například Eckert, byly členy i dvou desítek sdružení nejrůznějšího charakteru od uměleckých a pijáckých po sdružení pečující o chudou školní mládež. Při pestrosti spolků si každý mohl vybrat. Snímky ze spolkových výletů náleží k nejpůvabnějším pracím fotoamatérů.

Specializovanou kratochvílí určitých vrstev byly hony a dostihy, s oblibou zachycované fotografy. Unikátní kolekci z parforsních honů (štvanic) a pardubických dostihů zachoval Josef Pírka.

FRIDRICH PHOT

Pouličního flašinetáře si František Fridrich pozval do svého ateliéru a tam, na thonetce, na níž již posedávalo tolik zákazníků, jej fotografoval. Nejvýznamnějšího pražského fotografa šedesátých let zaujala tato osoba

Z množství portrétů herců v rolích a kostýmech byl vybrán neznámý herec jako Žižka. Anonymita je utvrzena neznámým fotografem.

Fotografický seriál na vizitkách o pozvání kostlivce ke karetní hře. Kostlivec si odložil, zapálil doutník a hra začala. Hrál však falešně, faleš byla odhalena, potupně mu byl naražen cylindr do čela, načež kostra se sesypala. Veselí vítězové se zadostiučiněním ukazují na ležící kostru nepoctivého hráče. A jaké poučení z toho plynulo: můžeš hrát i s kostlivcem, ale jen poctivě. Snímky z doby kolem 1870.

Polovina stereofotografie Františka Krátkého z počátku našeho století — pohádka Perníková chaloupka. Jeníček je v chlívku, ježibaba mu nese jídlo. Na cyklu Krátkého pohádek fascinuje, že byly většinou vytvořeny s živými aktéry a se

Nejprostšími fotografickými scénami vytvářenými v ateliérech fotografů s humorným záměrem byly scény s dvojníky nebo s fotografickými duchy, uplatňující princip vícenásobné expozice na jednu desku. Je roztomilé, že ve scénách podobného typu zvlášť vynikl ateliér označující se jako Beuronská škola v Emauzích, který produkoval snímky do celého světa. Zdá se, že i tento snímek s mravoličným obsahem je z produkce tohoto ateliéru. Snímek varuje před nadměrným požíváním alkoholických nápojů.

Amatérský fotografický žertík z okruhu Josefa Wohanky, pána řepařského podniku v Úholičkách, o němž se již psalo na straně 217. Všudepřítomná řepa cukrovka, láska i zboží pana Wohanky, dostala podobu torza ženského těla se zdůrazněnými vnadami a ocitla se ve štítě firmy, sídlící v někdejším úholičském feudálním sídle. Rytíři Wohankovi v brnění (montáž obličeje nepříliš zdařile provedena) je slavnostně udělován zmíněný znak, k čemuž patrně má vyhrávat hudba z imitovaného gramofonu. Fotografie jako nástroj soukromého žertu. Kolem 1905.

Fotografický žert poněkud intelektuálnější povahy vymyslel Moritz Klempfner, akademický malíř, který se oddal fotografii. Snímek s názvem „Noc" je z cyklu Makartovy čtyři denní doby. Makartův honosný sloh byl předobrazem aranžmá mnohých portrétů, takže bylo možno hovořit o módě. Parodický charakter kabinetek vyplývá i z vytištěného textu na rubu fotografií, jenž v překladu zní:
„Otrocká ohleduplnost k tchyni nutí mladé manžele být v noci tak vynalézavé, že po pozdním rozhovoru — místo aby se vrátili nejkratší cestou přes pokoj, kde sladce spí tchyně — volí neobvyklou cestu přes zahradní balkón."

Pozoruhodná vizitka Jindřicha Eckerta datovaná rokem 1869 je fotomontáží se satirickým šlehem. Portrétovaný pán hlasuje na dvě strany, balancuje na bruslích a schovává se za neexistující kartu kulové šestky, na níž je vyobrazen panáček třímající atributy konzumnosti: jelito a pivo ve džbánku. Není jasné, jedná-li se o žert nějaké stolní společnosti, parodující obojetnictví svého člena, nebo zda jde o politickou satiru věčně živou.

Slunce s paprsky a červánky, výpravná kompozice ve stylu živých obrazů s žáky písecké školy na snímku c. k. dvorního fotografa Antonína Wildta z doby kolem 1895.

Alegorický námět Zimy a Jara fotografoval patrně na hospodářské výstavě ve Slaném roku 1893 František Duras. Jaro se zemskými znaky a nápisem NA ZDAR bohatostí výzdoby na sebe jistě dlouho nenechalo zapomenout. Hravost, ta krásná lidská potřeba od kolébky po hůlku stáři, zde slavila jeden ze svých triumfů.

<

Petr Pavel Kolinský: „Pocta Komenskému Sokola v Náchodě" v roce 1892. Jako jiné živé obrazy je tento také příběhem, v němž si můžeme pročítat jednotlivé vycizelované detaily. Zvlášť zaujmou dítka čítajici si v Komenského spisech.

Alegorický vůz s námětem Lešetínského kováře. Fotograf Bárta v Náchodě roku 1913.

Pojízdný orchestrion na vizitce neznámého fotografa ze sedmdesátých či osmdesátých let.

František Mrština, harmonikář, známá náchodská figurka. Na negativ bylo vepsáno: Upomínka na Světovou válku 1916.

Putující hudebníci v Horažďovicích kolem roku 1903 na snímku amatérského fotografa Josefa Prokopa hrají pro hosty letní restaurace. Aranžovaná momentka pro fotografa.

Písničkář a flašinetář František Hais, jedna z legendárních postav Prahy druhé poloviny minulého století. Snímek fotografu Zahna a Fuchse z roku 1886 před umělým pozadím plakátovací plochy. Snímek je také znám ze souboru fotografických pohlednic Zikmunda Reacha Pražské typy.

Dudák před svým stavením na snímku neznámého fotografa z devadesátých let.

Ludvík Kuba si zapisuje lidové písničky a F. Velc fotografuje. Pozoruhodný dokument z interiéru chodské chalupy a národopisného výzkumu z devadesátých let.

„Hry a veselí pro lid v následující řadě sestaveny byly: skákání v pytli, bití hrnců, zpěvy národní, příční houpačka, ptačí střelba, točící sloup, národní tance, cirkus, panorama, policinell, ohňostroj, poustevník, houpačky, tělocvičné (gymnastické) představení, provazolezci, divadélko s loutkami, házená do tlamy a figlářství. Hudba čtyř sborů neustále zněla. Uprostřed stály ve dvouřadě velikánské pyramidy a sloupy, na večer nesčíselnými světluškami ozářené, a mezi nimi dvě prostranné tančírny a vysoký oklestěk. Kdo vrchu oklestka dolezl a při jiných hrách cíle došel, byl od zvláště k tomu ustanovených stavovských ouředníků znamenitou odměnou obdarován. Po příchodu Jeho c. k. Výsosti arciknížete Františka Karla započal obchod a objezd lidu selského.
Po zástupníkách národních krojů předstoupilo 35 ženců a žneček z vejvanovského panství, jež obžínky slavili, za hudbou, a sice s cimbálem, s flautou a s dvěma houslemi, šlo 14 děvčat, z nichž čtyry velký věnec z klasů a kvítí pletený a ostatní srp a kytku z klasů a kvítí nesly; mladíkové měli na ramenou hrábě a pod paždím malý, pentlemi ozdobený snop, vždy dva a dva s obilím rozličného druhu."

Květy
č. 107 z 6. září 1845
o otevření c. k. státní
železné dráhy

<
Produkce provazochodců na náměstí v Táboře. Snímek Ignáce Josefa Schächtla (nebo syna Josefa) z doby kolem 1900. Kopie z negativu formátu 18 × 24 cm.

>
Kočující loutkové divadlo pro děti, orchestrion a bubínek, zvoucí na představení. Nad oponou nápis NAZDAR s obráceným N. Plzeň kolem roku 1890. Snímek neznámého fotografa.

Majitel Amerického kouzelného divadla před svou maringotkou, s manželkou, dítětem, kočárkem, psy a kozou.
Jsou fotografie, nad nimiž mrazí.
Snímek Josefa Prokopa pravděpodobně z Čáslavi z roku 1905.

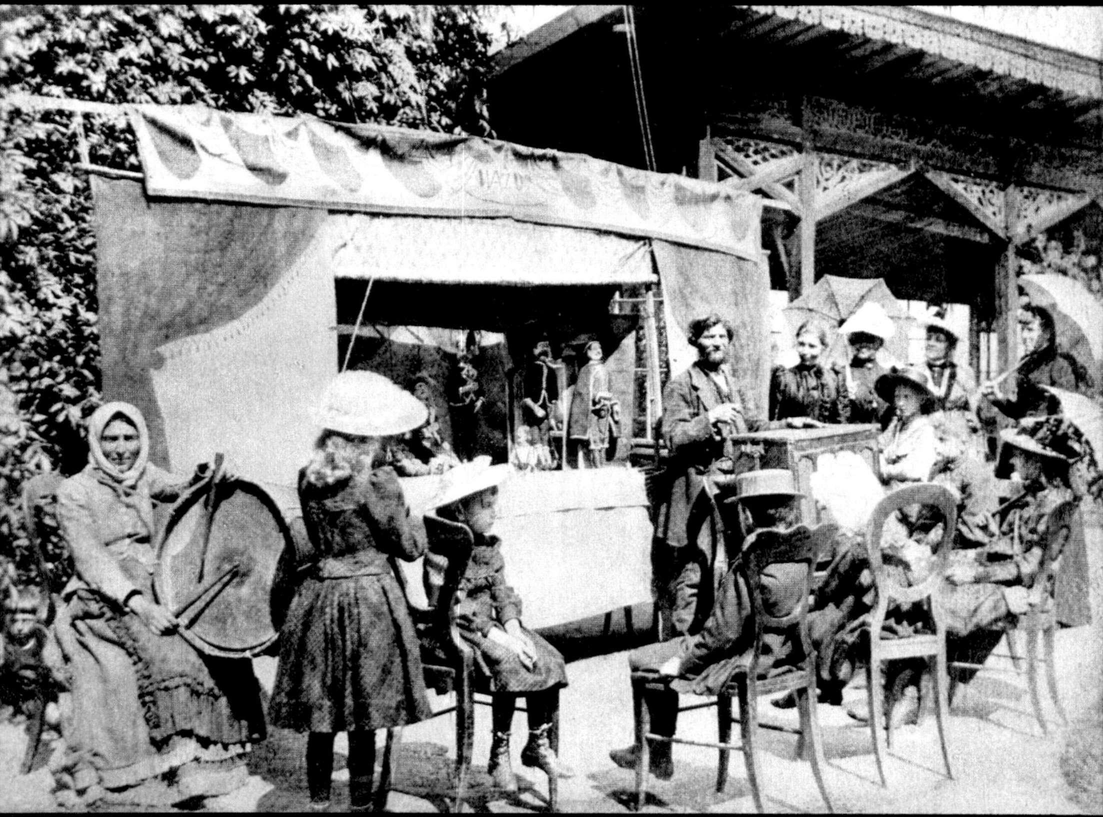

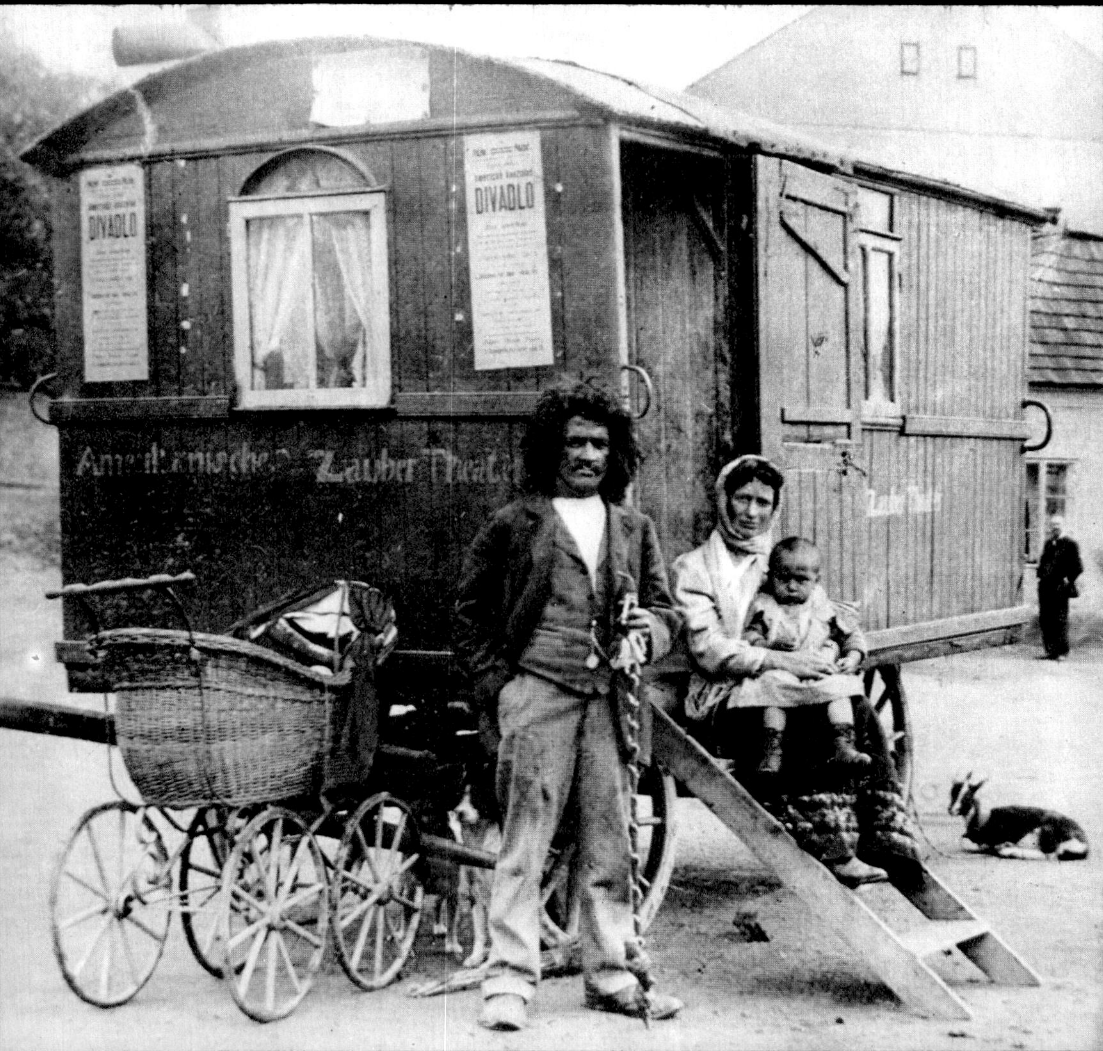
DIVADLO
DIVADLO
Zauber

Fotograf Rudolf Zuzanek fotografoval na náměstí v Jilemnici v roce 1912 sněhového Krakonoše, což byla příležitost ke srocení veškerého lidu.

>
Kuželkáři v Praze U Medvídku. Půvabná momentka bleskovým světlem. Mezi portréty na zdi figuruje ve středu podobizna Vojty Náprstka. 1913. Autor záběrů není znám.

Známá plzeňská společnost umělců Mha 31. 10. 1908 na snímku z ateliéru Antonína Durase v Plzni. Dámy požívají čestné místo. Krásný skupinový snímek charakteru momentky.

Žertovná fotografická scéna mladých pánu, zřejmě skupinový portrét zábavní stolní společnosti, pocházející údajně z roku 1870. K vytvoření obrazu bylo použito ateliérového vybavení zřejmě z Böttingerova plzeňského ateliéru (soudě podle kulisy s oknem). Postoje zobrazených pánů a jejich atributy byly asi čitelné jen jim a malému okruhu jejich blízkých. Fotografie jako nástroj uchování dobové kratochvíle.

„Fotograf Josef Dýchavec, na rozdíl od jiných, fotografuje místo lidí koně a dá-li se již do fotografování člověka, požaduje, aby v jeho žilách proudila modrá krev nebo aby byl oblečen v důstojnický stejnokroj.

Před ateliérem má dvě veliké skříně a v nich nahromaděno koňských podobizen i obrazů vznešených kavalírů, kteří postáli před jeho objektivem.

Od jisté doby se snaží počestný živnostník, aby se zevnějškem přizpůsobil Kinským, Larischům a Šternberkům, jimiž se město v době parforsních honů hemží.

Od jisté doby nosí bodrý živnostník Josef Dýchavec krásné kotlety, okoukané Trautmansdorfovi a knír pod nosem nakroucený týmž způsobem jako má Max Mensdorf-Pouilly. Límec má pan Dýchavec obtočený bezvadně bílou kravatou, propíchnutou podobnou zlatou jehlicí, jakou nosí kavalíři, jehlicí, končící krásnou koňskou hlavou, s gloriolou veliké podkovy. Ač nikdy v životě neseděl na koni, neobléká jiných, než jízdeckých kalhot a schází mu jedině odvaha, obouti vysoké boty, ozdobené ostruhami, jejichž řinčení mu je rajskou hudbou.“

J. V. Rosůlek:
Huláni a kavalíři. Praha 1928
(Parodie na fotografa J. Pírka).

\>

Bruner-Dvořák zdůrazňoval své smýšlení počeštěním jména Rudolf zásadně na „Ruda“, a i „Dvořák“ si připojil ke jménu z vlasteneckých pohnutek. Tituloval se nejen jako „momentní fotograf“, ale i „dvorní fotograf Ferdinanda d'Este“. Pána na Konopišti doprovázel při jeho častých cestách, fotografoval jeho rodinu i šlechtické přátele. Byl přítomen i četným honům, které — jak známo — Ferdinand velice miloval. Na snímku jsou knížata Karel a Adolf Josef Schwarzenberkové na „Vorlíku“.

Rudolf Bruner-Dvořák vyfotografoval jako momentku tři dámy na dostizích v Chuchli. Formát negativu: 18 × 24!

219.

J. Pink

218.

Kníže a kněžna Kinští a jejich honební doprovod ve Žlebech na snímku Brunera-Dvořáka. Jak předchozí fotografie i tato pochází z prvního desetiletí našeho století.

<

J. Pírka Pardubice: fotografický obraz z parforsních honů. Kolem 1900.

Čeští šlechtici v Tyrolském domě na Orlíku. Přítomni jsou: hrabě Lažanský, Jan Schwarzenberk, Adolf Josef Schwarzenberk, kněžna Schwarzenberková, Jiří Lobkovic, hraběnka Lažanská, Karel Schwarzenberk . . .
V pozadí je přítomen J. Cimrman.
Snímek Brunera-Dvořáka.
Orlík byl nejoblíbenější honební prostorou panstva.

Výlet náchodských dam do Pekla fotografoval v roce 1908 L. Geitner. K vyjížďce byly zapůjčeny vozy Sboru dobrovolných hasičů v Náchodě.

<

Vyzvedávání kostrového nálezu na Slánsku dokumentoval František Duras. Lidé se zájmem přihlížejí počínání mužů vědy. Z hlediska dokumentace archeologických výzkumů vzácný doklad z devadesátých let.

Fotografování Josefa Prokopa na rodinném výletě
v okolí Čáslavi kolem roku 1905.

Šárecký potok

Partie ze Šárky

Partie u potoka v Šárce

ze Šárky

Ovce v Šárce

Partie ze Šárky

u Selce

Melounové hody v zid. pecích

Koupání dětí v Čáslavi
na snímku Josefa Prokopa.

Manželka Josefa Prokopa s dětmi na výletu v Šárce asi v roce 1910. V letech první světové války choť umírá, kvůli malému dítěti se Josef Prokop znovu žení a mění se celý jeho život. Přestává i fotografovat.

SPORT Historie sportu v Čechách v minulém století a jeho rozmach souvisí s postavením české společnosti v podmínkách habsburské monarchie, s jejími pokrokovými silami a národním hnutím. Příkladem je vznik Sokola v roce 1862, který nebyl jen tělovýchovným spolkem, ale sehrál i svou roli v boji za národní uvědomění a samostatnost. Počtem členů byl vlastně nejmasovější organizací. Myšlenkový tvůrce Sokola Miroslav Tyrš navázal na antické, renesanční a tehdejší západoevropské ideje o formování fyzického i duševního života člověka. Ze sepětí s myšlenkou národního zápasu vyplynul i úzký vztah tělovýchovy a kultury. Vrcholnou událostí v činnosti Sokola byly slety, jichž do první světové války proběhlo šest (1882, 1891, 1895, 1901, 1907, 1912).

Kolem poloviny století se i v Čechách začala šířit moderní sportovní odvětví, pěstovaná předtím hlavně v Anglii, kolébce novodobého sportu. V roce 1867 se pořádaly na Rohanském ostrově v Praze první atletické závody, o rok později byl založen bruslařský Lední klub a 1870 veslařský Regatta. V roce 1870 se uspořádaly v Praze na Vltavě první veřejné jachtinkové závody. O rok později v Praze vystoupil americký krasobruslař Jackson Haines (na kluzišti na Střeleckém ostrově jej fotografoval František Fridrich). V roce 1874 se jel v Pardubicích první ročník překážkového dostihového závodu Velká pardubická; první dostihové závody v Pardubicích se však konaly již roku 1841. 1879 byl v Chocni, v parku hraběte Kinského, uspořádán první tenisový turnaj, roku 1881 v Praze první rychlobruslařské závody, o dva roky později na Invalidovně první cyklistické závody. Roku 1892 bylo v Roudnici nad Labem sehráno první utkání v kopané. V roce 1887 Josef Rössler-Ořovský založil v Praze při bruslařském klubu lyžařský kroužek.

Některé sporty se rozvíjely při Sokole, jiné se rozvíjely samostatně. Roku 1881 byl založen Český klub velocipedistů, 1884 byla založena Ústřední jednota veslařů, roku 1888 Klub českých turistů, 1891 první český atletický klub — AC Praha.

Změněné pojetí využívání volného času s sebou neslo v devadesátých letech stoupající zájem o sport. Roku 1893 byl v Praze založen I. český Lawn tenisový klub, 1894 uspořádáno první mistrovství Čech ve vzpírání břemen, 1893 založen fotbalový oddíl A.C. Sparta a roku 1895 S. K. Slavia. V témže roce se jel v Jizerských horách první sáňkařský závod, v Praze první ročník Jarního skulérského závodu Rösslera-Ořovského. O rok později se v Dolních Štěpanicích usku-

Dr. Miroslav Tyrš, myšlenkový tvůrce Sokola,
na fotografii Hynka Fiedlera, který byl autorem mnohých snímků Sokola
v jeho počátcích. Malovaná krajina v pozadí
jakoby podvědomě evokovala vodní hladinu v dalekých Tyrolích,
kde Tyrš tragicky zahynul.

tečnily první závody ve skoku na lyžích. Roku 1897 vznikla Česká athletická amateurská unie, kde zpočátku byla zastoupena všechna odvětví sportu, kromě cyklistiky a veslování. Během dalších patnácti let se z unie vydělili do samostatných svazů: fotbalisté (1901), lyžaři (1903), tenisté (1906), hokejisté (1908), těžcí atleti (1910), kanoisté a šermíři (oba 1913). Český olympijský výbor začal pracovat po předchozích pokusech roku 1900. Jména některých sportovců (František Janda-Suk, Gustav Frištenský, Rudolf Vejtruba, Rössler-Ořovský) se staly pojmy vyslovovanými s úctou. Fotbalisté, hokejisté a sokolští gymnasté již před první světovou válkou se výrazně prosadili na mezinárodním poli. Přesto v Čechách, tak jako jinde ve světě, se musely překonávat při pronikání určitých sportů společenské konvence a ani ve školách nebylo sportovně založeným jedincům příliš přáno.

Nejvíce fotografií ze sportovní oblasti vzniklo při Sokole. V drtivé většině se jednalo o snímky jednotlivců a skupin do pamětních alb. Také řada portrétů sportovců vznikla v ateliérech jako obdoby portrétů známých osobností s příslušnými atributy — se sportovním náčiním a medailemi.

Zdá se, že největšímu zájmu fotografů se těšila vedle turistiky cyklistika, lyžařství, tenis a sporty spojené s vodou. Sportovní fotografie je prvním fotografickým oborem, kde docházelo k úzké specializaci: profesionál Josef Pírka fotografoval Velkou pardubickou a Hynek Bedrník lyžařské sporty, amatér K. Reisner se věnoval výhradně plavání a MUDr. J. Ostrčil dostihům. Již před první světovou válkou se konstituovalo zaměření některých profesionálních fotografů pouze na sportovní fotografii (Josef Nonnenmann, František Pavlík). Fotografem, který nejvíce imponoval svou pohotovostí a reportérskou aktivitou, byl Rudolf Bruner-Dvořák. O sportovní fotografii měl zájem jeden z předních obrazových časopisů Český svět, ale i četné sportovní časopisy (Sport a hry, Sportovní svět, Sportovní přehled, Sportovní listy, Start), jež ale většinou přetiskovaly kvalitnější fotografie ze zahraničí.

Z knihy Sportovní fotografie — základy její, jež vyšla v edici ČKFA v roce 1916, se vedle rad o fotografování jednotlivých druhů sportu dovídáme, že fotografie rozhodovala o cílovém pořadí v koňských dostizích, že sloužila nejen pro „pěstitele sportu" jako památka i náborový prostředek k získávání dalších adeptů, ale i jako „nenahraditelná učební pomůcka pro sportsmany".

Gustav Frištenský,
obdivovaný český sportovec, na kabinetce z ateliéru
ve Frankfurtu nad Mohanem.
Snímek je pojímán jako hold
mužské kráse.

Čeněk Vincenc Barthell, člen K. C. Třeboň, jehož znak s pětilistou růží má na tričku, na snímku ateliéru Kocipiński v Třeboni roku 1883. Úprava snímku do ztracena, malované

J. Schneider
PLZEŇ
PILSEN

J. Tomáš

ROUDNICE
RAUDNITZ

Carl Pietzner

„Skutečně sportovní fotografii může provésti jen fotograf-sportsman, který dotyčný obor sportu ovládá stejně dobře jako fotografování. Snímky ateliérových fotografů, ač někdy jsou velmi pěkné na pohled, nepodávají nikdy onu typickou povahu sportu, vyjímaje ovšem snímky, zhotovené na radu sportovce-odborníka.“

J. ŽOFKA:
Sportovní fotografie, 2. díl.
Praha 1917.

<

Oscar John Lažnovský na běhokolkách v ateliéru J. Schneidera v Plzni v roce 1894. Lažnovský byl také významnou postavou českého sportu, podílel se mimo jiné na založení některých sportovních klubů v Praze, na Královských Vinohradech a Plzni. Pracoval také jako žurnalista. Běhokolky byly předchůdcem kolečkových bruslí, jen běhání bylo na nich obtížnější.

Josef Rössler-Ořovský na bruslích. Jedna z největších postav historie českého sportu vůbec na vizitce z ateliéru Jana Tomáše v Praze v roce 1889. Již na reálném gymnáziu si začal psát deník, který nazval prostě: „Mé sporty“. Patřil k velkým propagátorům lyžařství, stál u založení několika sportovních klubů . . . Na výčet jeho zásluh pro český sport by bylo třeba mnoha řádků.

Maxmilián Švagrovský z doby okolo roku 1882 na snímku Antonína Schildera z Roudnice. Rovněž významná osobnost českého sportu, ale s poněkud dobrodružnějším životem plným zvratů na rozdíl od nadšeného a cílevědomého Rösslera-Ořovského. Především však byl zakladatelem české sportovní žurnalistiky a dále v Praze založil První český povšechný závod sportovní. Po krachu svého časopisu a veškerého podnikání odcestoval do USA, kde zemřel.

Závodník Eman Kudela na snímku Pietznerova ateliéru v Teplicích z přelomu století. Držák kola byl maskován senem. Pozadí s náznakem zamlžené krajiny.

ANNA HANUŠOVÁ
foto 1911
v JILEMNICI

Poměrně často publikovaná fotografie cvičitelského sboru Sokola pražského z roku 1864 od neznámého autora. Je zajímavá tím, že dokládá, co vše se v Sokole tehdy provozovalo. Snímku vévodí postava Tyrše jako ústřední figury nejvýše uprostřed.

<

Anna Hanušová, jedna z prvních významných lyžařských závodnic, běžkyň, na snímku Rudolfa Zuzánka, fotografa v Jilemnici. Byla první Češkou, která startovala a dokončila závod na 50 km. Bylo to v roce 1909. Dožila se 89 let.

Loděnice a přístav někdejšího veslařského klubu „Lev“ v Roudnici nad Labem patrně z přelomu sedmdesátých a osmdesátých let. Snímek neznámého autora pojatý krajinářským způsobem.

Gigová šestiveslice Concordia klubu Regatta z konce sedmdesátých let. Autorem snímku byl asi František Fridrich, který pomáhal pronikání veslařského sportu do Čech. Sám se s ním obeznámil na svých cestách v zahraničí a stál právě u založení klubu Regatta, kde byl krátce jeho místopředsedou. Své manželce prý pořídil veslici ve tvaru labutě, s níž se projížděla okolo Střeleckého ostrova za velké pozornosti Pražanů.

Josef Pírka byl fotografem, který se specializoval
na fotografování Velké pardubické, kterou důkladně poznal.
Fotografie mu byly mnohdy podkladem pro velká malířská plátna.
Jeho „Taxisuv příkop v roce 1911". Kontaktní kopie
z negativu 24 × 30 cm jsou z přelomu století.

Fotografie Rudolfa Brunera-Dvořáka z tenisového turnaje v Praze 3. 4. 1898.

Snímek německého D. L. T. C. — tenisového klubu v Praze z let kolem 1898. Tenis byl záležitostí spíše vyšších vrstev.

Nádherný snímek jezdců na vysokých kolech patrně v Chrudimi. Fotografoval Tietz-Gallat v první polovině osmdesátých let.
(Označení používala dcera Františka Gallata po sňatku s německým fotografem Edmundem Tietzem.)

Snímek Jana Mulače z dráhy v Bubnech s aranžovaným pádem cyklistů z roku 1898. Snímek je mistrně naaranžovaný včetně údivu diváků. Fotografická scéna ze sportovního prostředí v exteriéru. V pozadí jsou tenisové kurty, které stály na pozemku cyklistické dráhy.

J. Mulač
v PRAZE.

Fotografie Rudolfa Brunera-Dvořáka z výletu České ústřední jednoty velocipedistů na Moravu, kde ve dnech 5.—6. července 1890 probíhaly cyklistické závody a zároveň sjezd cyklistů. Výlet byl jakousi spanilou propagační jízdou cyklistů a Bruner-Dvořák jej fotografoval na více místech trasy — komorou na formát 18 × 24 cm.

<

Zakladatel dráhy v Bubnech a její ředitel Eduard Balcar se syny, které jako sportovec a vlastenec pokřtil na Slavoje a Ctirada. Fotografie z 2. července 1898 od Jana Mulače.

2
3
Helios

Snímek z legendárního závodu Praha—Brandýs z 27. června 1909. Jeho vítězem se tehdy stal Bohumil Josef (na snímku), který ještě stál jako host u startu 50. ročníku tohoto závodu. Snímek neznámého fotografa dokládá zároveň popularitu závodu.

<
Součástí II. všesokolského sletu v roce 1891 byly i závody v lehké atletice, v zápasu, gymnastice. Neznámý fotograf z družstva Klubu fotografů amatérů (jež si dalo název Helios, pod nímž na Zemské jubilejní výstavě ve vlastním pavilónu pracovalo) dokumentoval na kabinetkách jednotlivé sportovní akce, ale činil tak bez znalosti příslušných sportů. Snímky vynikají pozoruhodně krátkou expozicí.

BUDME SVORNI!

Snímek ze cvičení Sokolů v roce 1913 pořízený za tmy magnéziovým světlem v přírodě, což dalo snimku zvláštní atmosféru hry svalů a propletených těl. Fotograf není znám.

Sněhová brána ve Vysokém nad Jizerou kolem 21. dubna 1903. V průhledu brány je nápis SKLAD RAKVÍ. Muž v beranici a dlouhé suknici je fotograf, řezbář a divadelní ochotník František Hanuš z Vysokého. Lyžaři s klasickou jednou holí. Promyšlená, jemně komická

Mistr lyžař zemí koruny české Bohumil Hanč jako krasojezdec na pozoruhodném diapozitivu, dochovaném v pozůstalosti učitele Jana Buchara v Dolních Štěpanicích. Snímek neznámého autora, reprodukovaný i v Českém světě, z let 1906—1908.

LÉTÁNÍ U fotografií zachycujících letecké pokusy strojů těžších i lehčích vzduchu se fascinace nad novou technickou vymožeností snoubila se snahou poskytnout kvalitní fotografický dokument o události. Přestože historie předváděcích balónových letů je dokonce starší než vynález fotografie, zachytili fotografové u nás balónové lety až u příležitosti velkých národních výstav devadesátých let. Drtivou většinu nejkvalitnějších záběrů tehdy pořídil momentní fotograf Bruner-Dvořák. Za letů v září 1905 a květnu 1906 pořídil český amatérský fotograf Jan Plischke i první snímky z letu balónem u nás.

První vzduchoplavecké pokusy v Čechách s balóny naplněnými horkým vzduchem měly ráz atrakcí pro pobavení. V zahradě zámku v Židlochovicích je roku 1784 prováděl přírodovědec Tadeáš Hanka. První vzlet Čecha, hraběte Jáchyma Šternberka, jehož vzal do svého balónu francouzský vzduchoplavec Jean Pierre Blanchard, se uskutečnil 31. října 1790 v Praze ve Stromovce. Další balón s posádkou, tentokrát s Angličanem Henrym Coxwellem, vzlétl až v létě 1851 v Praze. Prvním Čechem, který letěl ve svém vlastním balónu, byl Josef Vydra, taneční mistr a skladatel, který se vznesl nad Prahou 22. srpna 1865.

Zemskou jubilejní výstavou započalo sedmnáctileté období české vzduchoplavby. Podnikatel Hoffmann sepsal smlouvu s berlínským vzduchoplavcem Maxmiliánem Wolfem, který měl provádět lety se zákazníky balónem Kysibelka. 16. června 1891 došlo k prvnímu volnému letu, avšak přibližně ve výši 700 metrů se obal protrhl a balón i s košem padal k zemi. Příhoda se naštěstí obešla bez zranění. Odbor výstavy posléze pozval dva zkušené vzduchoplavce z Francie — L. Godarda a E. Surcoufa, kteří s sebou přivezli dva balóny. Ve velkém, pojmenovaném Viktor Hugo, létali oba Francouzi i pasažéři. Vyvrcholením letů na Zemské výstavě byla dálková pouť balónem 20. října 1891, dlouhá asi 500 km, kterou její účastník, nakladatel J. R. Vilímek, popsal v knize Z Prahy k Baltickému moři v balónu.

Úspěšné lety se staly podnětem k založení České aeronautické společnosti 12. května 1892, jejímž předsedou se stal Karel Václav Zenger, profesor fyziky na ČVUT a významný fotograf-astronom. Roku 1893 společnost zakoupila balón Ressel, na němž její členové František Hůlka a Ferdinand Wandas podnikli samostatný let. Na Národopisné výstavě českoslovanské se balón Ressel vznesl k celkem 34 letům. Po rozpadu společnosti roku 1896 se balón stal majetkem F. Hůlky, který po-

Pánové kráčejí se složeným balónem
ve vzduchoplavecké aréně Zemské jubilejní
výstavy roku 1891. Kontaktní kopie
z negativu formátu 18 × 24 cm
Rudolfa Brunera-Dvořáka.

kračoval v létání i s nově zakoupeným balónem z Paříže, jejž pokřtil Praha. Naposledy létal kapitán Hůlka na Jubilejní výstavě Obchodní a živnostenské komory v roce 1908, kdy již nastával soumrak balónového létání a kdy veřejnost se začala zajímat o letadla a vzducholodě. První pokusy se prováděly s ornitoptérami, stroji napodobujícími let ptáků pomocí pohyblivých nosných ploch. Roku 1866 dokončil podobný stroj Václav Kadeřávek, fotograf v Praze-Josefově. Jeho „český samolet", u něhož pohyb křídel měly obstarávat elektromagnety, však nikdo létat neviděl. Úspěch neměly ani konstrukce letounů, jež měly vzlétnout s pomocí vlastní lidské síly.

Pokračováním vývoje létacích strojů těžších vzduchu byly pokusy s kluzáky, s nimiž velkých úspěchů v Německu dosáhl Otto Lilienthal. Ten však 9. srpna 1896 při jednom z pokusů zahynul. Jeho kluzák získali ke svým experimentům Ignaz a Igo Ettrichové, otec a syn, majitelé velké textilní továrny v Trutnově.

První letadlo viděli Pražané v listopadu 1909 v hotelu Pallace v Panské ulici. Byl to stroj, s nímž Louis Blériot létal ve Vídni. Prvním mužem, který létal v Praze, byl Francouz L. J. Gaubert. 28. prosince 1909 uletěl v Chuchli ve výšce asi dvanácti metrů vzdálenost neceléhо kilometru. 2. ledna příštího roku pokus opakoval před 40 000 diváky. Pro vynechání motoru však musel nouzově přistát, což byl konec jeho vystoupení. Další let v Chuchli, bez účasti veřejnosti, uskutečnil 1. dubna 1910 Otto Hieronymus, automobilový závodník a šéfkonstruktér firmy Laurin a Klement. Je znám vytvořením prvního speciálního leteckého motoru v Rakousko-Uhersku.

Mezi pionýry letectví u nás v letech 1909—1912 zřetelně vystupují tři osobnosti: Jan Kašpar, Evžen Čihák a Igo Ettrich. Jan Kašpar uskutečnil první veřejnou leteckou produkci na cvičišti v Pardubicích před 15 000 diváky 19. června 1910. Kašpar po svém úspěchu létal v řadě dalších míst a svým historickým letem Pardubice—Praha 13. května 1911 se zařadil mezi nejúspěšnější evropské aviatiky té doby.

Evžen Čihák začínal společně s Kašparem. Jeho letadlo Rapid bylo první originální úspěšnou českou leteckou konstrukcí — nepočítáme-li Ettricha — před rokem 1914.

Úspěchy Igo Ettricha, s nimiž začínal v Trutnově a pokračoval s pilotem Karlem Illnerem ve Vídeňském Novém Městě, byly naprosto mimořádné v historii středoevropského letectví. Ettrich jako jeden z mála aviatiků absolvoval celou náročnou cestu od skoků na kluzácích až po tovární výrobu vlastních konstrukcí velmi kvalitních letadel.

Francouzšti vzduchoplavci v balónovém koši na Zemské jubilejní výstavě. Snímek Brunera-Dvořáka.

Neznámý fotograf zachytil sérii velice sugestivně působících snímků balónu zmítaného poryvy větru.

Balón nad výstavištěm na snímku Brunera-Dvořáka působí až pocitem filmového triku z vědeckofantastického filmu. Dojem posiluje postava muže balancujícího na hraně koše. Kontaktní kopie.

Další snímek Brunera-Dvořáka, který vedle své emotivní hodnoty připomíná širší významové souvislosti. Vzhledem k množství dochovaných negativů s balóny, Brunera-Dvořáka balónové lety asi nesmírně přitahovaly. Fotografoval je vícekrát, znal atmosféru příprav, průběh vzletu. Měl čas vyhledávat nejpůsobivější záběry.

Jiný podivuhodný snímek Brunera-Dvořáka, patrně z roku 1895. Vypuštěná figurína upoutaná na laně jako maskot letů, může evokovat nejrozličnější úvahy o vztahu člověka a techniky. A nebo stačí jen fotografie Brunera-Dvořáka obdivovat.

ŽALOSTNÁ PÍSEŇ O BALÓNU „KYSIBELCE“.

Poslechněte lidé zlatí,
jak s balónem se to hatí
a jak, velmi smutná věc,
bídně praskne nakonec.

„Kysibelkou“ nazván jesti,
kdo v něm nejel, ten měl štěstí,
a kdo jel, ten dostal řád,
připnul si jej na kabát.

Poskakuje balón v chvatu,
prvně puštěn bez špagátu,
povznáší se do výše,
nikdo ani nedýše.

A v příznivém dosti větru,
dva tisíce nových metrů,
balón vyletěl jak nic —
najednou však bouch a ryc!

Ach, kdopak se toho nadá,
že už balón z výšky padá,
a v něm, běda, lidé tři,
zbožná duše, popatři!

Holý cár se k zemi blížil,
nikdo sobě neublížil,
chvalme Boha za ten div,
neleť nikdo jaktěživ!

Každý tomu sotva věří,
přiběhli hned amatéři,
každý chtěl ten výjev rád
chytit ve svůj aparát.

<
Bruner-Dvořák:
Balón nad výstavištěm
v Praze.

Inženýr Jan Kašpar před letadlem, s nímž provedl přelet z Pardubic do Prahy. Na snímku je dobře patrný motor letadla Austro-Daimler (51 kW). 1911. Snímek neznámého autora.

Ing. Kašpar v letu krátce po startu na vojenském cvičišti v Pardubicích na snímku neznámého autora z roku 1910.

Aviatik F. Šimůnek před svým letounem na pankrácké pláni na kontaktní kopii z negativu 18 × 24 cm neznámého autora, 1910.

Fotografie L. Jelínka z letecké produkce ing. Kašpara na Proseku u Prahy 15. srpna 1910. Jednalo se vlastně o fotoseriál, zachycující přípravy ke startu, letadlo mizející v dálavě a posléze skupinku mužů, pádící zdánlivě bez cíle po pláni. Cílem byl ve skutečnosti letecký stroj zabořený v poli.

1913

GAUBR K APARÁTU KRÁČÍ
(dobový popěvek z roku 1910)

Proč lid všechen spěchá k Vyšehradu
všeliký ten shon co znamená
to pan Gaubr se svým auroplánem
v Chuchli na renplace vzlítnout má

Pražané ti ještě neviděli
pověstný aparát lítací
proto všichni vlastnoručně chtěli
spatřiti tu skvělou senzaci

Auroplán to několik je bidel
drátů pár a kousek lajntuchu
vrtule je jako od parníku
motor všechno žene do vzduchu

Tu již Gaubr k aparátu kráčí
a tváří se zcela záhadně
lid se kolem v rozčílení tlačí
netušíce jak to dopadne

Na montéry zvolal un deux trois
což na česky značí ajn cvaj draj
ti hned k vrtuli jak draci lítnou
neb jsou fachmani a cvrkot znaj

Metrů pár když k obloze již vzlétnul
v auroplánu udělalo ric
po hubě se do země zapíchnul
jak špejl do čerstvejch jitrnic

Z toho plyne mravní naučení
pravil v Chuchli vechtr na trati
člověk že mu pánbůh nedal křídla
nemá se pokoušet létati

<
Ettrichovo letadlo Taube krátce po startu
v roce 1913. Letící umělý pták.

Ettrichovo Taube s ušlechtilým tvarem křídel
a trupu na snímku neznámého fotografa
z roku 1913. Letadlo bylo vojenským
dvoumístným typem s motorem Mercedes
(75 kW).

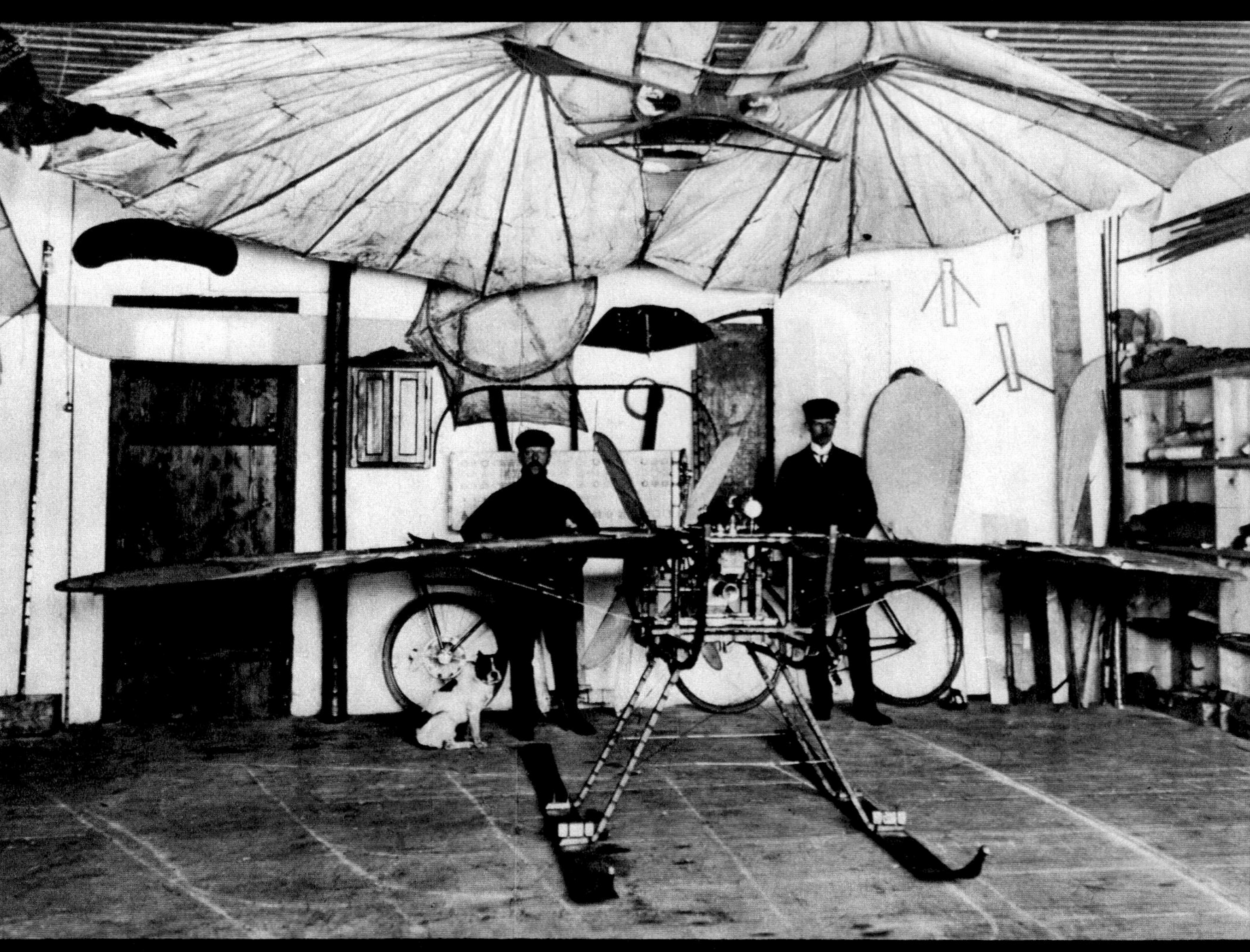

Ettrichovo malé letecké muzeum se vzácným Lilienthalovým kluzákem. Na snímku z Trutnova jsou vlevo Franz Wels, vpravo Igo Ettrich. Snímek pořídil asi fotograf Spatzier

Po Pardubicích byla druhým významným střediskem létání Plzeň. Na snímku neznámého autora je bratřící se společnost plzeňských herců a aviatiků na letišti na Borech v roce 1911. I na tomto skupinovém snímku mají společnosti své atributy: aviatici létající stroj, umělci-herci gramofon.

NEVŠEDNÍ UDÁLOSTI Výjimečné události vždy přitahovaly pozornost lidí. V době před možností přímého uplatnění fotografií v tisku byly výjevy z událostí zachycovány kreslíři a v obrazových časopisech reprodukovány jako xylografie. Kreslíř pracoval na základě přímého zážitku či zprostředkovaně z doslechu, ale někdy i podle autentické fotografie. Od prvních ročníků nacházíme ve Světozoru, nejrozšířenějším obrazovém časopise od roku 1862, řadu xylografií, u kterých je poznámka o „zhotovení podle fotografie".

Z událostí, jež zaujaly fotografy, máme řadu snímků zastoupenou téměř ve všech oddílech knihy, kromě událostí povahy politické: demonstrace, tábory lidu, prvomájové průvody. Lákal i vojenský život — byl zachycován při manévrech a parádách. Z událostí církevních jsou nejčastější snímky se svěcením zvonů, z procesí a různých slavností. Nejpočetnější je skupina kulturních společenských akcí, od kladení základních kamenů, otevírání nových budov, odhalování pomníků, výročních oslav, po karnevaly pod širým nebem, květinová korza majálesy a divadla v přírodě. Nezanedbatelná byla dokumentace katastrof, od železničních nehod až po záplavy. Zvláštní skupinu tvořily snímky kriminalistické.

Bouřlivou aktivitu fotografů v tomto směru povzbudilo vydávání pohlednic koncem devadesátých let. Až do té doby fotograf při „snímání" události věnoval pozornost jen celkovému obrazovému svědectví, zachycovanému obvykle z nadhledu, jako by tím vyjadřoval i míru objektivity. Detailní pohledy, jež by ve zkratce charakterizovaly celkový dojem, byly u fotografů — na rozdíl od kreslířů pro časopisy — zcela výjimečné. Fotografie událostí vznikaly původně jen jako jednotlivé snímky, nikoli cykly, oblíbené později.

S rozšířením suchého procesu, tovární výrobou fotografických desek a zmenšováním formátů fotografických přístrojů se objevil termín „momentní fotografie" (též okamžiková či mžiková). Ve Světozoru se objevil poprvé v červnu roku 1885 s Eckertovou fotografií „Američtí Češi u Halánků". V říjnu téhož roku byl ve Světozoru otištěn článek „Momentní fotografie" s dvěma snímky ptáka v letu a následovaly první snímky z ulic, výstav, poutí, ze sportu i událostí politických. Vrcholným představitelem momentní fotografie byl Rudolf Bruner-Dvořák, titulující se přímo jako „momentní fotograf".

Změnu v pojetí fotografického zpravodajství přinesla první světová válka, která v Čechách zapůsobila jako šok. Jejími symptomy byla již rusko-japonská válka a ruská revoluce v roce 1905. Na pokraj války svět přivedly krize bosenská a marocká. Italsko-turecká válka a balkánské války jednoznačně varovaly, že období poklidu je pryč a že Evropa, se svým tolik optimismu vzbuzujícím technickým pokrokem, se řítí do válečného ohně. Po válce, jež nám přinesla samostatnost, bylo vše jiné. I fotografie.

Pietní vzpomínka na oběti války roku 1866 na vojenském hřbitově v Náchodě v říjnu 1866 na fotografii J. Lorence z Jaroměře. Pozornost většiny zúčastněných se koncentruje na hrob s bílým mramorovým křížem, o který se důvěrně opírá dvojice — voják s rukou na pásce a žena. Neformálně komponovaná fotografická scéna.

Vzácná fotografie z dělnické slavnosti na Letné, konané 28. září 1866, zachovaná v pozůstalosti Vojty Náprstka. Neznámý fotograf využil při dokumentaci události nadhledu, v němž vynikne množství zúčastněných.

<

Smuteční průvod jako poslední pocta polnímu maršálovi Alfredu Windischgrätzovi, zesnulému 21. března 1862 ve Vídni, fotografoval ze svého Skleněného salónu u Prašné brány Wilhelm Horn. Jedná se o nejstarší snímek tohoto typu v Praze.

„Jeho Veličenstvo vjíždí Budějovickou branou a Širokou ulicí k radnici" v Písku 2. září 1888. Přestože bylo šest hodin ráno a pršelo, panovníka vítá špalír lidí. Dlouhá expozice, neumožňující ostře zachytit vůz, byla brzy ráno a při sychravém počasí nezbytností. Snímek neznámého autora.

>
V Praze se k návštěvě panovníka u příležitosti otevření mostu Františka I. postavila řada slavobrán a patřičně důstojně se ozdobily budovy. „Procházka Františka Josefa I." po novém mostě vstoupila do historie. 1901. Fotografie Jana Kříženeckého.

František Křižík předvádí svou obloukovou lampu v divadle v Plzni, roku 1888. Představení elektrické lampy v bizarním prostředí kulis je ukázkou fotografických tendencí doby: neustálého propojování umělého světa ateliérů s prvky divadelními, kulis ateliérových s kulisami divadelními, prostupování života určitou divadelností.

Svérázným divadlem pro moknoucí diváky bylo cvičení vojska na náměstí ve Slaném roku 1899. Nebo se snad jednalo o akci obdobnou „přísaze branců"?
Foto F. Duras.

Katastrofální sesuv půdy prodělal Most 19. července 1895. Obsáhlou dokumentaci pořídil fotograf Pietznerova ateliéru.

<

Povodeň v Berouně 25. května 1872. Snímek neznámého fotografa působí téměř dojmem dovedné montáže. Absurdní dojem posilují postavičky na vorech, v podstatě pózující fotografovi.

Železniční neštěstí u Blovic v roce 1890 na snímku neznámého fotografa.

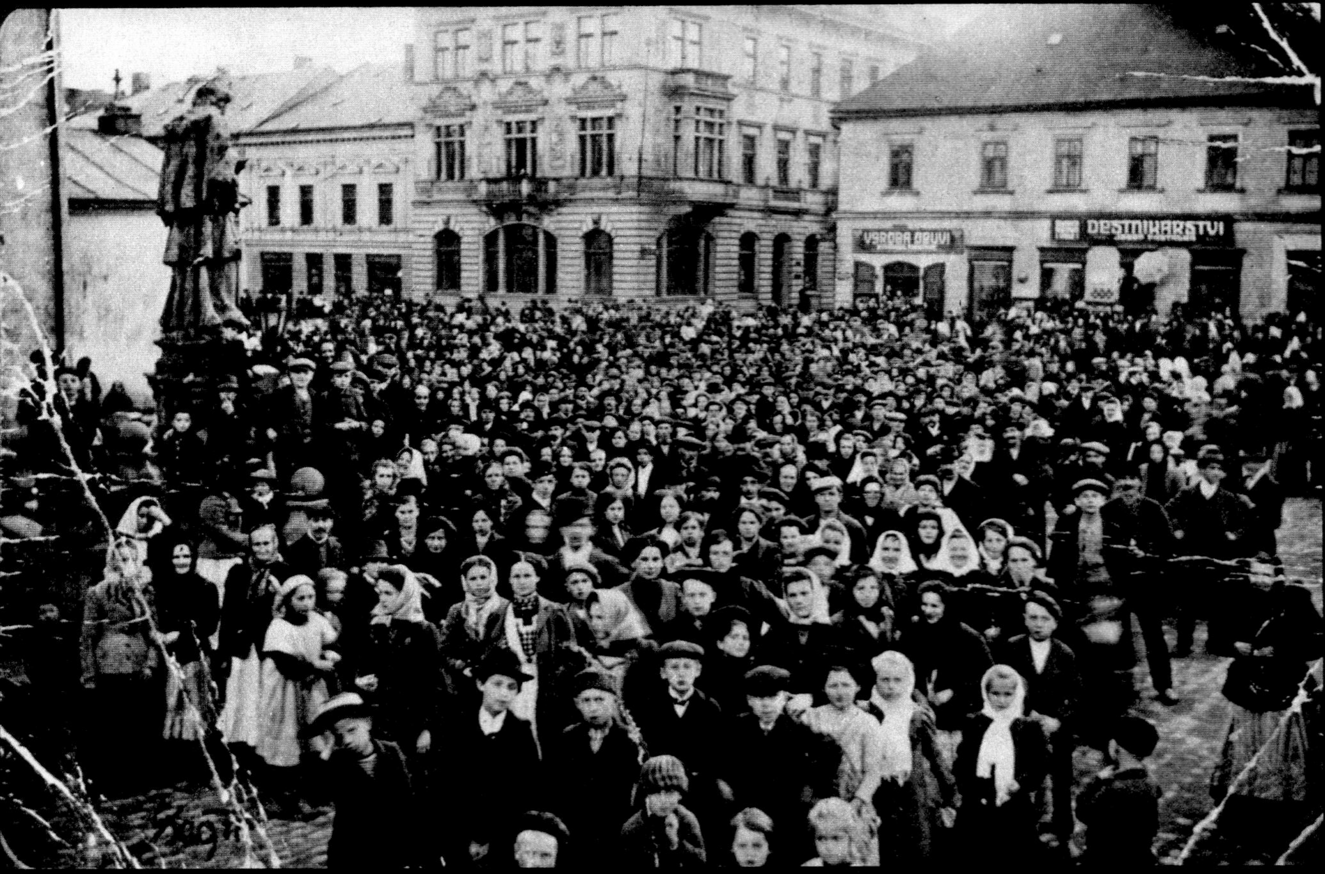
VÝROBA OBUVI
DEŠTNIKÁŘSTVÍ

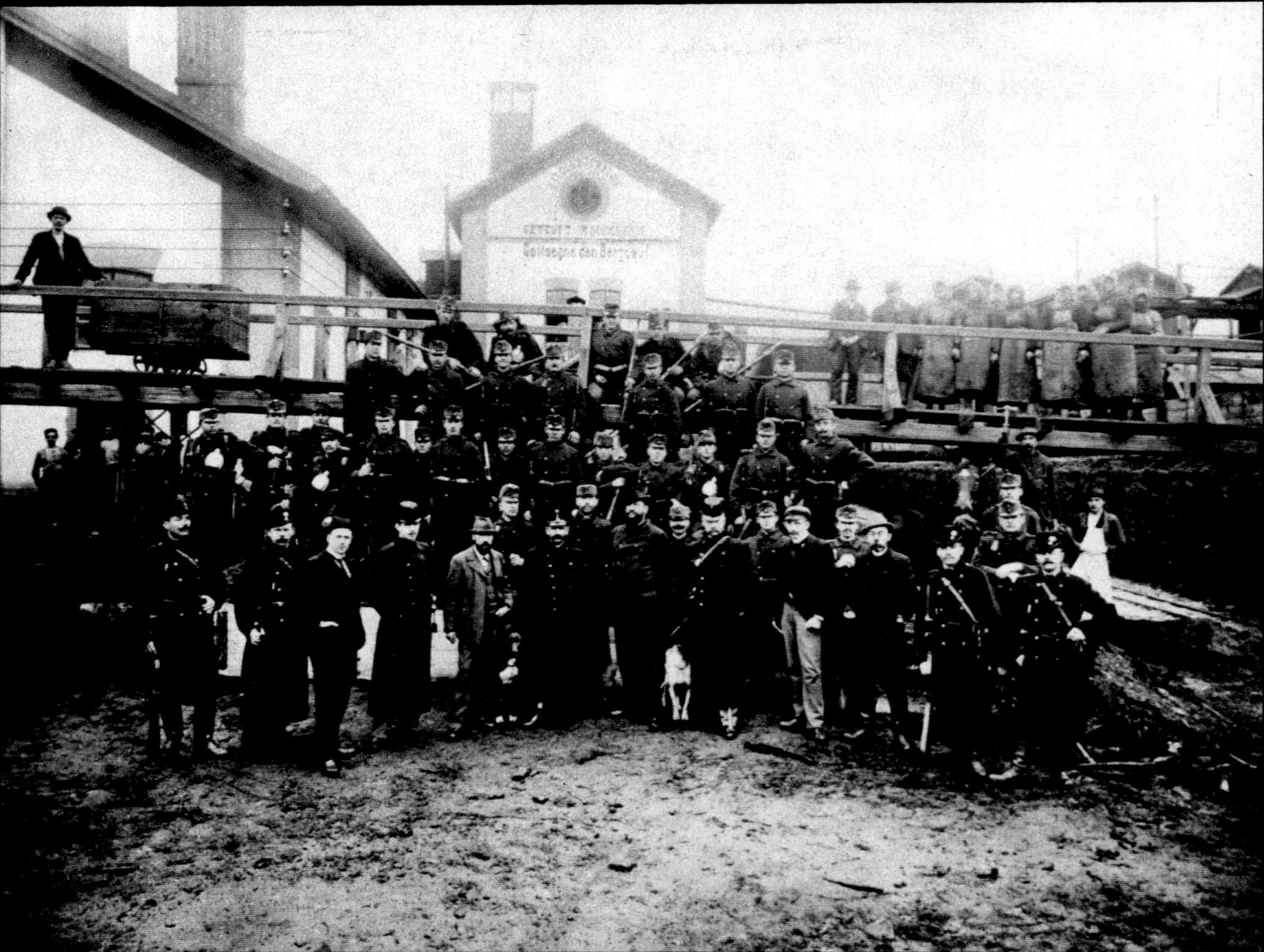
Gott segne den Bergbau!

Shromáždění lidu ve Vysokém nad Jizerou fotografoval Josef Hladík na stereofotografii. Vyznění snímku výrazně podtrhuje způsob záběru skrz mříž, který fotografii poskytuje další významové asociace. O jakou zobrazenou událost se přesně jedná, není zjištěno.

<

Stávka dětí na náměstí v Náchodě 2. listopadu 1911, kdy na Náchodsku docházelo k velkým bouřím lidu. Fotografoval P. P. Kolínský.

Fotografie z nýřanské stávky roku 1890. Patrně dokument oficiálního fotografa pořízený vzápětí po potlačení stávky. Ve dvou rovinách obrazu

Výstřel o Božím těle v Čáslavi
na náměstí kolem roku 1905 fotografoval
Josef Prokop.

>
Dělostřelci pod sochou krále Jiřího před zámkem
v Poděbradech fotografoval kolem roku 1910 Bohumil
Střemcha. Ve srovnání s trhem na stejném místě (s. 232)
vznikne bizarní dvojice snímků.

Vojáci odjíždějí do války.
Snímek z Hradce Králové neznámého fotografa
ze 4. srpna 1914.

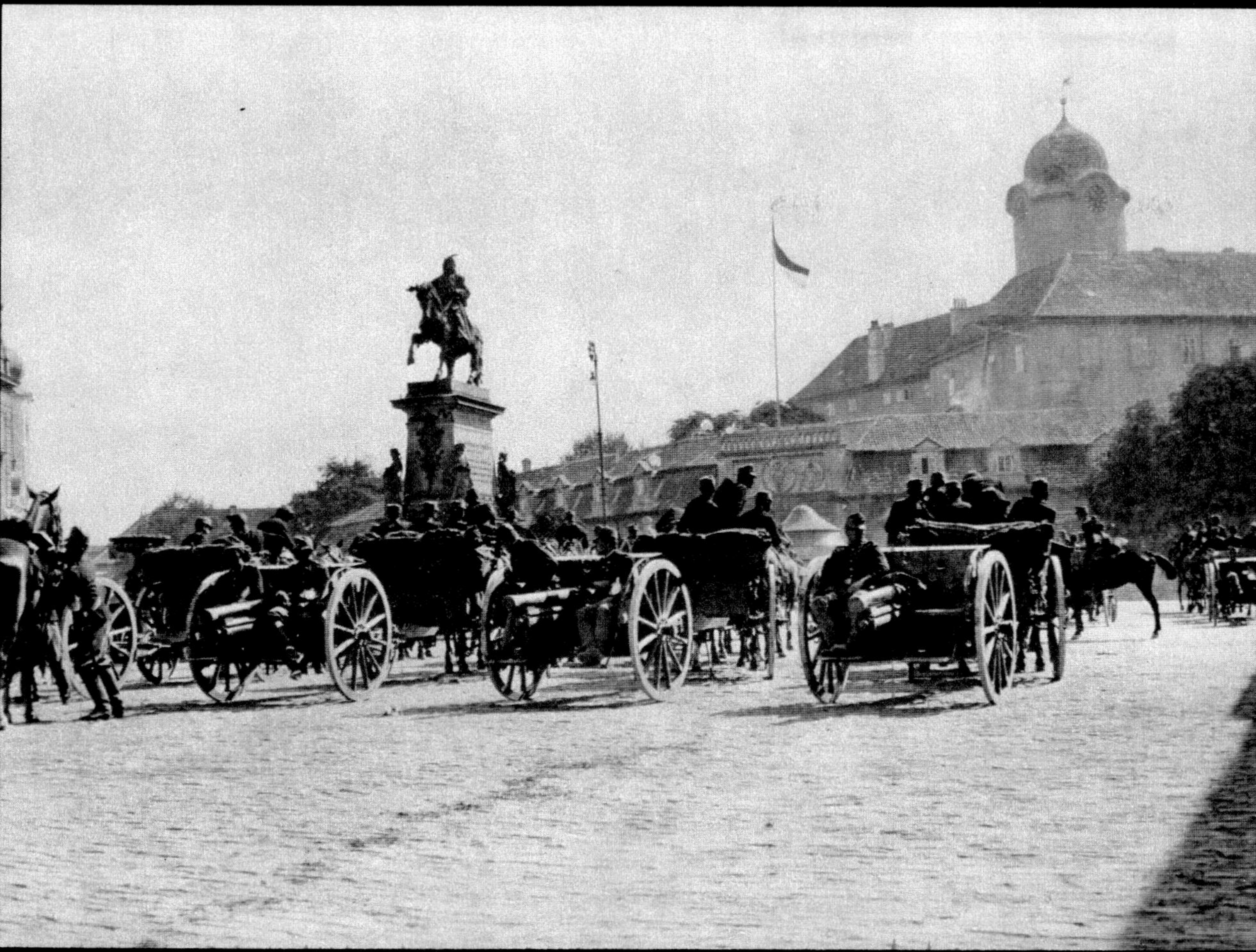

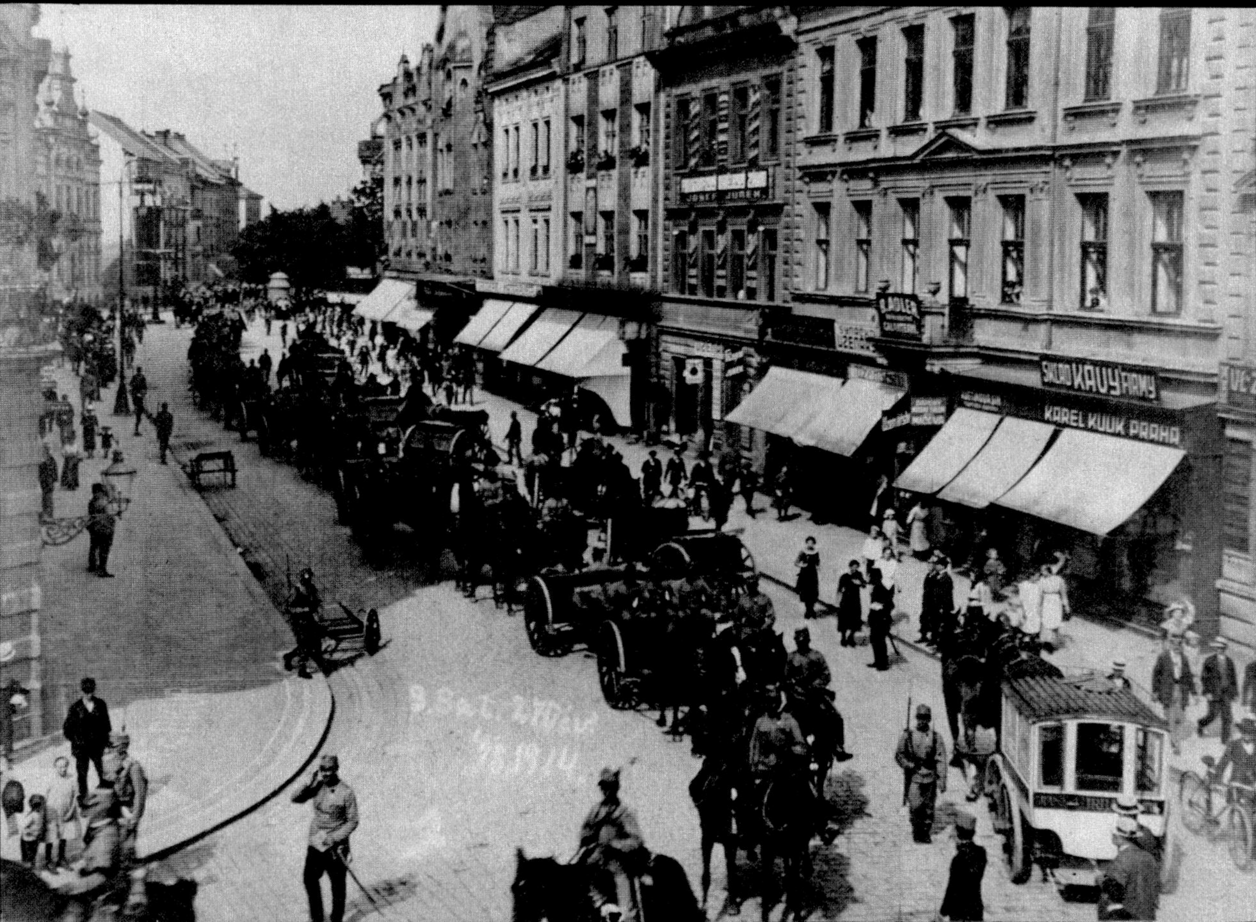
JOSEF JUREK
SKLAD KÁVY ARMY
KAREL KUUK PRAHA

Ateliér Otto Bielfeldta v Plzni pro „malířství a fotografii" byl typem honosného zahradního ateliéru „Gartensalonu", postaveného patrně pro fotografické účely. Snímek z let 1862—1863 je zřejmě nejstarším fotografickým vyobrazením ateliéru fotografa u nás. Před pavilónem posedává rodinka, která patrně očekává zvěčnění v ateliéru proslaveného fotografa.

FOTOGRAFICKÉ ATELIÉRY

V

ATELIÉRY A FOTOGRAFOVÉ Proměny vnějšího vzhledu fotografických ateliérů vypovídají o rostoucí prestiži fotografů, vnitřní vybavení ateliérů zas dobře ilustruje zvyšující se technickou náročnost fotografických prací. Pramenem pro poznání původního stavu ateliérů a jejich technického řešení jsou však především plány, poměrně vzácně dochované v dokumentaci někdejších stavebních úřadů. Dalším dokladem jsou kresby a fotografie, tištěná vyobrazení na letácích nebo zadních stranách vizitek a kabinetek. Celkovou představu doplňují slovní popisy slavných ateliérů, uváděné v dobové literatuře.

První fotoateliéry vznikaly na zahradách nebo dvorních traktech hotelů a obytných domů nebo jako střešní nástavby. Nejstarší dochované vyobrazení daguerrotypického ateliéru u nás pochází z Prahy z roku 1846. Z konstrukce přízemních zahradních ateliérů byly odvozeny i příležitostné stánky rychlofotografů na poutích, případně i příležitostné ateliéry na různých výstavách. Ateliér tohoto typu obýval od roku 1927 i Josef Sudek a šťastnou souhrou okolností se plán původního ateliéru z přelomu století dochoval. Na plochu 61 m^2 se vešla výpravna, čekárna s toaletou, pracovna, temná komora i vlastní ateliér o ploše 33 m^2. S rostoucí náročností fotografického provozu i zákazníků se začaly stavět několikapodlažní bohatě vybavené fotografické provozovny. Skromnější variantou tohoto typu představuje například ateliér Josefa Šechtla a Jana Vosečka v Táboře z počátku 20. století: v přízemí jednopatrového objektu byla přijímací předsíň se samostatnou šatnou, zvlášť temná komora, laboratoř, kopírna a vlastní prosklený ateliér o ploše 84 m^2. V patře pak byla retušérna, kopírna na sluneční světlo a sklad negativů. Velké fotografické závody (například J. Langhans v Praze) mívaly členitější přijímací prostory, které sloužily i jako výstavní síň fotografových prací. Některé podniky bývaly doplněny ještě o rámárnu a malířský ateliér pro vytváření maleb podle fotografií. Zaměstnávaly potom několik desítek lidí; v českém prostředí však byly výjimkou.

Zcela nový typ fotografického ateliéru představovaly tzv. bytové ateliéry, kde jediným světelným zdrojem bylo umělé světlo. Prvním takovým ateliérem v Praze byl závod Jana Posselta na Smíchově, založený v roce 1910. Právě elektrické světlo poskytlo ohromné možnosti vskutku tvůrčí činnosti při portrétování nebo práci s aktem, a proto po přelomu století řada ateliérů kombinovala oba druhy osvětlení.

Technické novinky navodily i nové možnosti vzájemné spolupráce fotografů a malířů. Vztahy malířů k fotografii a fotografů k malířství jsou velmi složitým a zajímavým problémem, skrývajícím svá tajemství i tabu. Fotografie na jedné straně přirozeně vycházela a nechávala se ovlivňovat tradičními obory výtvarného umění, na druhé straně však sama přispívala k jejich proměně.

První a základní oblastí, kde fotografové převzali role malířů, byl portrét. Nikoli ovšem reprezentativní portrét aristokratů, ten nahradit nemohla, ale portrétní miniatura měšťanstva, která s existencí fotografie ztrácela svůj smysl. Sepětí daguerrotypie s portrétní miniaturou, na níž daguerrotypie navázala i adjustací a formou prezentace, předurčovali již samotní autoři snímků, kteří většinou patřili k absolventům malířských akademií. V prvních dvaceti letech vývoje fotografie byly v Praze plné dvě třetiny fotografů někdejší malíři a ještě v roce 1870 tvořili „akademičtí fotografové" stále jednu třetinu. V Praze i v jiných městech představovali většinou kvalitativní špičku, což ovšem automaticky neznamenalo největší obchodní úspěch. Individuální malířský projev fotografů vyvrcholil malbami na slaný papír, velmi podobných malířským miniaturám, a chromofotografiemi, vzácně i přemalbami fotografií olejem. Šablonovitá hromadná produkce v éře vizitek mnohým malířům nevyhovovala, a proto přestávali fotografovat a někteří se vraceli zpět k malbě.

Druhou oblastí, kde fotografové částečně převzali role malířů, byla veduta. I u ní záleželo na přesném, výstižném popisu. V hromadné produkci místopisných snímků na vizitkách, kabinetkách a stereofotografiích byla fotografie nezastupitelná.

Další významnou skutečností vzájemného ovlivňování výtvarného umění a fotografie byla možnost prezentovat na fotokopiích obrazy a sochařská díla v masovém měřítku. Fotografové také předkládali široké veřejnosti žánrové a alegorické fotografické scény, komponované v duchu malířské tradice, někdy i přímo parafráze malířských děl. Fotografie tak začala významně ovlivňovat vkus a názory doby. Dříve posvěcené a nedotknutelné, pomáhala zevšedňovat (portréty panovníků). Díky fotografii se zobrazovaly s naturalismem do té doby nemožným i nejintimnější okamžiky. Fotografie rozrušovala po staletí uznávané normy, bořila klasická kompoziční pravidla. Vztahy mezi impresionistickou revolucí a fotografií jsou zřejmé. Malířskou práci zvlášť výrazně ovlivňovala dvě významná specifika fotografie — možnost zastavení času a pohybu. Záznam pohybu, multiplikace, i optické deformace tváře, se staly inspirací mnohým umělcům, z nichž někteří je dál tvůrčím způsobem rozvíjeli.

Po vzájemné spolupráci malířů a fotografů přistoupili někteří malíři a sochaři k vlastnímu fotografování modelů (Alfons Mucha, Emanuel Kodet, Vojtěch Preissig). Dr. Hermann Heid ve Vídni se na vydávání snímků „modelů akademických" natolik specializoval, že jeho produkce „pro umělce a přátele umění" získala zcela komerční, mimoumělecký ráz.

Rozmach fotografie a její koketérie s vážným uměleckým snažením byla zdrojem četných karikatur z pozic umělců. Snad i proto se řada malířů styděla veřejně přiznat k využívání fotografie pro svou práci, přičemž zejména praxe promítání diapozitivů na malířská plátna jako pomůcky byla dosti rozšířená.

Hnutí secesního piktorialismu přivedlo k zájmu o fotografii a její hodnocení řadu historiků a kritiků umění, kteří se jí — i když okrajově — začali zabývat (F. X. Jiřík, V. V. Štech). Někteří dokonce začali vytvářet vlastní dokumentaristicky zaměřenou sbírku fotografií (F. X. Harlas, Z. Wirth). Zásluhou secesního piktorialismu byl u nás poprvé na výstavě prezentován i fotografický akt (1911), do té doby veřejností považován za neuměleckou a „zakázanou" oblast. České fotografické časopisy propagovaly publikace o uměleckém aktu od počátku století. Díky široké publicitě kvalitních fotografií se měnil názor veřejnosti na fotografa a jeho práci.

Typ skromného dřevěného ateliéru „zahradního typu“ byl v tomto případě příležitostnou stavbou na Zemské jubilejní výstavě v Praze roku 1891. Nechybí reklamní skříňky, ceník ani vlaječky v národních barvách. Číslo „106“ je číslem výstavního pavilónu. Příslušníci fotografující rodiny Adlerů patřili k úspěšným fotografům Prahy osmdesátých a devadesátých let.

Blahníkův ateliér v Berouně je příkladem nenáročného ateliérového stavení, jehož obdoby se ztrácely mezi domy činžáků na předměstích ještě po druhé světové válce. Kontaktní kopie z negativu 9 × 12 cm. Fotografováno kolem 1913.

Po Bielfeldtovi a Böttingerovi se stal nejvýznamnějším fotografem v Plzni od sedmdesátých let do první světové války Čeněk Hrbek. Dva snímky srovnávají proměnu jeho ateliéru: ze skromného nenápadného domu vznikl přitažlivý secesní objekt, kde všechny hlavní provozy byly odděleny a kde významné místo bylo svěřeno i reklamě.

ATELIER HRBEK
ZALOŽEN L.P. 1868
FOTOGRAFIE
FOTOGRAF HRBEK
VCHOD ENTRÉE
JIŘI HRBEK

Skleněný fotografický salón v dřevěném domě, původní
ateliér fotografického rodu Kolínských v Náchodě, jejichž
pozdější ateliér zastřešoval jeden z domů v centru Náchoda.
Snímek ateliéru Fridolína Josefa Kolínského pochází patrně
z osmdesátých let a pořídila jej Vefa Lindauerová,
fotografie ateliéru Petra Pavla Kolínského pochází
z doby krátce před první světovou válkou.

FOTOGRAF
KOLÍNSKÝ
„U města Paříže" Albert Grym
Gumáky
WATERPROOFY
PRÁDLO
KRAVATY
ZDARMA
VESELICI

Nejvýše položený fotografický ateliér v Čechách se nacházel pod Sněžkou u Obří boudy. Z produkce atelieru jsou známy ferrotypie s malovaným pozadím nejvyšší hory v Čechách. Snímek Jana Plischkeho, původně kolorovaný diapozitiv, z dubna 1901.

Stánek fotografa Antonína Braného na pouti v Praze v roce 1913. Pouťoví „rychlofotografové" zhotovovali především portréty na ferrotypické desky, jež byly „ihned hotové". Půvabné je výtvarné ztvárnění štítu stánku, které se příliš nelišilo od jiných pouťových atrakcí. Věrnost fotografii zůstala v rodině dodnes.

Pohled do ateliéru firmy Šechtl—Voseček v Táboře v Nádražní třídě kolem roku 1908. Širokoúhlý objektiv poskytuje záběru dojem monumetálnosti. Jak patrno, mohl si zákazník zvolit mezi ruzným typem pozadí, mohl využít závěsu malovaného i skutečného, v nabídce posezení měl pestrou slohovou paletu od secese po renesanci.

Pohled do skromněji zařízeného ateliéru Františka Kahlera ve Slaném z doby kolem 1900. Kontaktní kopie z negativu 18 × 24 cm. Pozadí mohlo budit dojem dokonalé iluze. U jedné ze židlí spočívá „hlavodržka", nástroj k přidržování hlavy portrétovaného. Jiný český termín z německého Kopfhalter nebyl vytvořen . . .

Vizitka z šedesátých let
s autoportrétem neznámého fotografa
s cestovní komorou.

Vizitka s autoportrétem plzeňského fotografa
Bartoloměje Salzmanna z let 1865—1867
s objemnější ateliérovou komorou.

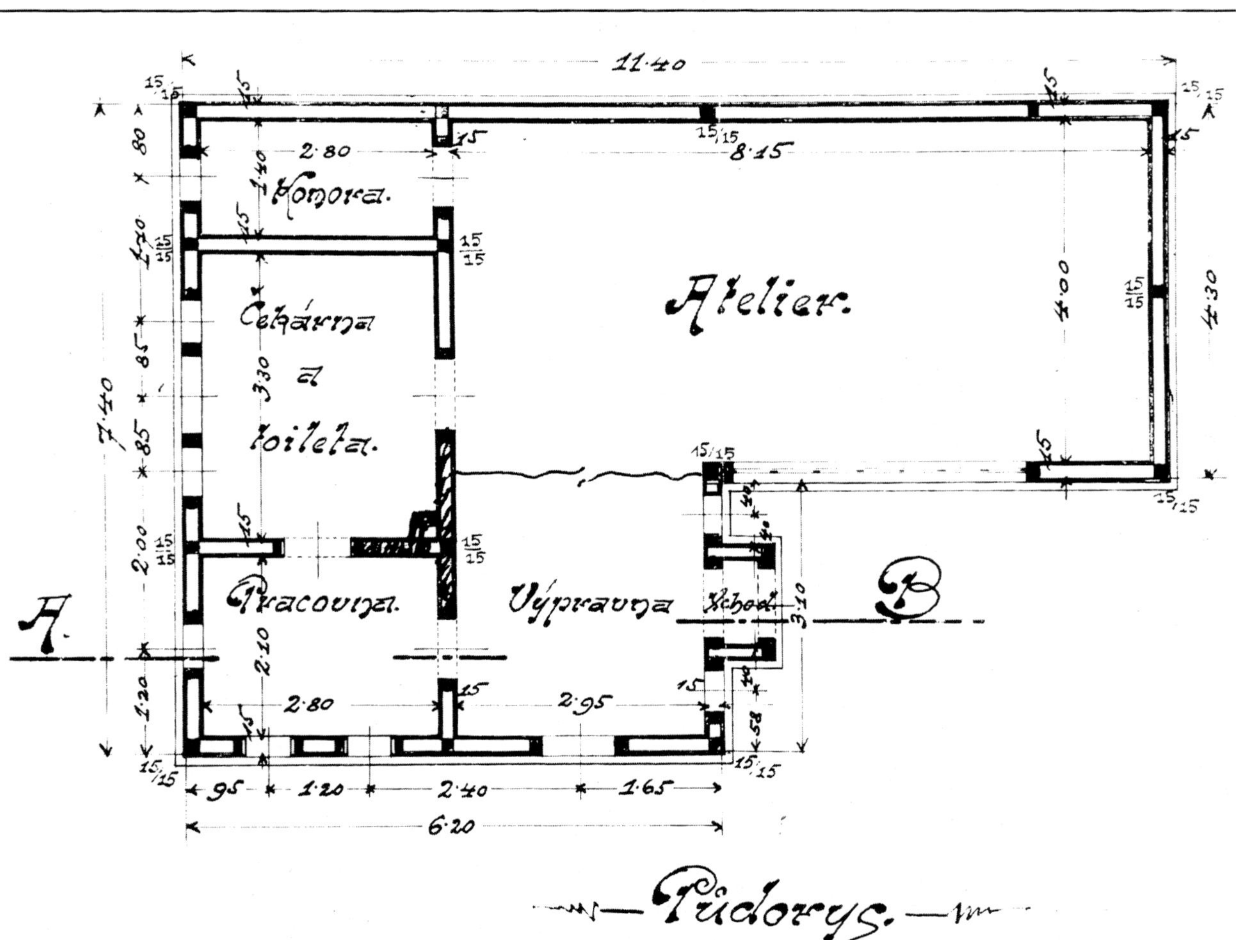

Plány ateliéru Eduarda Krinka na Královských Vinohradech, vytvořené v březnu 1901 v souvislosti se žádostí o přenesení ateliéru na Újezd čp. 432. V tomto ateliéru pak od roku 1927 našel svou tvůrčí dílnu Josef Sudek . . .

„Ve starém baráku, na dvoře pumpa s pitnou vodou, dva malé kumbálky s jedním oknem do dvora s výhledem na dřevníky, to byl první ateliér, v němž jsem se přiblížil „černému umění“. Na vratech v Ječné ulici visela malá vitrínka s pár vojáčkama a nějaká ta ‚Máry von škopek‘ ukazovala své vnady a pod tím malinká firmička: R. Jiříkovský, fotograf.

Z kuchyně se šlo hned na prahu k pumpě a čerstvě vyvolaný negativ Herzka 9 × 12 se pod pumpou vypral. Jednou rukou se pumpovalo a druhou se držel negativ, někdy se také náhodou pustil (to obyčejně v zimě). Když byl zákazník ještě v ateliéru — to jest na dvoře u té pumpy — tak se vzal znova. Na zdi bylo jedno univerzální malované pozadí. Fotografovalo se starodávným aparátem 9 × 12 s trínožkou . . . Ale Jiříkovský nečekal na zákazníky, on si je vyhledával, a tak jsem s ním jel do Loun, kde se dělaly velké skupiny 18 × 24. Bernard Goldwein v Palackého ulici nám prodal na splátky aparát a tak se obchod pomaloučku vzmáhal a již po roce začal Jiříkovský stavět ateliér, skutečný skleník vedle reálky v Ječné ulici. To jsem byl u něho právě rok v zaměstnání.“

J. Posselt,
Z historie pražských fotografů,
(vzpomínkové vyprávění).
Upraveno.

>
Autoportrét Ignáce Josefa Schächtla jako laboranta a retušéra.
Jedná se o montáž ze dvou snímků z doby kolem 1870. Na jedné straně je fotograf zachycen u retušovacího pultíku, na druhé straně si nasadil klobouk a cosi kutí s doutníkem v ústech na přípravě chemikálií.
Naprosto výjimečný snímek svého druhu.

SVĚTLO

„Světlo stvořilo fotografii. Světlo se dotkne věci a dovede jí dát sta různých tvarů. Oko fotografovo musí být citlivé na všechny ty odstíny; musí se k tomu zacvičit.
Dívám se třeba na kámen, na záhyb látky pod různým osvětlením: před mýma očima se ony věci pod jemnými prsty světla mění, mění . . .
Jako cit lidské tváři, tak světlo dodává krásu a ruch věcem. Pruh světla, který mi vpadl do ateliéru a šplhá po záclonĕ, je mi podívanou, již bych nedal za nic na světě. I ten pruh, jenž se line ze žárovky a jemuž poroučím, je mi hudbou."

F. Drtikol,
(nedatovaný rukopis Oči široce otevřené)

„. . . člověk se rodí nahý, a proto dívám se na nahotu jako na dílo Boží, jako na krásu samu, jako na nejmorálnější a nejsamozřejmější věc a tvrdím, že by lidé byli přirozenější a upřímnější, krásnější, kdyby více chodili nazí. V nahotě přestávají rozdíly společenské a zůstává prostě nahá krása člověka."

F. DRTIKOL,
(nedatovaný rukopis Oči široce otevřené)

>
Fotografická studie ležícího modelu
vytvořená kolem roku 1898 Alfonsem Muchou.
Modelka byla aranžovaná do polohy,
která přímo odpovídala řešení
na ploše obrazu.

Alois Zych byl představitelem klasického pojetí fotografického aktu, pojetí vycházejícího z malířské tradice nasvětlením, užitím draperií i polohou modelu. Zychovo album aktu vyšlo roku 1926, ovšem řada snímků byla vytvářena již od roku 1910.

Pravděpodobně se snad jednalo o žertovný snímek modelky, vytvořený Alfonsem Muchou kolem roku 1898. V tomto případě asi nepůjde o studii aktu, ale o svérázný pamětní snímek.

Kompozice dvou žen, olejotisk Františka Drtikola z roku 1912. Mistrná fotografie své doby, smyslnost se spojuje s něhou a elegancí.

RODINNÉ ALBUM JAKO DOKUMENT A FETIŠ Potřeba důstojného uchovávání vizitek si vynutila vznik fotografického alba v druhé polovině padesátých let 19. století, a to ve Francii. Nejprve mělo podobu skládacího leporela, po roce 1860 se objevila alba na zasouvání vizitek. Riegrův Slovník naučný říká: „... albem jmenovali Římané bílé tabule, na kterých dávaly se obecenstvu zprávy a návěští o záležitostech veřejných. Každý ... úřad měl své album ... Nyní slovem tím rozumíme památní knihu, ve které zachováváme památky osob jistých ...".

Fotografické album bylo zcela novým typem obrazové kroniky rodiny a rodu, do jehož malého rozsahu a formátu se vtěsnaly vedle portrétů i snímky dokumentující názory majitele a jeho koníčky. Samotné provedení, obvykle v kožené nebo sametové vazbě s mosazným kováním, někdy svou honosností evokující výzdobu středověkých kodexů, svědčilo o úctě a pozornosti, jíž se album těšilo. Uchovávalo se v měšťanských rodinách v salónu na čestném místě a jeho otevření a prohlížení bylo aktem slavnostnějšího významu. Někdy se alba opatřovala i hracím strojkem, který po otevření spustil oblíbenou skladbu, což podtrhlo mimořádnost okamžiku. (Vzhledem k úctě, jíž se alba těšila, uchovaly se v nich snímky mnohdy v původním sytém tónu na rozdíl od stereofotografií, které prohlížením trpěly.) Po přelomu století se klasická alba na vizitky a kabinetky nalepované na kartónech proměňovala na alba s volnými listy, na které se fotografické pozitivy nalepovaly nebo upevňovaly pomocí fotorůžků. Alba tohoto typu se nejprve uplatňovala v rodinách fotoamatérů.

Ateliérový portrét byl v minulém století naprosto dominující oblastí fotografické práce a většina dochovaných fotografií se také týká běžného zakázkového portrétu, plnícího především indentifikační — vizitkovou — a nikoli reprezentační funkci. V portrétní produkci postupně zesilovaly iluzívní a dekorativní prvky, portrét se pojímal stále výpravněji a význam atrap a kulis vzrůstal. Fotografické ateliéry se začínaly podobat divadlu, kde fotograf přiděloval portrétovaným určité role, jako by výsledkem neměl být obraz modelu, ale fotografova práce s modelem. Tato praxe souvisela se snahou fotografů přilákat do svého ateliéru nové zákazníky, oslňované nápady a nevšedním zařízením ateliéru.

Nejpočetnější skupinu snímků, zajímajících sběratele, tvořily fotografie známých osobností, jež se od počátku vizitkové éry vydávaly na celém světě v ohromujících nákladech. V albech byly na čestném místě vpředu. V šedesátých letech převládal u nás spíše zájem o portréty významných osobností kulturního a politického života, což souviselo s rozjitřenou atmosférou ve společnosti. Poměrně často se zařazovaly do alb i reprodukované malířské a sochařské podoby významných osobností českých dějin. Fotografie mohla sloužit i jako okázalý projev smýšlení; v roce 1861 psal Jan Neruda o vlasteneckých dívkách, jejichž šaty byly ozdobeny fotografiemi Riegra a Havlíčka.

V sedmdesátých letech začal převládat u veřejnosti zájem o portréty herců a hereček a posléze i o představitelky leh-

Daguerrotypický autoportrét Jana Malocha s rodiči
a sourozenci z roku 1848. Akademický malíř a fotograf
Jan Maloch je v čamaře, ruku má na rameni otce.
Bratr Antonín (stojí vpravo vedle)

čích a lehkých múz, prezentovaných někdy s pikantním podtextem. Pozornosti se těšily i portréty lidí nechvalně známé pověsti. Novou aktivitu fotografů v zájmu o osobnosti všeho druhu přinesla s počátkem století možnost uplatnění fotografií v časopisech a hnutí secesního piktorialismu s důrazem na umělecké vyjádření „duše portrétovaného".

V rodinných albech, po snímcích osobností, převládají portréty mužů nad portréty žen a dětí. Muž měl v rodině minulého století poněkud jiné postavení než dnes. V jistém smyslu méně otřesitelné. Na jedné skupině snímků se muži tvářili hrdě a vznešeně, jak se na „hlavy rodin" slušelo, na druhé naopak manifestovali svou nenucenost, přezíravost nad světem, jeho společenskou etiketou a zvyklostmi. Tyto snímky však nevznikaly ve spojitosti s rodinnými protréty a vlastními manželkami, nýbrž uvnitř četných pánských společností.

Vznik snímků byl mnohdy kolektivním dílem. Portrétovaný netradičním způsobem bavil své bližní, inzeroval svou vtipnost.

Ani v minulém století nebyla řada mužů spokojena se svým občanským životem a toužila po něčem jiném, lepším, vzrušivějším a iluzi proměny jim mohl poskytnout například fotografický ateliér se svými převleky a rekvizitami. Muži se tak nechávali zvěčňovat v nejrůznějších kostýmech. Alespoň na chvíli — trvale zachycenou — bylo možno se stát Žižkou, lovcem, orientálcem v harému, Goliášem, andělem. Minulé století, jak bylo již několikrát řečeno, si libovalo v převlecích, ve hře s kostýmy.

Většina portrétů mužů i žen v rodinných albech ovšem působí důstojným dojmem. Vždyť portrétování v ateliéru fotografa znamenalo doslova „zvěčnění", vytvoření podoby pro věčnost. Tento fakt je zvlášť patrný na ateliérových portrétech žen. Obdoby kratochvilných her pánských společností se znevažováním sebe sama, s pitkami, s hrou v karty, s duchy, s převleky — u portrétů žen nenalezneme. Patrně tento jev souvisí se snahami a postavením ženy ve společnosti 19. století, ale i s jejím pojetím humoru a s její citlivostí na vážnost vlastní osoby a svého půvabu. Mnohem častěji než muži byly ženy portrétovány v celé postavě, tak aby vynikla jejich garderóba. Pestřejší výjimku tvořily portréty hereček v rolích, zpěvaček a tanečnic, žen v plesových kostýmech a snímky vnadných krásek určených jen pro muže. Tyto snímky s názvy „Krásné umělkyně" nebo „Fotografie pro přátele umění" naznačují charakter a orientaci produkce, jež ke konci století nabývala na intenzitě.

Většině dětských portrétů chyběla nenucenost, hravost; málokdy se v rukou dětí objevily přirozené dětské hračky. Ve svých potomcích rodiče před objektivy fotografů manifestovali své tužby a naděje i formou oblékání do různých kostýmů. Zvlášť absurdně působily děti-vojáčkové. Jako loutky ilustrovaly děti různá „romantická" povolání (dráteníček, služtička), jako kominíčci přinášely štěstí do Nového roku.

Se secesním piktorialismem přicházel soumrak klasických rodinných alb. Fotografie větších formátů se znovu vracely na stěny domovů, tradiční portréty rodinných alb vytlačovaly momentky ze života.

Daguerrotypie Jana Malocha
s portrétem malíře Bedřicha Havránka
z roku 1848.

Karel Javůrek v kostýmu Velázqueze
ze slavnosti českých umělců v roce 1848
na daguerrotypii,
bohužel již dosti poškozené.

Skupina českých umělců při Rodinově návštěvě Eckertova ateliéru v roce 1902. Při slavnostním „sejmutí", jak se také říkalo expozici, se smekly pokrývky hlav. Mezi umělci dominuje v bílém obleku Alfons Mucha. Zleva stojí Herčík,

Ateliérový portrét neznámé rodiny
na kabinetce Jindřicha Eckerta
z doby kolem 1880.

Blumenfeld Prag.

Šťastný kluk na houpacím koníku
v ateliéru neznámého fotografa
z poloviny šedesátých let.

WARNSDORF

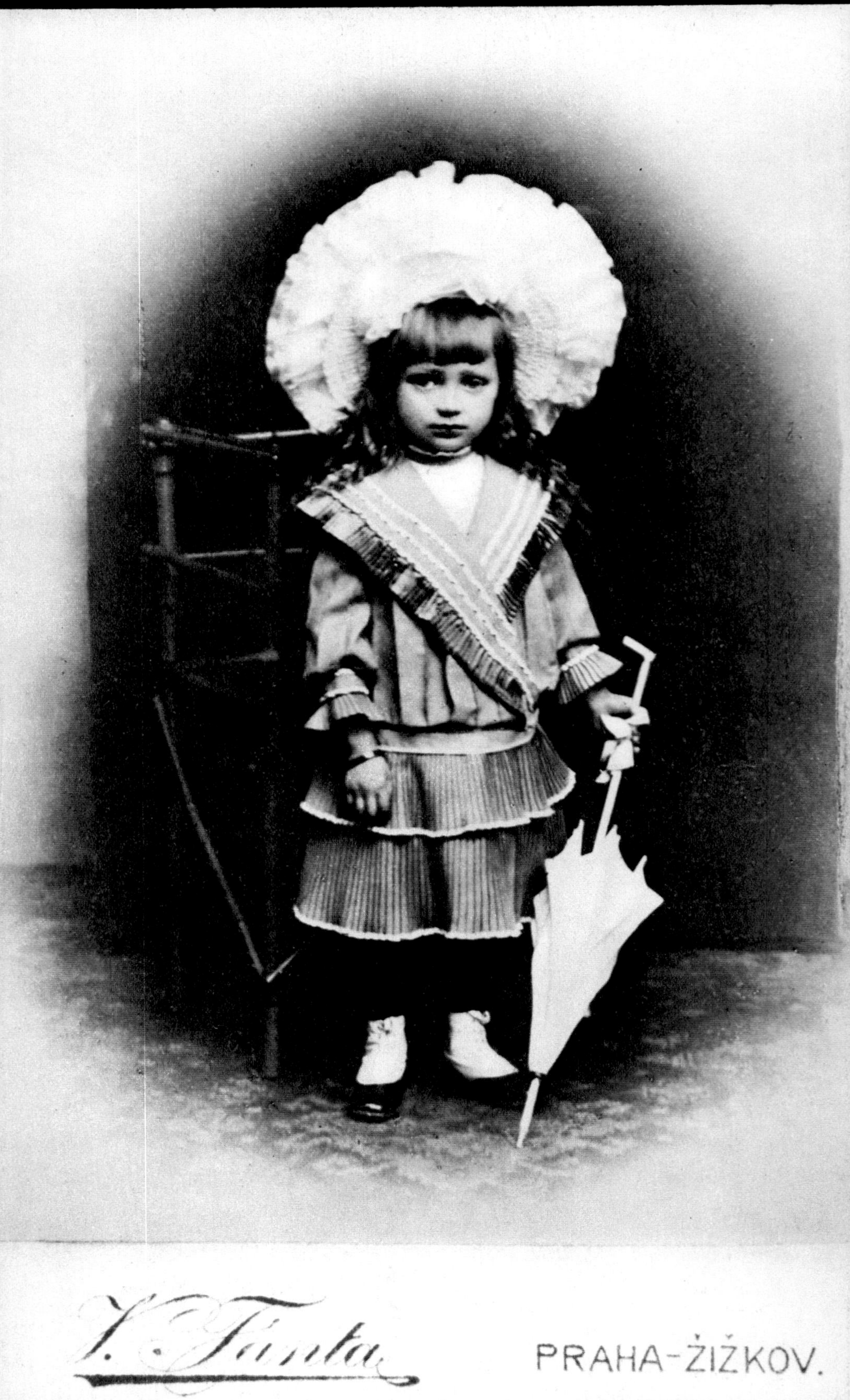

Svátečně vystrojené děvčátko na vizitce Václava Fanty z doby kolem 1900.

<
Dítě — letadlo — holubice — Hradčany na snímku neznámého fotografa. Podobné kompozice s letadélkem v ateliéru vytvářel v Praze J. Nonnenmann. Z doby krátce před rokem 1914.

Pan Rudolf Maschka v uniformě,
jehož při odchodu do civilního života čeká patrně manželství.
Vizitka M. L. Wintra v Praze
z doby kolem 1866.

JOSEF PLHA

WINTER phot.

Pánové na vizitce Josefa Plhy na kohosi silně halekají.
Akce v ateliéru z doby kolem 1870.

Poněkud přezíravý postoj neznámého muže na vizitce
M. L. Wintra v Praze. Na snímku jsou patrné stopy
po retuši hlavodržky. Snímek z doby kolem 1865,
pionýrských dob objevování netušených možností
a kouzel fotografování.

Neznámá dáma na vizitce Jana Mulače z doby kolem 1875 snivě hledí kamsi do dáli. Bizarní spojení sloupků.

Marie Thurn-Taxisová v plesových šatech jako anděl s náhrdelníkem, coby terčem, na kabinetce M. L. Wintra z doby kolem 1870.

>
Neznámá dáma v přepychových šatech s puvabným kompozičním prvkem větévky na vizitce Amanda Helma z doby kolem 1862.

PHOT. A. HELM PRAG, WENZELSPLATZ 807.

„P. T. obecenstvu doporučuji svůj nově vystavený, překrásný, elegantní a vytápitelný skleněný salón, denně při každé povětrnosti a proti každé chráněný... Sezení trvá dle světlosti dne čtvrt až jednu minutu(!), při pošmourném neb deštivém počasí několik vteřin déle; podobizny zhotovené nezadají však oněm docíleným při krásném počasí. Cena jest od 2 do 8 zlatých za jednu podobiznu neb skupinu, dle velikosti desky. Jelikož daguerrotypové podobizny novější doby ani nemizí, ani neblednou a také, jak známo vzhledem k podobnosti každému přání vyhovují, jelikož představují zadržený obraz v zrcadle a vzhledem k tomu, že z jeho strany ceny každému přístupné udržuje, doufá podnikatel, že získá uznání čelného vysoce ctěného obecenstva a že bude hojně zakázkami poctěn..."

Leták fotografa
M. V. Lobethala,
Praha 1846

>
František Duras fotografoval
půvabnou Boženu Gregorovou
jako typ české dívky.
Cyklus České typy z roku 1899.
Fotografie velkého formátu.

Studie Františka Drtikola
sochaře Stanislava Suchardy
z roku 1913.
Olejotisk.

<
Neznámá dívka na portrétní studii Josefa Bekla
na slaném papíru z let 1855—1856.
Nasvícení zezadu vytváří kolem hlavy aureolu.
Mírný podhled. Zcela výjimečný přístup
k portrétní práci v soudobé
české fotografii.

Neznámý sebevědomý muž na studii Josefa Bekla z let 1855—1856.
Světelný zdroj za modelem a vpředu poblíž fotografa.
Rozostřený závěs v pohybu, lesky na křesle.

Portrét dívky od Karla Nováka
z doby kolem 1910 plně obstojí vedle nejlepších
portrétních studií Drtikolových.

„Národnost je něco jako duše.
Jde s člověkem od kolébky až za hrob a nelze se jí zbavit, nelze ji zapírat, nelze ji ze sebe setřást, nelze ji zničit. Národnost je svědomí. Národnost je živé vědomí souvislosti s minulostí i s budoucností, je to řetěz, jímž jsme nerozlučně svázáni s celkem, tvořeným sty a tisíci předmětů, národnost je pouto, viditelné i neviditelné, vížící slova, myšlenky s předky a potomky. Proto se národnost také ve fotografii projevuje nejen osobitostí vidění, ale i tematičností.“

Jeníček,
Fotografie jako zření světa a života,
Praha 1947

ORIENTAČNÍ PŘEHLED DAT Z DĚJIN FOTOGRAFIE V ČECHÁCH 1839—1914

1839
27. 1. uveřejněna zpráva o daguerrotypii v novinách Bohemia

1839
8. 3. uveřejněna v České včele (příloze Pražských novin) první samostatná česká zpráva o vynálezu daguerrotypie.

1839
V září se v knihkupectví v Praze a Brně inzeruje prodej příruček o zhotovování daguerrotypií.

1840
3. 6. zhotovil F. I. Stašek spolu s A. von Ettingshausenem daguerrotypii Staré pošty v Litomyšli, nejstarší dochovanou českou daguerrotypii.

1841
1. 10. byl v Praze otevřen první stálý daguerrotypický ateliér v Čechách W. Horna.

1841
B. Franz v Brně vytvořil daguerrotypii slavnosti Božího těla na Zelném trhu v Brně. První dochovaný snímek události u nás.

1842
Daguerrotypie W. Horna a J. B. Klemense a několika cizích autorů jsou vystaveny na výstavě Krasoumné jednoty v Praze.

1842
V Mariánských Lázních daguerrotypista Stark portrétuje P. J. Šafaříka a N. Pogodina, jež jsou nejstaršími zachovanými daguerrotypickými portréty v Čechách.

1848
V červnu založil v Olomouci stálý daguerrotypický ateliér Anton Halauska. Olomouc byla po Praze druhým městem, kde stálý daguerrotypický ateliér vznikl.

1854
V Praze bylo poprvé představeno stereoskopické kukátko na prohlížení stereofotografií (daguerrotypista Beckmann z Lipska).

1854
W. Horn zahájil vydávání prvního specializovaného fotografického časopisu Photographisches Journal v němčině a otevřel velkoryse koncipovaný obchod fotografickými potřebami v Praze.

1856
František Fridrich vystavoval v Praze vedle stereofotografií z Paříže a ze Světové výstavy „nemravné" snímky, což způsobilo soudní dohru, první při tohoto druhu v Čechách.

1856
Andreas Groll, vídeňský fotograf, vytvořil první dochovaný cyklus fotografií Prahy a Kutné Hory.

1862
V Praze založeno Náprstkovo České průmyslové muzeum s naší první sbírkou fotografií.

1862
František Fridrich, nejvýznamnější fotograf místopisných snímků období techniky mokrého kolódiového procesu u nás, si otevřel v Praze svůj ateliér.

1863
A. Markl vydal první fotografickou příručku v české řeči.

1864
Na Fotografické výstavě ve Vídni vzbudil značnou pozornost — jako jediný fotograf z Čech — A. Helm, vystavující krajiny, portréty a fotografie na porcelánu.

1866
J. Lorenz z Jaroměře fotografoval města a místa spojená s boji ve válce prusko-rakouské. Tento první tematický cyklus českých měst vzbudil značný ohlas.

1868
J. Eckert se stal členem Fotografické společnosti ve Vídni.

1868
Fotografické výstavy v Hamburku se z českých fotografů zúčastnili Eckert, Helm a Fridrich; všichni získali ocenění.

1871
Vytvoření prvního reprezentativního alba ze stavby železnice (Rakouské severozápadní dráhy) fotografem J. Löwy.

1872
O. Bielfeldt vytvořil pro Světovou výstavu ve Vídni dokumentaci závodů C. Starcka v západních Čechách, první cyklus snímků dokumentujících výrobní podniky.

1873
Světová výstava ve Vídni, na níž se významně uplatnila fotografie jako dokumentaristický prostředek.

1873
J. Eckert vydal světlotiskové faksimile středověkého kodexu Scriptum super Apocalypsim cum imaginibus (Wenceslai Doctoris), za něž byl odměněn Voigtländrovou medailí Fotografické společnosti ve Vídni.

1878
J. Husník založil v Praze první provozovnu pro fotozinkografii.

1882
Časopis Fotografické společnosti ve Vídni Photographische Correspondenz uveřejnil seznam členů společnosti, včetně fotografů z Čech.

1882
18. 9. založen podpůrný Český fotografický spolek v Praze.

1883
K. Bellmann vydal album světlotisků Prahy, první knihu fotografií Prahy.

1884
E. Mach fotografoval střelu v letu.

1885
Založení Společenstva pražských fotografů v obvodu pražské Obchodní a živnostenské komory (první schůze se konala 2. 3. 1886).

1885
A. Kreidl v Praze vyrobil první cestovní fotografickou komoru.

1887
V časopise Světozor byl poprvé použit termín „momentní fotografie". V říjnu otištěny snímky ptáka v letu.

1888
Husník a Häusler založili Umělecký ústav fotochemigrafický.

1889
19. 8. byl založen Klub fotografů amatérů (KFA).

1890
Vyšlo 1. číslo nejstaršího českého fotografického časopisu, Fotografického věstníku.

1891
Zemská jubilejní výstava v Praze, na níž se poprvé veřejnosti představil svou činností KFA.

1893
Založen časopis Fotografický obzor jako orgán KFA.

1893
Ve Fotografickém obzoru uveřejněna první výzva k fotografování pro Národopisnou výstavu československou, jež byla signálem k velké aktivitě amatérských i profesionálních fotografů.

1894
Založen KFA v Plzni, jako druhý klub fotografů amatérů v Čechách.

1895
Národopisná výstava československá v Praze, fotografická dokumentace.

1895
KFA v Praze uspořádal svou první klubovou výstavu.

1896
KFA v Plzni uspořádal svou první výstavu. První výstava amatérských fotografů mimo Prahu.

1896
J. Eckert vytvořil soubor rentgenogramů.

1896
K. Kruis pořídil mikrofotografie kvasinek v ultrafialovém záření na české technice v Praze.

1897
V Praze se uskutečnil I. sjezd klubů fotografů amatérů.

1897
V Praze proběhla reprezentativní výstava KFA s obsáhlým katalogem (29. 8.—22. 9.).

1897
V KFA založen diapozitivní kroužek.

1898
První fotografickou propagační reportáž o cestě automobilem Prahou vytvořil R. Bruner—Dvořák.

1899
Na výstavě KFA v Praze směly být vystaveny jen umělecké fotografie.

1900
J. Langhans a KFA vystavovali úspěšně na Světové výstavě v Paříži.

1900
F. X. Harlas uveřejnil studii Fotografie a malířství.

1902
V Praze se uskutečnila I. dělnická výstava (15. 8.—8. 9.), kde se poprvé představili i zaměstnanci fotografických a grafických závodů svými pracemi.

1902
Byl ukončen právní spor mezi F. Krátkým a E. S. Vrázem o prokazatelném zneužití Vrázových snímků. První spor autorsko-právní v historii české fotografie.

1902
V Praze byla vydána publikace Pražské ghetto s fotografiemi J. Eckerta.

1903
Na výstavě KFA v Praze byla vystavena monumentální fotografie Praha stověžatá K. Dvořáka.

1908
Bylo otevřeno Technické muzeum v Praze s oddělením fotografie (od 1910).

1909
V. J. Bufka na své přednášce vystavuje na padesát autochromů.

1909
Na mezinárodní výstavě fotografie v Drážďanech vystavuje v rakouském pavilónu řada českých fotografů.

1910
1. 2. otvírá F. Drtikol v Praze svůj fotografický ateliér spolu s A. Škardou.

1911
V Praze založil fotografický ateliér V. J. Bufka.

1911
Na výstavě ČKFA byly poprvé veřejně v Praze vystaveny fotografické akty.

1914
V Uměleckoprůmyslovém muzeu v Praze byla uspořádána výstava, jež shrnula dosavadní vývoj za 75 let české fotografie v mezinárodním kontextu.

MEDAILÓNKY VYBRANÝCH FOTOGRAFŮ V ČECHÁCH 1839—1914

Karel Anderle
1875 Podsadice—9. 2. 1918 Praha. Pocházel z rolnické rodiny. Úředníkem zemské banky, od roku 1907 členem, v letech 1910—1917 starostou ČKFA. Přívržencem čisté fotografie. Fotografoval portréty a akty.

Hynek Bedrník
31. 12. 1879 Jilemnice—12. 12. 1924 Jilemnice. Od roku 1894 majitelem portrétního ateliéru v Jilemnici. Průkopníkem sportovní fotografie, zejména lyžování, vynikajícím lyžařem a spoluzakladatelem lyžařského klubu v Jilemnici.

Josef Bekl
10. 6. 1806 Skalice u Nového Boru—30. 6. 1865 Skalice u Nového Boru. Po studiu na malířské akademii v Praze žil od 1827 ve Vídni, kde se proslavil jako miniaturista a litograf. 1832 se vrátil do Prahy. Od roku 1851 se zaměstnával kolorováním fotografií. Z let 1855—1856 pochází soubor vynikajících fotografických portrétů z prostředí pražských měšťanských vrstev. 1857 založil s Wilhelmem Ruppem fotografický ateliér, který se stal jedním z nejnavštěvovanějších v Praze, 1859 odešel do svého rodiště, kde zemřel v chudobě.

Karel Bellmann (Carl Ferdinand Bellmann)
11. 12. 1820 Praha—1893 Praha. Vyučil se původně zvonařem. 1842 se stal majitelem papírny v Bubenči, která byla základem jeho Artisticko-typografického ústavu. Jeho společníkem se 1885 stal syn Artur Maschka-Bellmann, který po otcově smrti podnik dále vedl pod původním názvem. K. Bellmann jako první vydal album světlotiskových pohledů na Prahu (1883) a Olomouc (1889). Od 80. let vydával číslované série kabinetek s pohledy na Prahu a česká města, v 90. letech fotografie s živými záběry z pražských ulic, 1891 Zemské jubilejní výstavy. Syn Maschka-Bellman roku 1893 zakoupil dům po fotografu F. Fridrichovi a 1912 spojil závod s tiskárnou a litografií Alexandra Leopolda Koppe na Smíchově; podnik měl nový název Bellmann-Koppe. 1901 se v závodě tiskly první tříbarevné světlotisky. Vydávání světlotiskových pohledů na česká města se kolem 1900 rozšířilo na produkci kvalitních světlotiskových pohlednic.

Otto Bielfeldt kolem 1861. Autoportrét.

Josef Böttinger kolem 1873. Autoportrét.

Jan Benda
1841 Záluží u Hořovic—6. 9. 1884 Praha. Portrétní fotograf v Praze, jehož manželka se syny Arnoštem (13. 9. 1868 Aš) a Aloisem (19. 12. 1873 Rokycany) se rovněž zabývala místopisnou fotografií v Praze a ve středních Čechách.

Otto Bielfeldt
1824 Gdaňsk— ?. Malíř, operní pěvec a mimořádně úspěšný fotograf v Plzni v letech 1859—1863, autor prvních dochovaných fotografií Plzně. V říjnu 1863 odešel do Stuttgartu, 1872 prováděl na Plzeňsku dokumentaci průmyslových podniků Carla Starcka, 1887 fotografem v Praze.

Eugen Bourdon
Osobní data neznámá. Pocházel z Francie ze známé umělecké rodiny, studoval na malířské akademii. Od 1861 vyučoval v Chrudimi francouzštině, kresbě a malbě a 1864 si zde otevřel portrétní fotografický ateliér. Jeho kultivované portréty jsou poznamenány malířskými zkušenostmi. Zemřel po 1870.

Karel Leopold Bourdon
1857—14. 1. 1905 Opočno. Syn E. Bourdona. Významný amatérský fotograf, jeden z prvních mimopražských členů KFA. Na domácích i zahraničních výstavách získal řady vyznamenání. Zabýval se portrétní fotografií a kolorováním diapozitivů.

Josef Böttinger
29. 1. 1839 Plzeň—14. 10. 1914 Praha. Pocházel z rodiny kaligrafa. Studoval chemii na ČVUT a současně malířskou akademii v Praze. Po praxi v ateliérech v Praze a Příbrami se v Plzni roku 1867 osamostatnil. Začal se zabývat i světlotiskem, od 1877 fotolitografií. Od 1882 pracoval ve fotozinkografickém závodě Jakuba Husníka, krátce pak u K. Bellmanna. Bez úspěchu se pokusil v Praze o založení vlastního podniku. 1887—89 pobyl v USA v Milwaukee, kde zřídil světlotiskový závod. 1890 byl rok vedoucím ateliéru H. Fiedlera v Praze. Pro Zemskou jubilejní výstavu 1891 byl jmenován instalačním inženýrem a poté pracoval v Ústřední hospodářské společnosti pro Království české a fotografování se již nevěnoval. Byl otcem malířů a kreslířů Huga a Jindřicha Böttingera. Fotografické dílo J. Böttingera zahrnuje portréty osobností, dokumentaci lidových krojů a typů z Plzeňska, místopisné pohledy a pamětihodnosti Plzně a západních Čech. Účastnil se práce v řadě spolků Pro Český fotografický spolek roku 1885 namaloval spolkový odznak. Byl jednou z osobností české fotografie 19. století.

Jan Brandejs (Brandeis)
9. 6. 1813 Týniště n. Orlicí—13. 11. 1872 Praha. Původně malíř porcelánu. Od 1837 studoval na malířské akademii v Praze, později v Mnichově a Paříži. Fotografická živnost mu byla povolena 28. 6. 1861 po předchozích mnohaletých zkušenostech včetně daguerrotypování. Soustředil se na portrétní práce. Fotografické živnosti se vzdal roku 1864. Je typickým představitelem generace malířů, kteří dočasně využili konjunktury fotografie.

Rudolf Bruner-Dvořák
17. 7. 1864 Přelouč—30. 10. 1921 Praha. Pocházel z rodiny krejčího Václava Brunnera, jemuž byla 7. 6. 1895 povolena změna jména na české Dvořák. R. Brunerovi oficiálně povolena až 6. 6. 1919. Od 1. 2. do 15. 6. 1887 se učil u fotografa K. Teuffela v Mnichově. První ateliér založil 1887 v Přelouči, 1889 se přestěhoval na Královské Vinohrady, 1894 na Nové Město pražské do Palackého ulice. Specializoval se na momentní fotografii a zakázkové práce mimo ateliér. 1893—1914 dvorním fotografem Ferdinanda d'Este. Spolupracoval s četnými obrazovými časopisy, zejména Českým světem, hojně cestoval. Osobnost evropské úrovně; zakladatel české žurnalistické fotografie.

Vladimír Jindřich Bufka
16. 7. 1887 Pavlovice u Kojetína—23. 5. 1916 Praha. Vystudoval chemii na ČVUT v Praze a fotografii se věnoval nejprve jako amatér. V letech 1909—1910 na sebe strhnul pozornost svými přednáškami, články a autochromy. 1. 11. 1910 nastoupil jako volontér u vídeňského portrétisty aristokracie H. C. Kosela, počátkem roku 1911 odcestoval do Petrohradu a Varšavy, kde fotografoval na autochromy. Po návratu si otevřel v Praze ateliér a od 15. 3. 1911 pořádal fotografické kursy. Věnoval se mnoha oblastem fotografické práce, včetně mikrofotografie a astrofotografie, barevně fotografoval obrazy v Louvru, Petrohradě a Moskvě. Publikoval ve fotografickém odborném tisku, v Rudých květech, Českém světě, Světozoru a Epoše. Vystavoval v zahraničí, ovládal šest jazyků.

Emanuel Dítě
15. 12. 1820 Slaný—9. 10. 1872 Praha. Malíř miniatur, který svých zkušeností využíval při kolorování fotografií a vytváření chromofotografií. Fotografická živnost v Praze mu byla povolena 1. 6. 1860. První rok spolupracoval s kreslířem a litografem Františkem Gustavem Chalupou (1828—1887). Po 1872 získala oprávnění k fotografické činnosti vdova Marie, po ní syn Dominik (5. 12. 1846—?). Syn Emanuel se stal malířem.

Jindřich Eckert 1874.
Autoportrét.
Montáž se zdravicí.

František Drtikol
3. 3. 1883 Příbram—13. 1. 1961 Praha. Narodil se v rodině majitele obchodu se smíšeným zbožím. V letech 1898—1901 se vyučil fotografii u J. Mattase v Příbrami. Velký vliv na něj mělo studium v Mnichově na fotografické škole 1901—1903. Poté pracoval v různých ateliérech v Německu i v Praze a po návratu z tříleté vojenské služby si roku 1907 otevřel v Příbrami ateliér. Po neúspěchu založil od 1. 2. 1910 ateliér v Praze spolu s Augustinem Škardou, jako finančním partnerem. Ateliér se stal velmi populárním uměleckým salónem. Drtikolovy portréty a zejména akty jsou specifickým vkladem do světové fotografie.

František Duras
29. 3. 1852 Jemníky u Slaného—21. 7. 1931 Slaný. Pocházel z mlynářské usedlosti. 1883 se odstěhoval do Slaného, kde založil fotografický ateliér. Sbíral materiály k dějinám Slánska, založil muzejní a literární spolek Palacký, byl dlouholetým kustodem muzea, členem městské rady a redaktorem Slánského obzoru. Pro Národopisnou výstavu československou fotografoval vesnice na Slánsku a typy obyvatel. Spolupracoval jako fotograf na 4 svazcích Soupisu uměleckých památek. Syn Josef malířem, Antonín fotografem v Plzni.

Antonín Dvořák
16. 12. 1817 Němčice u Litomyšle—26. 4. 1881 Praha? Po malířských studiích v Praze a ve Vídni založil po předchozích zkušenostech kolem 1860 v Litomyšli fotografický ateliér. Fotografoval portréty i pamětihodnosti města. 1865 odešel do Prahy jako učitel kreslení na ČVUT.

František Dvořák
1857—1942. Povoláním účetní, 1895—1909 redaktor Fotografického obzoru. Jeho archív negativů zahrnuje převážně místopisné snímky od turistických atraktivit po národopisnou dokumentaci. 1900—1910 spolupracoval s Archívem hlavního města Prahy na fotodokumentaci stavebních proměn Prahy.

Karel Dvořák
8. 1. 1859 Plandry u Jihlavy—12. 4. 1946 Praha. Vrchní inspektor státních drah, významná postava české amatérské fotografie, která si svůj organizační a tvůrčí vliv udržovala od 90. let po léta 30. Na Zemské jubilejní výstavě byl vyznamenán cenou. 1897 se ve Fotografickém obzoru radikálně vyslovil proti všem prostředkům potlačujícím ostrost snímků. Smysl a cíl amatérské fotografické práce spatřoval v pořádání přednášek se světelnými obrazy — diapozitivy. Roku 1903 starosta ČKFA. Jeho nejproslulejším dí-

lem se stala monumentální fotografie 100 × 230 cm „Praha stověžatá“, vystavená v témže roce. Měl široký tematický rejstřík od místopisných pohledů po snímky se sociálně kritickým ostřím. Při cestách po Čechách, Moravě, Slovensku a jižní Evropě fotografoval zejména folkloristické a místopisné zvláštnosti. Jeho pozůstalost se dochovala.

Jindřich Eckert
22. 4. 1833 Praha—28. 2. 1905 Praha. Významná osobnost české fotografie 19. století. 1849—1853 studoval na Stavovském polytechnickém institutu, 1854—1863 úředníkem na Zemském finančním ředitelství. 15. 7. 1863 založil na Újezdě portrétní ateliér, jehož závratný úspěch spojený se společenským vzestupem si vynutil roku 1876 přeložení ateliéru do větších prostor v Novodvorské ulici a přibrání společníka Julia Müller'na (19. 4. 1831—18. 6. 1904). Od 1885 vedl ateliér opět samostatně. Od 1868 byl členem Fotografické společnosti ve Vídni, která jej 1874 a 1879 ocenila Voigtländrovými medailemi. Během svého života získal 44 vyznamenání a cen z ciziny i z domova. Starosta společenstva fotografů v Praze; působil v redakčních radách Fotografického věstníku a Fotografického obzoru, na čas stál v čele Českého fotografického spolku. Od 80. let se intenzívně věnoval i krajinářské fotografii a snímkům pamětihodností. 1896 experimentoval s rentgenogramy. Na sklonku života mu byly vydány dvě samostatné publikace — Praha královská a Pražské ghetto.

Jaroslav Feyfar
3. 3. 1871 Praha—19. 3. 1935 Jilemnice. Vystudoval medicínu a od 2. 10. 1903 byl okresním lékařem v Jilemnici. Fotografoval převážně v letech 1904—1910 realistické momentky ze života Jilemnice a okolí, krajinářské motivy a svou rodinu. Portréty jsou často provedeny technikou gumotisku nebo pigmentu.

Hynek Fiedler
22. 8. 1836 Dvůr Králové n. L.—24. 2. 1870 Praha. Studoval na malířských akademiích v Praze a ve Vídni, od 1863 členem Umělecké besedy. 1863 spolu s Adolfem Pechem působil jako cestující fotograf. 1865 získal oprávnění k fotografické živnosti v Praze na Václavském náměstí. V ateliéru vznikaly vynikající portréty. Po jeho smrti ateliér do roku 1893 vedla vdova Anna, poté syn Josef (20. 7. 1866—8. 5. 1937). Za vedení A. Fiedlerové pokračoval ateliér v kvalitní práci (zvlášť pozoruhodné byly momentní fotografie z Fidlovačky).

František Fridrich kolem 1870.
Autoportrét?

W. Horn kolem 1855.
Autoportrét.

František Fridrich
21. 5. 1829 Mělník—23. 3. 1892 Praha. Syn mělnického purkmistra; rodině patřil na pražském Starém Městě v Michalské ulici dům čp. 438. Po nedokončených studiích právnické fakulty (1851) cestoval po západní Evropě. 1856 získal oprávnění k daguerrotypické živnosti; v září 1856 po návštěvě Paříže vystavoval v Praze. 1857 odjel po rodinných neshodách do USA, kde získal cenné zkušenosti a kontakty. Roku 1860 se vrátil přes Polsko (vystavoval v Krakově) do Prahy. Fotografickou činnost zahájil roku 1862 v rodinném domě a vedle portrétního ateliéru byl zařízen i na místopisnou fotografii. Vlastní obchody se svými snímky měl v hlavních lázeňských městech v Čechách a v Hamburku, své obchodní zástupce měl v šesti velkých městech Evropy a komisionáře v řadě světových metropolí čtyř kontinentů. Vedle vizitek vydával v sériích stereofotografie. Patřil k nejbohatším pražským fotografům a kolem 1867 se stal i největším vydavatelem místopisných fotografií v celé monarchii. Roku 1875 Fridrich ateliér i s archívem pronajal J. Malochovi, svému spolupracovníkovi a sám si zařídil nový ateliér specializovaný na portrétní fotografii na Ferdinandově třídě. Příležitostně fotografoval Prahu ještě v 80. letech. Fotografické živnosti se vzdal roku 1889. Výjimečná byla i jeho oblast „užité fotografie“. Ojedinělé byly i fotografické scény, komponované v ateliéru na různá úsloví a přísloví. Je zastoupen i ve významných světových sbírkách.

Amand Helm (Amadeus Helm)
1831 Teplice—? Malíř, majitel obchodu uměleckými předměty a Uměleckého nakladatelství v Praze a Teplicích, fotografických ateliérů ve Vídni a v Praze, kde získal oprávnění 21. 8. 1861. Byl oblíbeným portrétistou; proslul mnohostranností tvorby (krajiny, portréty, fotografie na porcelánu). 1869 vydal „Donau Album“ a okolo 1890 „Donau-Bilder“ s originálními fotografiemi. A. Helm byl před F. Fridrichem významným představitelem místopisné fotografie v Čechách z počátku vizitkové éry. Vídeňský ateliér proslul olejomalbami podle fotografických portrétů.

Wilhelm Horn
10. 4. 1809 Česká Lípa—15. 10. 1891 Česká Lípa. Průkopníkem fotografie celoevropského významu. Narodil se v rodině hodináře. Studoval ve Vídni na Polytechnickém institutu (1825—1829) a architekturu na Akademii (1829—1832?), kde 13. 8. 1832 získal výroční cenu Akademie. Od 1831 pracoval u dvorního stavebního ředitelství ve Vídni, později

v Innsbrucku a Brně, kde vytvořil známé kresby poddaných z jednotlivých panství v jejich krojích. 1839—1840 experimentoval s Ferdinandem Hesslerem a Ludwigem Redtenbacherem s daguerrotypií v Praze, kde 1. 10. 1841 otevřel první stálý daguerrotypický ateliér. 4.—6. 10. 1841 vystavoval své daguerrotypie v knihkupectví Borrosch a André v Praze, 1842 a 1844 na výstavách Krasoumné jednoty. Nejvíce Hornových daguerrotypií se zachovalo z doby jeho třetího ateliéru v Praze v Jindřišské ulici čp. 907. Roku 1854 opustil státní službu a začal redigovat první specializovaný fotografický časopis v němčině Photographisches Journal, zahájil velkorysý obchod fotografickými potřebami a přestěhoval svůj ateliér na frekventované místo vedle Prašné brány. 1865 odešel do České Lípy, kde se ještě věnoval portrétní fotografii a dokumentaci událostí ve městě. Hornův hlavní přínos naší a evropské fotografii spočívá ve vydávání jeho časopisu, kam přispívala řada významných osobností.

Vojtěch Kramer kolem 1855.
Autoportrét.

Čeněk Hrbek
1837 Praha—1902 Plzeň. Studoval na malířské akademii v Praze, členem Umělecké besedy. Jako fotograf začínal roku 1863 v Českých Budějovicích, od 1867 prvním fotografem v Klatovech. 1868 společníkem ateliéru Bartoloměje Salzmana v Plzni, krátce nato se v Plzni osamostatnil a v letech 1872—1876 měl ateliér v Českých Budějovicích pod firmou Pech a Hrbek. Definitivně se osamostatnil a usadil v Plzni roku 1877. Oblíbený portrétní fotograf, věnující se dokumentaci proměn a života Plzně. Po roce 1902 vedl ateliér syn Jiří.

Antonín Chramosta
15. 9. 1811 Žamberk—13. 12. 1898 Žamberk. Měšťan a člen městské rady, knihař a knihkupec v Žamberku. Fotografie jej upoutala v 50. letech, kdy vytvořil nejstarší snímky Žamberka a pannotypie hvězdárny J. Ch. A. Brorsena (1855). Jako snad jediný v Čechách vytvářel ambrotypie a pannotypie v exteriéru.

Jindra Imlauf
?—25. 8. 1921 Nové Město n. Metují. Amatérský fotograf, spisovatel. Přispíval do Fotografického obzoru články zejména z oblasti technických novinek. Vydal brožury Vyvíjení pozvolné a časové, Diapozitivy, Pigment či uhlotisk, Gumotisk. Jeho fotografická tvorba je dnes známa pouze z reprodukcí ve Fotografickém obzoru.

W. F. Jantsch
Osobní data neznámá. Jeden z významných fotografů místopisných snímků kolem roku 1870 v severních Čechách. Spolu s J. Hoffmannem byl autorem nejstarších fotografií Liberce, kde měl stálý portrétní ateliér.

Jozef Božetěch Klemens
8. 3. 1817 Liptovský Mikuláš—17. 1. 1883 Vídeň. Roku 1837 přijel s doporučením vlasteneckých kruhů do Prahy, kde žil pod patronátem Karla Slavoje Amerlinga. Vystudoval pražskou polytechniku a malířskou akademii (1837—1843), 1842 vystavoval své daguerrotypie na výstavě Krasoumné jednoty. V březnu 1842 založil s Amerlingovou pomocí, jako součást jeho projektu národní univerzální školy v Budečské zahradě v čp. 525/II, daguerrotypický ateliér, druhý stálý v Praze. Činnost Světloobrazárny J. B. Klemense doplatila na problematičnost Amerlingova projektu, který ztroskotal i na nepochopení české společnosti. 1843 se Klemens vrátil na Slovensko, kde se již daguerrotypii nevěnoval.

Petr Pavel Kolínský
29. 6. 1851 Náchod—6. 1. 1939 Náchod. Mladší bratr Fridolína Josefa Kolínského (1844—1873), který si otevřel v Náchodě fotografický ateliér roku 1868. Po smrti bratra se ujal vedení ateliéru. (Sestra Jenovéfa byla rovněž fotografkou; provdala se v Chrudimi za I. Lindauera a působila v Náchodě pod hlavičkou „Vefa Lindauerová" od roku 1902.) Vedle portrétů P. P. Kolínský dokumentoval i rozvoj Náchoda, ovlivněného rozmachem textilního průmyslu.

Vojtěch Karel Kramer
27. 10. 1805 Praha—24. 5. 1878 Domažlice. 1827 vstoupil v Praze do augustiniánského řádu, 1829 byl vysvěcen na kněze. 1830—1835 učitelem náboženství v Praze, pak ředitel hlavní školy a od 1848 reálky v Domažlicích. V srpnu 1850 zvolen převorem konventu augustiniánů; ve všech funkcích setrval do září 1871. Fotografií se zabýval především v letech 1850—1860. V pozůstalosti převládají pozitivy na slaném papíře; řada snímků má charakter pracovních skic v různých fázích rozpracovanosti. Často užíval montáže, záměrně využíval i pohybové neostrosti. Exteriérové snímky domažlické společnosti všech sociálních skupin jsou ojediněle zachovalým celkem. Dochovaly se i jeho autoportréty.

Ignác Kranzfelder
Osobní data neznámá. Fotograf v Klatovech a Domažlicích od 70. let 19. století. Autor pozoruhodné místopisné dokumentace. Roku 1875 dokumentoval výstavbu železniční tratě Plzeň—Železná Ruda. Bizarnost a syrovost pracovních snímků připomíná díla amerických průkopníků.

František Krátký
1830 Sadská—13. 12. 1913 Kolín. Snad studoval na malířské akademii v Praze. 1878 založil v Kolíně fotografický ateliér, kde zpočátku působil i bratr Vilém. V letech 1890—1898 byl nejvýznamnějším vydavatelem stereoskopických pohledů v Čechách, nejprve fotografických, po roce 1900 světlotiskových i zinkografických. Podnik označoval jako „Umělecký fotochemický závod". Produkoval i kolorované diapozitivy. V reklamě zdůrazňoval vydávání „stereoskopických obrazů z celého světa". Část snímků přejímal z cizích zdrojů. Soudní spor mezi E. S. Vrázem a F. Krátkým o zneužití snímků byl prvním sporem toho druhu v dějinách české fotografie (1900—1902). Jako jediný z českých fotografů vydával na stereofotografiích inscenované výjevy z pohádek (např. Perníková chaloupka s živými herci), komponoval alegorické rodinné výjevy (Rodinné štěstí) i žánrové obrázky. Dokumentoval výstavbu Kolína a místní události. Vydával i světlotiskové pohledy na česká města velkého formátu. Portréty dovedně koloroval nebo přemalovával olejovými barvami.

Ladislav Lábek
27. 1. 1882 Plzeň—26. 5. 1970 Plzeň. Pocházel z rodiny obchodníka. Inspirován Národopisnou výstavou českoslovanskou začal sbírat na Plzeňsku národopisné doklady a starožitnosti a fotografoval stavební proměny Plzně a národopisné motivy. Roku 1909 založil Kroužek přátel starožitností v Plzni, o dva roky později Národopisnou společnost v Plzni. V roce 1914 otevřel v Plzni Národopisné muzeum. Autor řady vlastivědných studií. Práce o počátcích fotografie v Plzni je první studií o dějinách fotografie určitého regionu u nás.

Jan Langhans (J. F. Langhans)
1851 Nové Dvory u Kutné Hory—1919 Praha. Pocházel z rodiny ředitele na velkostatku hraběte Chotka. Vystudoval chemii na ČVUT v Praze a stal se adjunktem cukrovaru ve Žlebech. 1876 si pokusně zřídil fotografický ateliér v Jindřichově Hradci. 16. 4. 1880 mu byla povolena fotografická živnost v Praze ve Vodičkově ulici č. 37. 1883 inzeroval zřízení zvláštního ateliéru pro chromofotografii. Od 1891 tvořil platinotisky. Zřídil své pobočky v Mariánských Lázních (29. 4. 1887 až 1911), v Hradci Králové (od 5. 7. 1902) a v Plzni (asi 1898). K 1. 4. 1919 se fotografování vzdal.
J. Langhans se věnoval především portrétní fotografii, ale i místopisné a reklamní. Již před rokem 1910 byl přístupný vlivům secesního piktorialismu. Byl typem českého fotografa podnikatele, jehož nejkvalitnější práce pocházejí z let 1888—1911.

Jan Maloch
se synem Theodorem 1859.
Reprodukce daguerrotypie
na kabinetce.

Bohdan Václav Liška
8. 12. 1855 Praha—25. 9. 1915 Jindřichův Hradec. Malíř miniatur na slonové kosti a fotograf v Jindřichově Hradci.

Josef Lorenz
Osobní data neznámá. Oblíbený portrétní fotograf v Josefově v 60. až 80. letech 19. století. Rozsáhlým cyklem snímků míst spjatých s prusko-rakouskou válkou roku 1866 upoutal pozornost i v zahraničí; část fotografií vystavoval v Berlíně 1869. Autor nejstarších známých fotografií měst i vesnic v severovýchodních Čechách.

František Maischaider (Majšajdr)
26. 8. 1830 Železný Brod—24. 2. 1890 Praha. Malíř podobizen, církevních obrazů, fotograf portrétů a místopisných pohledů v Železném Brodě a okolí.

Jan Maloch
11. 6. 1825 Slaný—15. 1. 1911 Praha. Byl po Hornovi nejvýznamnějším českým daguerrotypistou a jako spolupracovník Fridricha patřil k významným fotografům místopisných pohledů.
Narodil se v rodině postřihače sukna ve Slaném. Studoval na pražské malířské akademii (1839—1845). Od 2. 11. 1846 do 2. 3. 1847 se ve Vídni vyučil daguerrotypii. Jeho celoživotní oblibou byla entomologie, jež mu získala i mezinárodní uznání. Daguerrotypování bylo zpočátku jen příležitostnou výdělečnou činností vedle malování portrétů a pamětihodností. Daguerrotypoval řadu významných osobností především z vlasteneckých uměleckých kruhů. Připisuje se mu autorství daguerrotypie Boženy Němcové, patrně z roku 1854. Od 1852 měl přihlášenou fotografickou živnost, v polovině 50. let měl společníka. 1863 přešel jako pomocník do ateliéru Fridricha, který mu v roce 1875 předal vedení ateliéru i s archívem. V roce 1885 předal Maloch celý podnik synu Karlovi a věnoval se malování a entomologii.

Karel Maloch
16. 4. 1858 Praha—1935 Nová Huť u Berouna. Syn J. Malocha. Fotografickou praxi získal v letech 1882—1885 v otcově závodě specializovaném na fotografii krajin. Od 1885 K. Maloch pokračoval v zavedeném ateliéru samostatně, přičemž používal i starších otcových záběrů, jež signoval svým razítkem. Roku 1891 přenechal ateliér Unii a začal se věnovat portrétní, zejména divadelní fotografii. 1899 vybudoval nový ateliér na Václav-

ském náměstí, kde fotografii i vyučoval. Roku 1903 po finančních potížích přestává fotografovat.

Antonín Markl

22. 1. 1836 Podražek u Chrudimi—? Po zaměstnání chemika v cukrovaru získal roku 1859 oprávnění k fotografické živnosti. Napsal první českou fotografickou příručku Fotografie nynější doby na základě vědy a zkušenosti založená, v níž i uvedl návrh stanov Jednoty českých fotografů. 1864 vydal vlastním nákladem Fotografie na suchém kolódiu, 1870 pak Nejnovější pokroky fototypie (světlotisku). Roku 1870 získal privilegium k práci se světlotiskem, v níž spolupracoval s J. Eckertem.

Woldemar Richard Mazura

29. 12. 1838 Žamberk—3. 6. 1900 Žamberk. Kupec, okresní starosta a majitel vinárny, který se příležitostně věnoval portrétní i místopisné fotografii od 60. let 19. století. S profesorem Eduardem Albertem spolupracoval na dějinách Žamberska. 1898—1914 vedl ateliér syn Valdemar (7. 9. 1880—4. 4. 1947), který jeho produkci rozšířil o vydávání pohlednic. V. Mazura byl 23 let starostou Žamberka. Představuje ojedinělý případ spojení pohostinské živnosti s činností fotografickou.

František Mrskoš

1865—28. 8. 1928 Černošice. Vrchní účetní rada zemské politické správy. Spoluzakladatel KFA v roce 1889 a jeho dlouholetý jednatel, hlavní organizátor Sjezdu českých fotografů amatérů roku 1897. V letech 1910—1921 redigoval Fotografický obzor, pak Rozhledy fotografa amatéra. Fotografoval hlavně žánrové snímky. Roku 1899 vydal s F. Milbauerem Chemické názvosloví pro fotografy amatéry.

Alfons Mucha

24. 7. 1860 Ivančice—14. 7. 1939 Praha. Po praxi malíře dekorací ve Vídni studoval nejprve na akademii v Mnichově, od roku 1888 v Paříži. Jako upomínkový osobní dokument fotografoval od roku 1880 pouliční život ve Vídni, v Mnichově, Paříži, svou rodinu a přátele. Později začal fotografie využívat jako skici pro malířskou práci. V rámci přípravy k Slovanské epopeji, při pobytu v Rusku roku 1913, fotografoval pouliční život pro studium typů — pozoruhodný sociální dokument. Fotografii chápal především jako předlohu; některé snímky jsou však osobitými díly, jež věrně zrcadlí Muchovy dekoratérské a tvůrčí schopnosti.

Jan Mulač

1841 Praha—8. 8. 1905 Praha. Původně malíř porcelánu a kolorista diapozitivů. 1866—1870 působil v Praze u Hynka Fiedlera, pak se osamostatnil. Ve svém ateliéru v Ovocné ulici, kde působil v letech 1882—1896, portrétoval zejména herce, jejichž portréty nabízel v inzerátech. Ateliér byl známým společenským salónem. Od roku 1879 vyučil svého synovce Josefa (narozeného 1. 7. 1864), který měl od roku 1900 samostatný ateliér na Smíchově.

Karel Novák

7. 1. 1875 Horažďovice—11. 8. 1950 Praha. Absolvoval fotografické oddělení na Graphische Lehr- und Versuchsanstalt ve Vídni. Od roku 1892 pracoval deset let ve Vídni, poté v Hamburku v proslulém Dührkoopově ateliéru. Roku 1905 si otevřel vlastní ateliér v Brémách. Stal se významným stoupencem piktorialistického hnutí. 1910 nastoupil ve Vídni po Hansu Lenhardovi v ústavu, v němž vystudoval. Po roce 1918 uplatnil své pedagogické zkušenosti na Státní grafické škole v Praze, kde působil do roku 1935.

Adolf Pech

20. 6. 1839—10. 7. 1902 České Budějovice. Bratr Elišky Krásnohorské. Od roku 1854 studoval na malířské akademii v Praze. Se svým spolužákem Hynkem Fiedlerem začínal v kočovné fotografické živnosti. V květnu 1864 mu byla povolena živnost v Praze, o rok později se jí vzdal a pracoval v nově zřízeném Fiedlerově ateliéru. 1868 založil fotografický ateliér v Českých Budějovicích, specializovaný na portrétní práce. Roku 1901 jej předal svému synovi Antonínovi, který tam působil do roku 1907, kdy závod prodal Václavu Vlasákovi a odešel do Prahy věnovat se kinematografii.

Jaroslav Petrák

?—22. 1. 1917 Praha? Jeden z prvních teoretiků fotografie u nás, od roku 1910 úředník Technického muzea, kde formoval první sbírky se vztahem k dějinám fotografie. Pořádal přednášky, publikoval v časopisech, byl autorem několika knih (např. Dějin fotografie, Plzeň 1911, Základy umělecké fotografie, Praha 1916). Zabýval se především krajinářskou fotografií.

Josef Pírka (Pírko)

6. 6. 1861 Pardubice—7. 6. 1942 Pardubice. Pocházel z rodiny obuvníka. 1873 zanechal studií na reálce a vyučil se v Šumperku u akademického malíře a fotografa Glöcknera. Od roku 1877 pracoval v Pardubicích v Glöcknerově filiálce, kolem 1880 se osamostatnil. Dokumentoval i stavební proměny a život v Pardubicích. Vynikl jako fotograf dostihů a parforsních honů (do 1913). Velkou pardubickou fotografoval v letech 1880—1937. Své fotografie zvětšoval do monumentálních rozměrů; zvětšenina byla mnohdy podkladem pro přemalbu.

Carl Pietzner

1852 (1853?) Teplice—26. 11. 1927 Vídeň. Fotografickou praxi získal v ateliéru Harnecker v Teplicích, pak pracoval jako kopista a retušéř v Berlíně, Lodži, Petrohradě a Moskvě, jako operatér a vedoucí závodu ve Varšavě. Vlastní ateliér založil roku 1877 v Teplicích. Úspěchy vedly k zakládání filiálek, v nichž kolem roku 1900 pracovalo přes 300 pracovníků (Karlovy Vary, Brno, Vídeň, Františkovy Lázně, Cheb, Chomutov, Most, Olomouc, Ostrava, Salcburk, Děčín, Ústí n. Labem, Berlín, Budapešť). 1893 získal titul dvorního fotografa, 1895 se natrvalo přestěhoval do Vídně. 1898 patentoval plastografii — plastickou fotografii. 1909 se stal císařským radou. Vystavoval na četných výstavách (Berlín 1898, Vídeň 1901, 1904, Drážďany 1909). V průběhu 1. světové války se svých ateliérů vzdal. Neúspěšné obchodování v různých oborech zakončil sebevraždou. Patřil k nejznámějším fotografům 90. let a přelomu století. Portrétoval prominentní osobnosti, šlechtu, bohaté měšťanstvo. Vlastnil nejrozsáhlejší síť portrétních ateliérů své doby na světě. Významná je i dokumentace průmyslových objektů a měst, prováděná v severočeských filiálkách.

Jan Plischke

16. 2. 1867 Plzeň—30. 12. 1917 Praha. Absolvoval strojnictví na ČVUT. Pracoval jako zástupce strojírenských firem v Čechách, Německu a v Bukovině. 28. 9. 1905 a 13. 5. 1906 jako první fotografoval Prahu a střední Čechy z balónu. Cenný je i cyklus fotografií z přípravy balónu před startem. Jako horolezec a turista fotografoval asi od roku 1902 Krkonoše, Šumavu a zejména Alpy. Procestoval řadu evropských zemí. Diapozitivy z cest, dovedně kolorované manželkou, promítal na svých přednáškách, stereoskopické diapozitivy věnoval také panorámám, ojediněle i snímky publikoval.

Jan Posselt

18. 2. 1885 Královské Vinohrady—31. 5. 1970 Praha. Pocházel z rodiny advokátního solicitátora. Od 27. 12. 1898 se učil fotografickému řemeslu, výuční list obdržel 9. 1. 1902 od Františka Bögra v Mladé Boleslavi. Poté získával zkušenosti u mnoha fotografů i mimo hranice Čech. 24. 2. 1910 zahájil fotografickou živnost na Smíchově, v prvním ateliéru v Praze,

kde se pracovalo výhradně s umělým světlem. 1912 vydal knihu fotografií Prahy. Po 1918 psal články o fotografování včetně recenzí výstav a pracoval jako funkcionář fotografických spolků. Vynikal technickou precizností, kolorováním diapozitivů a retušováním. Věnoval se řadě oblastí fotografické práce: portrétu, zátiší, místopisné fotografii pro pohlednice i jako dokumentu památkářského charakteru, etnografickým studiím, fotografii všedního dne Prahy, sportu, událostem, reklamě. Ve 20. a 30. letech byl velmi úspěšný na domácích a zahraničních výstavách. Ojedinělým pramenem jsou jeho vzpomínky na fotografické začátky, dochované v rukopise.

Josef Prokop
6. 8. 1869 Úpice—2. 5. 1940 Praha. Po nedokončeném studiu práv v Praze pracoval v Broumově u finanční stráže a poté jako advokátní solicitátor od roku 1890 v Horažďovicích, Čáslavi, Písku a v Praze-Libni. Amatér s výborně zvládnutou fotografickou technikou.

Jan Zachariáš Quast
28. 10. 1814 Březové Hamry—9. 8. 1891 Písek. Jan Zachariáš Quast pocházel z rodiny pražského měšťana a malíře Konráda Ferdinanda Quasta (1789—1845). Po studiu na pražské malířské akademii se věnoval tvorbě portrétních miniatur a malbám na skle a porcelánu. Z existenčních důvodů se začal kolem roku 1864 zabývat fotografií bez oprávnění k fotografické živnosti. Toto oprávnění získal v Praze roku 1869 syn Ferdinand Konrád Quast (1843—1877 Písek), zakladatel rodinného ateliéru v Písku, kam J. Z. Quast r. 1871 přešel z Prahy. Fotoateliér „Quast Písek" získal medaile na výstavách v Londýně, New Yorku, Teplicích. Z deseti dětí J. Z. Quasta jich osm vypomáhalo v ateliéru v Písku a Sušici při kolorování, retušování, rámování. Za nejtalentovanějšího člena rodiny byl považován Gustav Adolf (nar. 1846—?), který měl samostatný ateliér v Dobříši. Karolina (1850—1944) převzala vedení ateliéru v Písku po roce 1891.

Pavel Jan Rath
?—7. 7. 1887 Kynžvart. Benediktinský farář na zámku Kynžvart, vychovatel dětí kancléře Metternicha. Vybudoval na zámku muzeum, vedle písemných svědectví dokumentoval společenské dění v Kynžvartu i fotograficky.

Zikmund Reach
19. 3. 1859 Praha—1. 12. 1935 Praha. Po studiu na německé reálce pracoval od 2. 9. 1872 38 let v knihkupectví Aloise Hynka. Kolem roku 1893 začal fotografovat a sbírat negativy a fotografie s pražskými náměty. Byl aktivním členem Společnosti přátel starožitností, Klubu Za starou Prahu, funkcionář spolků knihkupců, knihovníků a filatelistů. Stal se vyhlášeným znalcem dějin Prahy. Roku 1910 se osamostatnil, ale knihkupeckou koncesi získal až roku 1919. Ve Skořepce si otevřel antikvariát, specializovaný na prodej pragensií, s archívem téměř 7 000 desek vlastních i cizích, včetně reprodukcí, jež jsou cenným dokumentem soudobého životního stylu. V bohatství námětů a šíři pohledu našla v Reachovi Praha svého Atgeta.

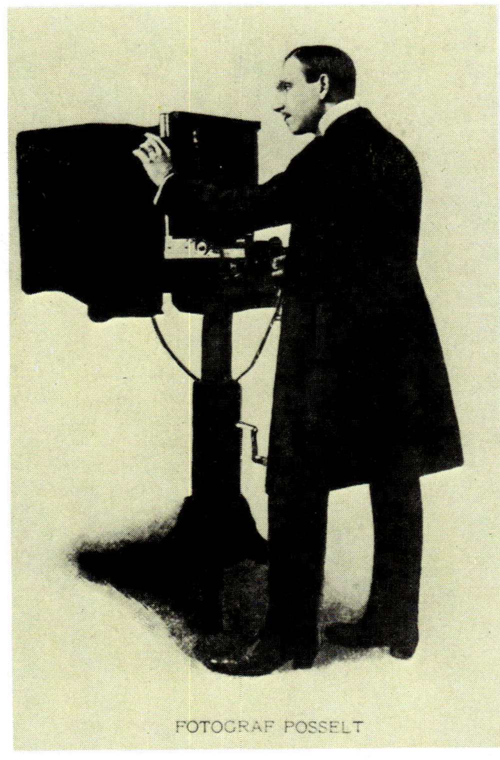

Jan Posselt 1911.
Autoportrét jako reklama.

Jan Zachariáš Quast
jako milovník kaktusů
na snímku syna Ferdinanda
kolem 1870.

Adolf Russ
14. 4. 1820 Bělohrad—23. 5. 1911 Kutná Hora. Pocházel z umělecké rodiny, studoval na vídeňské malířské akademii. Kolem 1846 se usadil v Hradci Králové, kde 1850—1878 byl učitelem kreslení na gymnáziu. Počátkem 60. let si založil v Hradci Králové fotografický ateliér, který 1883 převzal syn Julius (1852—1917), který se věnoval i dokumentaci stavebních proměn a života Hradce Králové. Roku 1911 ateliér přenechal J. Langhansovi. Vedle J. a L. Lorenzových a K. Zeleného patřili Russové k nejvýznamnějším fotografům na Královéhradecku mezi lety 1865—1905.

Josef Seidl (Seidel)
1854 Nový Bor—? Od 1884 portrétní fotograf v Českém Krumlově. Od 90. let 19. století fotografoval pamětihodnosti v širokém okolí, včetně Českých Budějovic. Roku 1895 poprvé fotografoval známé pašijové hry v Hořicích na Šumavě. 1903 postavil dodnes stojící ateliér.

Alexandr Seik (Sejk)
16. 9. 1824 Mladá Vožice—2. 10. 1905 Tábor. Od roku 1864 portrétní malíř a fotograf v Táboře. 1865 inzeroval metodu zdokonalené chromofotografie, 1869 fotoplastografie a fotografie na porcelánu a špercích. Od 5. 3. 1872 členem Fotografické společnosti ve Vídni, jako jeden z mála fotografů v Čechách. 1878 se spojil s I. J. Schächtlem. 1889—1899 starosta Tábora.

Ignác Josef Schächtl (Šechtl)
26. 5. 1840 Praha—6. 7. 1911 Tábor. Pocházel z rodiny mlynářského mistra. 1863—1864 se vyučil fotografii na Kladně, 1865 založil ateliér v Unhošti, 1867 v Plzni, 1872—5 v Nepomuku a Prachaticích, 1876 v Táboře. V táborském ateliéru pracoval od 1877 jako pomocník Jan Voseček, který v roce 1895 se stal společníkem firmy. Schächtl se v letech 1878—1886 spojil s A. Seikem. Postupně otevíral filiálky v Rokycanech, Černovi-

cích, od 1906 v Pelhřimově, jež se jediná udržela. Na podzim 1896 jej zaujal kinematograf, s nímž podnikl na jaře 1897 projekční turné. 1904 se stal společníkem firmy Schächtl—Voseček syn Josef Šechtl. Vedle portrétů osobností je cenná dokumentace života Táborska, jež se částečně dochovala i na původních negativech.

Anton Schrauber
Osobní údaje neznámé. Malíř s fotografickým ateliérem ve Varnsdorfu od 1875 do přelomu století. Od 70. let měl filiálku v Rumburku. V 90. letech inzeroval jako specialitu zvětšování. Jeho portréty vynikají kouzlem naivity; mimořádný je počet dochovaných prací.

Josef Václav Sládek
27. 10. 1845 Zbiroh—28. 6. 1912 Zbiroh. Pocházel z rodiny zednického mistra. Fotografii se začal věnovat již za studií na Akademickém gymnáziu v Praze, kde maturoval v roce 1865. Vysokoškolské studium přírodních věd přerušil odjezdem do USA. Po návratu, jako profesor na Obchodní akademii a vysokoškolský lektor angličtiny, svátečně fotografoval krajinářské motivy, portréty a rodinný život. Mimořádný zájem věnoval sociálním motivům. Zvlášť intenzívně se věnoval fotografii v posledním desetiletí svého života jako určité formě kreslířského zápisníku.

Karel Spott
14. 9. 1859 Praha—28. 2. 1898 Mšeno u Mělníka. V závodě svého bratra J. V Spotta v Praze se zabýval návrhy na luxusní knižní vazby. Od 1879 žil ve Vídni a 1884—1889 v Paříži. Kolem roku 1890 si zařídil v Mšeně portrétní fotografický ateliér.

Ignác Florus Stašek
27. 11. 1782 Vyškov—1. 5. 1862 Litomyšl. Fyzik a astronom, piarista, 1817—1856 rektor piaristické koleje v Litomyšli a prefekt tamního gymnázia (1813—16, 1820—49), jehož fyzikální kabinet patřil k nejlépe vybaveným v monarchii. V červnu 1840 přivezl Staškovi daguerrotypický přístroj Andreas von Ettingshausen. Jejich společná daguerrotypie Staré pošty v Litomyšli z 3. června 1840 je nejstarší dochovaný český snímek. Známý řez stonkem rostliny již prováděl Stašek sám, stejně jako další nedochované pohledy, z nichž některé sloužily jako předlohy k rytinám. Daguerrotypii se přestal věnovat roku 1844.

Bohumil Střemcha
21. 5. 1878 Vídeň?—4. 6. 1966 Praha. Pocházel z rodiny inspektora na železnici.

Ignác Josef Schächtl
jako cestující fotograf
kolem 1872.
Autoportrét.

Ferdinand Velc 1895
na snímku F. Šimona z Turnova.

Studoval na technice ve Vídni. Pokoušel se zakotvit jako profesionální fotograf. Fotografoval ve Vídni, v Alpách, od r. 1905 v Teplicích, v Bílině, později v Nymburce, Poděbradech a v Praze, kde od roku 1907 trvale žil. Sporadicky fotografoval ještě v 20. letech, těžiště jeho díla však spadá do roku 1914. Byl jedním z pozoruhodných amatérských fotografů nearanžovaných výjevů všedního dne u nás. Archív negativů byl náhodně objeven při demolici domu, kde na sklonku života bydlel.

Josef Šechtl
9. 5. 1877 Tábor—24. 2. 1954 Tábor. Narodil se v rodině fotografa Ignáce Josefa Schächtla. Fotografickou praxi získal u J. Vilíma v Praze a u F. Krátkého v Kolíně. 1897 pracoval v rodinné filiálce v Černovicích, 1904 se stal společníkem firmy Schächtl—Voseček. Po smrti otce v roce 1911 vedl ateliér v Táboře a Pelhřimově. Dokumentaristickým pojetím událostí a architektonických proměn Táborska navázal na tvorbu otce. Experimentoval s autochromy a ušlechtilými tisky.

Josef Tauber
Osobní údaje neznámy. Zakladatel rodinné fotografické dynastie. Fotograf v Domažlicích od 80. let 19. století. Zabýval se portrétní fotografií, s oblibou fotografoval kroje, dokumentoval město a okolí na vizitkách. Syn i vnuk byli rovněž fotografy.

Jan Tomáš
1841 Svatogothardská Lhotka u Hořic—7. 9. 1912 Praha. Pracoval původně jako chemik cukrovaru v Modřanech. 1857 založil velmi oblíbený ateliér na Václavském náměstí, kde již v 90. letech nahrával na fonografické válečky hlasy herců a zpěváků. V 80. letech měl za společníka Jana Zámečníka. 1904 převzal ateliér Václav Donát, který u Tomáše pracoval od roku 1871.

Jan Umlauf
21. 5. 1825 Mlýnice—9. 1. 1916 Kyšperk (Letohrad). Pocházel z umělecké rodiny, starší bratr Ignác byl malířem. J. Umlauf studoval na akademiích v Praze a ve Vídni. Maloval církevní podobizny, fotografoval portréty, pamětihodnosti a krajinu v okolí Kyšperka a Příbrami, kde 1873 maloval na Svaté Hoře ambity.

Bohumil Vavroušek
25. 6. 1875 Slavětín u Chotěboře—6. 10. 1939 Praha. Povoláním učitel. Od 1895 fotografoval doklady lidové hmotné kultury a pamětihodnosti, později i přírodní krásy vlasti, jež uspořádal do několika

knih. Vyvrcholením jeho vlastenecky motivovaného programu byly monumentální projekty obrazových atlasů s vlastními i reprodukovanými fotografiemi osobností české kultury.

Ferdinand Velc
27. 7. 1864 Vinařice (Slaný)—1. 7. 1920 Sarajevo. Studoval na malířských akademiích v Praze a v Mnichově (1880—1889). Maloval zejména podobizny a krajiny. Obdivoval lidovou kulturu. V souvislosti s přípravou na Národopisnou výstavu československou začal sbírat na Slánsku a Chodsku národopisné památky a sběr spojoval s fotografováním lidových zvyků, církevních obřadů i pracovních výjevů. Usiloval o bezprostřední nearanžovaně působící projev. Vytvořil v této oblasti zcela mimořádné dílo. Od 1895 učil kreslení na reálce v Sarajevu a v národopisné dokumentaci v Čechách pokračoval jen o prázdninách.

Moritz Ludwig Winter
1824 Nová Ves u Uherského Ostrohu — 1899 Praha? Majitel nejlépe prosperujícího portrétního ateliéru Prahy vizitkové éry v ulici Na příkopě, založeného pravděpodobně r. 1858. První protokolovaná fotografická firma v Praze. Fotografováním se zabývali i jiní rodinní příslušníci: bratr Franz (nar. 1822), bratr Wilhelm (nar. 1827) a syn Wilhelm Moritz (nar. 27. 7. 1862). M. L. Winter měl přibližně v letech 1865—1875 pobočku v Karlových Varech. Již roku 1865 byl členem spolku Photographischer Verein in Berlin. 1877 zřídil pobočku ve Vídni, jejíž specialitou byly zvětšeniny v životní velikosti na plátně, jež vystavoval na výstavě ve Vídni 1880.

TERMINOLOGICKÝ SLOVNÍČEK CHRONOLOGICKY ŘAZENÝ

HISTORICKÉ FOTOGRAFICKÉ POSTUPY A MATERIÁLY

HELIOGRAFIE
Nejstarší fotografická technika, jež však pro svou malou citlivost a z toho plynoucí dlouhou expozici a nedostatky v podání polotónů nebyla používána v praxi. Je spojena se jménem Josepha Nicéphore Niepce (1765—1833), který touto technikou v r. 1822 zhotovil kontaktní kopii mědirytiny s portrétem papeže Pia VII., která se označuje za první prokazatelně vzniklý snímek na světě. Niepce využil poznatku, že asfalt reaguje na působení světla. Pokryl skleněnou desku tenkou vrstvou roztoku asfaltu rozpuštěného v levandulovém oleji a po usušení na ni kopíroval přímými slunečními paprsky rytinu na promaštěném papíře. Okopírovanou desku vymýval směsí levandulového oleje a petroleje, která rozpustila asfalt na neosvětlených místech. Po opláchnutí vodou a usušení zůstal na desce slabý hnědý negativní obraz rytiny. V roce 1826 zakoupil vylepšenou kameru obskuru, s níž se mu podařil při osmihodinové expozici snímek náměstí z okna na asfaltovanou vyleštěnou cínovou desku. Tato první fotografie zhotovená pomocí kamery se zachovala.

HELIOGRAVURA
Niepce také zhotovil kopii rytiny místo na skle na cínové nebo později měděné desce a kresbu na místech nechráněných asfaltem leptal do hloubky. Takto získal tiskovou desku. Metoda se používala zejména v 50. letech minulého století, když Abel Niepce de Saint Victor použitím zrnkového rastru dokázal asfaltovou heliogravurou reprodukovat i polotóny.

DAGUERROTYPIE
První v praxi používaná fotografická technika, užívaná v letech 1839 až přibližně 1859, vypracovaná Louisem Jacquesem Mandé Daguerrem (1787—1851). Daguerrotypie, chráněné sklem, budí dojem kovového zrcátka, kde je obraz patrný jen při určitém úhlu pohledu. Vynález byl uveřejněn na slavnostním zasedání Francouzské akademie věd 19. srpna 1839.
Původní proces vyžadoval provést pět operací: vyleštit stříbrem platýrovanou měděnou desku do zrcadlového lesku, poté ji vystavit parám jódu až nabyla zlatavého zabarvení, exponovat v kameře, vyvolat vzniklý latentní obraz horkými parami rtuti a ustálit jej v horkém roztoku kuchyňské soli, později thiosíranu sodného. Záhy k tomu přibylo ještě vyzlacení, aby obraz dostal teplý tón a tím se daguerrotypie staly také odolnější vůči škodlivým vlivům, obsaženým v atmosféře. Snímek původně vyžadoval expozici dvaceti až třiceti minut. Teprve výpočet vysoce světelného objektivu J. M. Petzvalem pomohl od 1841 zkrátit minutové expozice na vteřinové. Současně došlo i k zvýšení citlivosti desek napařováním nejen jódem, ale i parami brómu a chlóru. Tím se teprve otevřela možnost rozvoji daguerrotypie jako živnostenského podnikání.
Obraz daguerrotypie leží na samém povrchu desky, je velmi tenký, ostrý a jemně prokreslený, s četnými podrobnostmi v polotónech. Inverze z pozitivu na negativ, jakož i zrcadlení byly sice zdrojem okouzlení, ale obecně se považovaly spolu s unikátností za nedostatek procesu. Obrázek na daguerrotypii byl velmi choulostivý na dotek a musel být chráněn krycím sklem. Sklo se nesmělo dotýkat obrazu a bylo proto prokládáno paspartou. Vše bylo prachotěsně zalepeno a celek vkládán do rámu nebo ozdobného pouzdra, napodobujícího mnohdy vnější úpravu malířských miniatur. Od r. 1854 se pouzdra hromadně vyráběla (nejprve v USA) v normovaných rozměrech a úpravách, které usnadňovaly montáž daguerrotypie tak, že si zákazník mohl odnést svůj portrét přímo ze sezení po 15—20 minutách. Po r. 1853 se rozšířila stereoskopická daguerrotypie, s oblibou kolorovaná.

KALOTYPIE (TALBOTYPIE)
Technika pracující již systémem negativ (papírový) a pozitiv, patentovaná Williamem Henrym Fox Talbotem r. 1841. Po svém tvůrci se nazývá také „talbotypie". Papír nasycený dusičnanem stříbrným se zcitlivoval jodidem stříbrným, vyvolával působením roztoku kyseliny gallové a dusičnanu stříbrného, ustaloval v roztoku thiosíranu sodného. Negativ se zprůhledňoval promaštěním. Kopírovalo se na slunečním světle.
Kalotypie měly teple hnědou barvu, ve srovnání s daguerrotypií byly méně ostré a rozlišovaly méně podrobností. Byly však podstatně lacinější a umožňovaly zhotovování kopií. Aplikovaly se v letech 1841 až asi 1860 zejména v Anglii a ve Francii.

MOKRÝ KOLÓDIOVÝ PROCES
Vynález mokrého kolódiového procesu je spjat od r. 1851 se jménem Frederica Scotta Archera (1813—1857), který se

vrátil k myšlence (o kterou se pokusil již Niepce a kterou bez trvalého úspěchu sledoval v r. 1847 Abel Niepce de Saint Victor) umístit obraz na průhledné sklo. Zachoval jako látku citlivou na světlo osvědčené halogenidy stříbra, ale jako pojidlo pro ně zvolil kolódium (vynalezené v r. 1848 pro ranhojičské účely), které po nalití na podložku rychlým vyprcháním rozpouštědel ztuhlo v pevnou, ohebnou, sklovitě průhlednou blánu.
Úplný Archerův proces vyžadoval postupné provedení sedmi operací. Nejprve bylo třeba skleněnou desku, přiříznutou do formátu, pečlivě očistit a vyleštit. Poté se deska stejnoměrně polila potřebným množstvím kolódu s příměsí jódové nebo brómové soli. V temné komoře se zcitlivěla v lázni dusičnanu stříbrného. Po odkapání roztoku se ještě zamokra deska vložila do kazety fotografické kamery. Po expozici fotograf v temné komoře poléval exponovanou desku kyselým roztokem pyrogallolu nebo vývojkou se síranem železnatým a sledoval objevující se obrázek. Po dosažení patřičné sytosti opláchl desku ve vodě. Pak ji ustaloval poléváním roztokem tiosíranu sodného nebo kyanidu draselného. Závěrem desku řádně vypíral v tekoucí vodě a nakonec ji usušil nad mírným plamenem a ještě zatepla ji lakoval (fixoval).
Archerův proces vyžadoval od fotografa zkušenost a zručnost. Byl daleko složitější než daguerrotypie. Chyba v kterékoliv fázi postupu mohla mít za následek nezdar ve výsledku. V průběhu operací nesměla deska uschnout. Kdyby se to stalo po jejím zcitlivění, vykrystalizoval by na jejím povrchu přebytek dusičnanu stříbra. Kdyby uschla ještě před vyvoláním, nemohla by vývojka vniknout do dostatečné hloubky pod povrch ztvrdlého kolódia. Proces proto dostal název „mokrý“. Při práci v terénu bylo třeba temnou komoru improvizovat na místě.

SLANÝ PAPÍR
V období techniky mokrého kolódiového procesu se používaly halogenidostříbrné kopírovací papíry pro denní světlo. Patřily k nim tzv. slané-chloridostříbrné papíry, chloridostříbrné albuminové papíry a jodidostříbrné papíry. „Slaný papír“ se nechal máčet několik minut ve slabém roztoku kuchyňské soli (odtud název), nebo v roztoku chloridu draselného, amonného apod. Po uschnutí se zcitlivěl v lázni dusičnanu stříbrného. Negativ se kopíroval kontaktem na slunci, tónoval v zlaté lázni a ustálil. U slaného papíru, s oblibou užívaného v 50. letech 19. století, byl na světlo citlivý chlorid stříbra vytvořen přímo v papírovině a nikoliv v emulzi, a proto obrazové kopie, jakoby utopené v mase papíru, působily dojmem sníženého kontrastu, což bylo způsobeno rozbitím obrazu hrubou strukturou papíru a rozptylem světla na nerovné ploše papíru. Fotografové, resp. jejich pomocníci, je proto přemalovávali obvykle kvašovými barvami a výsledkem bylo dílo pro laika někdy k nerozeznání od malířských miniatur. Fotografie na slaných papírech se adjustovaly obvykle do rámů, jako závěsné malířské miniatury. Období slaných papírů skončilo kolem r. 1860.

ALBUMINOVÝ (BÍLKOVÝ) PAPÍR
Adekvátními kvalitě kolódiových negativů se staly teprve papíry albuminové, které v r. 1850 vynalezl Francouz Louis-Désiré Blanquart-Evrard (1802—1872). Jejich výroba spočívala v tom, že papír byl opatřen vrstvou vaječného bílku s přísadou chloridu sodného, usušen a vyžehlen horkou žehličkou, aby bílek zkoaguloval. V této formě mohl být uchováván po dlouhou dobu. Teprve den před upotřebením se preparovaný papír zcitlivoval obvyklým způsobem. Kopírovalo se na denním nebo přímém slunečním světle. Kopie se ustalovaly a zlatily. Na albuminových papírech bylo možno dosáhnout i vyšších kontrastů a velmi pěkných hnědých odstínů. Vyráběly se i manufakturním způsobem. Opanovaly období techniky mokrého kolódiového procesu a udržely se v praxi až do poloviny devadesátých let. Albuminové papíry ovšem rychle žloutly, bledly, špatně odolávaly vlhkosti a mechanickému poškození. Lepily se na kartón, neboť byly velmi tenké.

PROTALBÍNOVÝ PAPÍR
Fotografický kopírovací papír, řidčeji užívaný než albuminový ve stejném období. Soli stříbra v tomto případě byly vysráženy v rostlinné bílkovině získané z kukuřice nebo pšenice. Byl trvanlivější než albuminový.
(Pokud se užívalo mléčné bílkoviny jako základu pro vrstvu, jíž byl papír potažen, hovořilo se o papíru kasoidinovém.)

CELLOIDINOVÝ PAPÍR
Fotografický kopírovací papír, který jako první začal vyrábět r. 1867 J. B. Obernetter v Mnichově. Nestříbřil se jako například papír albuminový, ale přímo se potahoval citlivou vrstvou, jejímž nositelem v tomto případě bylo kolódium. Tento upravený chlorostříbrný papír s kolódiovou emulzí (s přídavkem ricínového oleje nebo glycerínu) byl asi třikrát citlivější než albuminový. Dával světle hnědý tón. Za účelem zvýšení sytosti a brilance se obvykle tónoval v lázni zlatící, platinovací nebo selénové. Celloidinový papír postupně nahrazoval albuminový. Po přelomu století oba typy papírů vystřídaly bromidostříbrné želatinové papíry.

VIZITKA
Pojem označuje pozitiv formátu 94 × 58 mm obvykle na albuminovém nebo celloidinovém papíře nalepený na kartón formátu 102 × 63 mm. Fotografickou vizitku patentoval r. 1854 pařížský fotograf Eugen Disdéri veden myšlenkou zlevnění fotografického portrétu a jeho zpřístupnění širším vrstvám.
Vizitky byly základem neobyčejné konjunktury fotografie, zejména v letech 1859 až asi 1865, neboť vizitka zdaleka neměla jen funkci osobního dokumentu, nýbrž předjímala funkce srovnatelné s pozdější pohlednicí. Teprve jí se naplnily do té doby nedostatečně využité možnosti fotografie: rychlost a levnost zhotovení, reprodukovatelnost, zhotovení libovolného počtu kopií, snadnost prohlížení. Reprezentační funkce portrétu, jež daguerrotypie převzala z malířské tradice, se s vizitkou proměnila na funkci identifikační. S masovostí produkce vedla k demokratizaci podobizny. S možností „sériového zpodobení“ osmi až dvanácti póz na jedné desce předjímala vlastně fotografickou momentku. Z velikosti vizitek vycházely další formáty, z nichž nejdůležitější byla kabinetka s obrazem 100 × 150 mm, zavedená v Anglii roku 1866.
Formáty fotografických kartónů (v mm)

vizitka	102 × 63
kabinetka	170 × 110 — 150 × 100
victoria	122 × 83
promenade	210 × 108
boudoir	190 × 120 (původně 215 × 134)
imperial	250 × 175
mušle	75 × 75
stereo	85 × 175
mignon	60 × 45
melanie	120 × 90
princess	140 × 70
salon	210 × 130
secessions	120 × 60

AMBROTYPIE
(nevhodně **AMPHITYPIE, VITROTYPIE**)
Pojem označuje kolódiové skleněné negativy, adjustované na pohled proti černému pozadí (z laku, papíru, sametu, kůže), slabě exponované a vyvolané tak, aby neměly závoj. Při pozorování v odraženém světle proti černé ploše daly dobře prokreslený pozitiv, kdežto při pozorování na průhled proti světlu se jevily jako nevýrazné negativy.
Mokrý kolódiový proces se tudíž rozvíjel v dvojí podobě: buď jako výše uvedený přímý pozitivní postup při slabé expozici a krátkodobém vyvolávání, nebo jako negativní postup s bohatou expozicí a pl-

ném vyvolání, kdy pozitiv bylo třeba získat dalším postupem.
V USA se tato forma kolódiových snímků velmi rozšířila, obrázky byly adjustovány v jednotných pouzdrech (Union Cases) a veřejností byly považovány za „daguerrotypie na skle". Název ambrotypie pocházející od řeckého ambrótos — nesmrtelný, neměnný, navrhl daguerrotypista Marcus A. Root. Od r. 1854 se ujal v anglosaských zemích, zatímco na evropském kontinentě převládlo pojmenování amphitypie (z řeckého „amfi — obojí", „obojí obraz" — negativ i pozitiv). Toto pojmenování však nebylo zcela na místě, neboť přísluší pouze Sabattierovým fotografiím, které vykazovaly negativní i pozitivní partie na stejné desce, kdy byly kolódiové desky přisvětleny bílým světlem v průběhu vyvolání (Sabattierův jev).
Další u nás užívaný název vitrotypie je synonymem německého Glasbilder, který byl v r. 1863 navržen pro albuminové fotografie na skle procesem Abela Niepce de Saint Victor. Není tedy korektní a jeho užívání pro ambrotypie vede k terminologickým omylům.
Tak jako daguerrotypie jsou mnohé ambrotypie stranově obrácené. Nedaly se rovněž rozmnožovat kopírováním. Bývaly někdy kolorovány a některé detaily domalovány. Rysy a výraz tváře nemohly být retušovány. Staly se levnější náhražkou daguerrotypií. Vymizely brzy po nástupu vizitek.

PANNOTYPIE
Technika ve své podstatě obdobná ambrotypii, ale funkci nositele citlivé vrstvy tvořilo černé voskované plátno, na něž byla kolódiová blanka přenášena ze skleněného negativu. Tato poměrně vzácně dochovaná technika, jež se pozná podle textury plátna, se užívala v letech 1853 až přibližně 1863.

FERROTYPIE
Technika ve své podstatě obdobná ambrotypii, jenže funkci nositele citlivé negativní vrstvy zastával černě nebo hnědě lakovaný železný plíšek. Jednalo se o nejlevnější formu kolódiových přímých pozitivů, jež ke konci století nahrazovaly bromostříbrné ferrotypové desky se želatinou. Výhodou byla opět rychlost zhotovení, neboť odpadlo pořízení klasického pozitivu. Základní proces byl poprvé popsán r. 1853 (A. A. Martin, Francie) a patentován r. 1856 v Anglii a USA. S ferrotypiemi pracovali tzv. rychlofotografové, často majitelé kočovných fotografických živností na poutích, trzích, na oblíbených výletních a poutních místech. Pro ferrotypie byly také sestrojeny zvláštní komory opatřené nádobkou na okamžité chemické zpracování. Také fotografické automaty (např. BOSCO 1895) pracovaly s ferrotypickými deskami. Nízkou cenou a způsobem provedení přispěly k úpadku řemeslné portrétní fotografie. Na druhé straně poskytly fotografické snímky i nejchudším vrstvám. Ferrotypie, nejvíce rozšířená v 90. letech, se udržela až do první světové války, výjimečně i po ní.

CHROMOFOTOGRAFIE
se objevily ve středoevropských zemích v polovině 60. let minulého století. Sestávají ze dvou rozměrově shodných kopií, zhotovených z téhož černobílého negativu na tenkém albuminovém papíře a položených na sebe tak, aby se kontury přesně kryly. Hořejší kopie je zprůhledněna voskem, nebo bezbarvým lakem, takže skrz ni prosvítá spodní obraz, ručně vybarvený. Obvykle se hořejší obraz kopíroval silněji než spodní, neboť zprůhledněním ztratil na kontrastu. Spodní obraz se nalepil na skleněnou desku nebo kartón a okoloroval lazurovými barvami, které nezakryly kresbu kopie. Mezi horní a spodní kopii se po stranách vlepovaly úzké proužky lepenky, aby obrazy neležely těsně na sobě. Dosahovalo se tím změkčení kontur a jakési pseudoplastičnosti celkového vjemu. Chromofotografie se dodávaly zarámované, chráněné krycím sklem, někdy vypouklým, pro zvýšení dojmu plastičnosti.
Technika chromofotografie, rozšířená zejména v zemích Rakousko-Uherska, zanikla počátkem 20. století.

UŠLECHTILÉ FOTOGRAFICKÉ TISKY

Technologickým principem ušlechtilých fotografických tisků byl objev W. H. Foxe Talbota z r. 1852, kdy želatina obsahující sloučeniny chrómu se působením světla mění tak, že ve studené vodě nebobtná a v teplé se nerozpouští. Podobný úkaz byl o tři roky později objeven u chromované arabské gumy. Osvětlením slunečním světlem (nebo jiným světelným zdrojem obsahujícím ultrafialové záření) místa chromované želatiny ztvrdnou, resp. ztrácejí schopnost přijímat vodu, přičemž stupeň utvrzení je přímo úměrný množství pohlceného světla. Kopírováním negativu nebo pozitivu vzniknou obrazy, tvořené různě utvrzenou, vhodně zbarvenou želatinou.
Jednotlivé ušlechtilé tisky se odlišují podle způsobů zbarvení želatiny, barví-li se místa osvitnutá (tedy utvrzená), nebo neosvitnutá (neutvrzená) a zda se barvení provádí jen na povrchu nebo v celé vrstvě příslušného chromovaného koloidu. Získané snímky na desce lze v některých případech použít i jako tiskové desky k dalšímu rozmnožování (světlotisk).

Uhlotisk (pigment)
se s oblibou užíval kolem přelomu století, postup byl vypracován r. 1855. Vyznačoval se širokou a nezkreslenou stupnicí světel a stínů. Uhlotisk se vytvářel kopírováním negativu na papír se zaschlou barvou chromované želatiny obsahující ve vodě nerozpustný barevný prášek — pigment (saze, kaselskou hněď, dřevěné uhlí, sienu pálenou apod.). Kopie s neviditelným obrazem se nechala nasáknout studenou vodou a přenesla se k vyvolání teplou vodou na pomocnou podložku, na níž se želatina v místech, kam nepronikló světlo, odplavila spolu s pigmentem. Pak se přenesla na podložku definitivní: film, papír, tiskací válec, ale i sklo, porcelán, textil, kov. Dříve se vyráběl i nesenzibilovaný uhlotiskový papír, který obsahoval v želatinové vrstvě pouze pigment. Uhlotisk poznáme podle reliéfu, kreslícího výsledný obraz. U barevného uhlotisku je pigment žlutý, purpurový nebo azurový podle subtraktivního míšení barev.

Gumotisk
byl pozitivní technikou, podobnou uhlotisku. S oblibou se užíval na počátku 20. století. Poprvé byl vystavován na výstavě KFA 1899. Gumotisk měl citlivou vrstvu upravenou z arabské gumy smíchané s pigmentem. Vrstva musela být velmi tenká, až průhledná, aby světlo mohlo proniknout k papírové podložce (u uhlotisku byla tato vrstva tlustá, tudíž světlo k podložce nepronikló, a proto muselo docházet k přenosu). Gumotisky se tedy na rozdíl od uhlotisku vyvolávaly na původní podložce, a to studenou vodní sprchou. Technika gumotisku se hodila jen pro určité motivy, protože tenká gumotisková vrstva kresbu jemně zamlžovala a neposkytovala bohatou stupnici zčernání. Krásně prokreslené obrazy ve světlech a stínech vznikaly při vícenásobných soutiscích.

Olejotisk
byl jednou z nejrozšířenějších technik ušlechtilých fotografických tisků. Užíval se po r. 1904. V principu se podobal průmyslovému světlotisku. Papír s vrstvou želatiny se zcitlivoval v roztoku dvouchromanu draselného. Po usušení se kopíroval na denním světle, vypral a usušil. Kopie s neviditelným obrazem se vložila na deset minut do teplé vody, poté se položila na skleněnou desku a přikryla tkaninou, po níž se přejíždělo gumovým válečkem, aby se odstranily zbytky vody. Obraz se vyvolával mastnou tiskařskou černí, která se nanášela lehkými doteky štětce, což vyžadovalo značnou trpělivost, zručnost a zkušenost. Hotový obrázek se napnul a po uschnutí se ještě vy-

pral v benzenu. Olejotisk se pozná podle patrných doteků štětce na výsledném obrazu.

Bromolejotisk

byl podobný olejotisku, ale východiskem byla zvětšenina na bromidostříbrném papíře. Užíval se od r. 1907. Zvětšeninu bylo třeba zbavit stříbra a želatinu utvrdit vykoupáním v oxidační lázni. Z chemického hlediska zde bylo zajímavé, že utvrzení želatiny nebylo způsobeno světlem, ale chemickým dějem při oxidaci.

SUCHÉ ŽELATINOVÉ DESKY

Celé období techniky mokrého kolódiového procesu provázely četné pokusy s výrobou fotografického citlivého materiálu do zásoby. Teprve desky s bromidem stříbrným rozptýleným v želatinové vrstvě, publikované jako vynález v září 1871 Richardem Leachem Maddoxem, znamenaly impuls pro výrobu a zdokonalování vlastností těchto „suchých desek". Je zajímavé, že dodnes se nepodařilo nalézt vhodnější látku pro výrobu fotografické halogenostříbrné emulze než želatinu, organickou látku živočišného původu, která se za tepla rozpouští ve vodě na koloidní roztok a po zchladnutí tuhne v gel. První suché desky nedosahovaly však vlastností nejlepších materiálů období techniky mokrého kolódiového procesu a jejich používání se rozšiřovalo až po zvýšení jejich citlivosti a po zavedení tovární výroby po r. 1878. Velký význam pro rodící se fotografický průmysl mělo zkonstruování strojů pro polev desek po 1879, doprovázené sníženou cenou nových materiálů. Výroba ortochromatických materiálů umožnila nejen přirozenější převod barev do černobílé stupnice, ale podstatně zvýšila i celkovou citlivost, po r. 1906 rozšířenou až do červené oblasti spektra, tedy již do celé oblasti viditelného záření.

FOTOGRAFICKÝ FILM

Sklo jako podložka pro snímací materiály bylo nejenom těžké, ale i křehké. Proto se hledaly jiné vhodné transparentní podložky, které by byly schopné polevu fotografickou suspenzí. Prvním stupněm k vyřešení tohoto problému se stal „stripping film" z r. 1884, film na papírovém podkladě, z něhož bylo nutno emulzní vrstvu před kopírováním přenést na skleněnou desku. 10. 12. 1889 byl Henrymu M. Reichenbachovi z Eastman Dry Plate and Film Company udělen patent na nanášení citlivé vrstvy na film z celuloidu, vynalezeném již v r. 1861. Po dlouhém patentním sporu byla ale priorita přiznána Hannibalu Goodwinovi, který podobnou myšlenku přihlásil k patentování již 2. 5. 1887. Faktem je, že ploché filmy balené po tuctu prodával již v r. 1888 jiný Američan — John Carbutt, jemuž tedy zřejmě náleží prvenství v náhradě skleněné desky pružným celuloidem. Patent na pokrytí pruhu filmu papírem po celé jeho délce a označeném čísly pro kontrolu počtu záběrů koupila Eastmanova společnost v roce 1894.

BROMIDOSTŘÍBRNÉ PAPÍRY

Hlavní nevýhodou albuminových a celloidinových papírů byla jejich malá trvanlivost a snížená citlivost. Angličan Peter Mawdsley zavedl výrobu nových želatinových papírů s bromidem stříbrným na bázi emulze v r. 1873. Patent v tomto směru však přihlásil J. W. Swan o 6 let později a vzápětí se v řadě zemí rozběhla úspěšná výroba. Po řadě vylepšení se tento typ papíru užívá dodnes. Možnost výroby chloridostříbrných papírů uveřejnily v r. 1881 Josef Maria Eder a Giuseppe Pizzighelli.

PLATINOTYPIE

Fotografický pozitivní postup s papíry obsahujícími chlorid platiničitý a šťavelan železitý. Platinotypie měly vysokou kvalitu obrazu s množstvím polotónů a byly mimořádně trvanlivé. Technika byla vynalezena r. 1875 Williamem Willisem, aplikovala se od 90. let do 1. světové války.

AUTOCHROM

jeden z prvních průmyslově využívaných systémů barevné fotografie. Autochromové desky byly uvedeny na trh r. 1907 a vyráběly se až do r. 1933. Tvůrci procesu bratři Auguste a Louis Lumièrové si jej nechali patentovat v r. 1904. Skleněné desky autochromů byly pokryty směsí mikroskopicky drobných zrnek bramborového škrobu, zbarvených modře, zeleně a červeně, jež působily jako separační filtry. Na ně byla nalita panchromatická emulze. Vyvolávalo se inverzně, to znamená zrnka, skrz něž bylo exponováno, zůstala průsvitná, ostatní byla „zalepena" vyvolaným stříbrem černobílého pozitivního obrazu.

FOTOGRAFICKÁ TECHNIKA A PŘÍSTROJE

Fotografické kamery

Stativní přístroje

První fotografické přístroje byly upravené kamery obskury, kreslířské pomůcky, používané již v renesanci. Pro fotografické účely byla zadní stěna kamery upravena tak, aby bylo možné nahradit matnici citlivým materiálem. Pokusné přístroje vynálezců prvních fotografických procesů byly tedy jednoduché dřevěné krabice, opatřené na přední straně objektivem (většinou tmeleným dvoučočkovým achromátem, tzv. krajinářskou čočkou, zavedenou r. 1812 Angličanem W. H. Wollastonem). Objektiv byl zasazen do výsuvného tubusu, který umožňoval zaostřování. Henry Fox Talbot do svých prvních pokusných kamer negativní materiál jednoduše přišpendlil k zadní dřevěné stěně, samozřejmě v temné komoře. Přístroje komerčně šířené po zveřejnění vynálezu fotografie však již byly vesměs vybaveny světlotěsnými kazetami, které umožňovaly založit citlivý materiál do přístroje na plném denním světle. Takové skříňkové přístroje, nazývané také boxy, se udržely až do doby suchého želatinového procesu.

Jiné řešení zaostřování spočívalo v dělené konstrukci tělesa kamery. V nejobvyklejším uspořádání byla přední, větší část skříňky pevně připevněna k podlážce a zadní, menší část bylo možné po této podlážce světlotěsně zasouvat do části přední, která nesla většinou pevně zabudovaný objektiv. První prodávaný fotografický přístroj na světě, daguerrotypická komora Daguerre-Giroux z r. 1839 byl právě takový dělený box (sliding-box). Kamera, navržená Daguerrem a vyráběná Alphonsem Girouxem v Paříži pracovala s daguerrotypickými deskami rozměru 6,5 × 8,5 palce (165 × 216 mm). Tento rozměr se stal standardním formátem (plným formátem) pro období prvních procesů. Přední strana skříňky byla osazena achromatickou čočkou vyrobenou pařížským optikem Chevalierem o světelnosti 1:14. Zadní stěna byla tvořena odnímatelným rámem s matnicí, kterou bylo možné vyměnit za světlotěsnou kazetu s daguerrotypickou deskou. Přístroj byl opatřen šikmým zrcadlem pro pozorování vzpřímeného obrazu na matnici. Dělený box vymizel současně s mokrými kolódiovými deskami, nahrazen praktičtějšími měchovými stativními přístroji. První komerčně šířenou měchovou kamerou byl přístroj, vyráběný v několika velikostech firmou W. and W. H. Lewis v New Yorku od r. 1851. Měl již skládaný měch, který však spojoval přední a zadní část přístroje, podobného dělenému bo-

xu. Měch tedy sloužil ke zvětšení rozsahu výtahu a nepodílel se na zmenšení rozměrů přístroje při transportu, ani neumožňoval další vzájemné pohyby matnice a objektivu, potřebné pro korekci perspektivy zobrazení. Dva základní typy skládacích měchových přístrojů, od kterých se odvozují vývojové řady s kontinuitou až do dnešních dnů, se objevily kolem r. 1860. Skládací měchová kamera londýnské firmy T. Ottewil and Co. vyráběná na základě patentu Francise Fokeho z r. 1856 měla skládaný pravoúhlý měch, který spojoval obdélníkovou přední a zadní standartu. Podlážka byla odnímatelná a bylo ji možné nasadit v poloze pro snímky na výšku nebo na šířku.
Druhý základní typ vychází z konstrukce, vyráběné podle návrhu skotského fotografa C. G. H. Kinneara. Kamera měla skládací kónický měch, který bylo možné složit na velice plochý tvar. Kónický měch se od té doby používá tehdy, když je výhodné, aby kamera měla ve složeném stavu co nejmenší rozměry.
Skládací stativní měchové kamery vyráběné ze dřeva se začaly rozšiřovat již v období mokrého procesu, největší rozvoj však prodělaly od 70. let 19. století v souvislosti se zavedením tovární výroby suchých desek. Jejich výhody se uplatnily, podobně jako výhody skládacích fotografických přístrojů, především při práci v exteriéru. Proto se také pro tento typ vžilo označení „cestovní komory". „Cestovní" fotografické přístroje se udržely jako standardní typ stativní komory po zbytek 19. století a vyráběly se běžně až do 30. let 20. století.

STEREOSKOPICKÁ FOTOGRAFIE

Mimořádný a dnes zčásti zapomenutý význam pro šíření informací fotografickým obrazem měla v 19. století stereofotografie. Zákonitosti binokulárního vidění začal v r. 1832 studovat anglický fyzik Charles Wheatstone a výsledky shrnul ve zprávě pro Královskou společnost v r. 1838. Wheatstone zkonstruoval reflexní stereoskop — první přístroj pro pozorování stereoskopických dvojic obrazů, pomocí kterého bylo možné rekonstruovat vjem prostorového vidění. Do vynálezu fotografie byla stereoskopie pouze vědeckou hračkou.
Po r. 1839 bylo možné pořídit dvojici stereoskopických obrazů fotografickou cestou. Sám Talbot zhotovil pro Wheatstona několik stereoskopických dvojic postupnou expozicí jednou kamerou. Stereoskopická fotografie však získala svoji skutečnou popularitu díky práci sira Davida Brewstera, anglického badatele, který r. 1849 popsal svůj návrh na čočkový stereoskop. Oproti Wheatstonovu přístroji, kterým se pozorovaly rozměrné obrazy, umístěné v konvenční zrakové vzdálenosti od oka, byl nesrovnatelně menší a snáze vyrobitelný. Čočkový stereoskop vyrobený podle Brewsterova návrhu pařížským optikem Julesem Dubosquem, způsobil doslova senzaci na Velké výstavě v Londýně r. 1851 a vyvolal první vlnu masového zájmu o stereoskopickou fotografii. Ve stereoskopu se pozorovaly pomocí zvětšovacích skel obrázky malého formátu kolem 7 × 7 cm, umístěné se středy vzdálenými o průměrnou vzdálenost očí. Stereoskopické dvojice snímků se prodávaly nalepené na kartónu rozměru přibližně 8 × 17 cm.
Obrázky stereoskopické dvojice bylo možné pořizovat postupně pomocí jednoho přístroje. Mezi jednotlivými expozicemi bylo nutné přístroj stranově posunout o určitou vzdálenost. Aby byl stereoskopický efekt zachován, bylo nutné přesně dodržet ustavení kamery v obou polohách a provést snímky co nejrychleji za sebou, zvláště u scén, které se s časem měnily.
Pro využití specifických možností stereoskopie měly největší význam přístroje, které umožňovaly současné pořizování obou snímků dvojice. Prototypem takových přístrojů byla kamera Johna Benjamina Dancera z r. 1853. Byl to sliding-box, vybavený dvěma objektivy a vnitřní přepážkou, takže bylo možné pořizovat najednou oba snímky dvojice na desku 8 × 17 cm. Důležitým zlepšením bylo spřažení ovládacích prvků obou polovin přístroje, který byl jako první vybaven také vodováhou potřebnou k přesnému ustavení. V dalších letech, až do 30. let 20. století, kdy v souvislosti se vznikem sítě stálých kin opadl zájem o stereoskopickou fotografii, se vyrábělo množství takových „binokulárních" fotografických přístrojů, jak boxů, tak i vzpěrových a sklopných přístrojů s měchem. Vyráběly se dokonce i jednoobjektivové a dvouobjektivové zrcadlovky. Koncem 19. a začátkem 20. stol. měla většina ručních přístrojů na desky a na film svého dvojitého stereoskopického příbuzného. Malý formát obrázků stereoskopických dvojic vedl k používání objektivů kratších ohniskových vzdáleností, takže se při dané poměrně nízké citlivosti snímacích materiálů snížilo riziko pohybové neostrosti ve srovnání s tehdy běžnými profesionálními přístroji formátu 13 × 18 a 18 × 24 cm. Stereoskopické fotografické přístroje tak umožnily ještě v období mokrého kolódiového procesu zachytit v omezené míře i scény s lidmi v přirozené pohybové akci.
Rozšíření stereofotografie záviselo také na vhodných pomůckách nezbytných k prezentaci stereoskopických obrazů. Brewsterův stereoskop byla jednoduchá dřevěná skříňka, opatřená na přední straně dvojicí okulárů. V zadní části byl výřez, kterým se do stereoskopu vkládala karta se snímky, případně stereoskopický diapozitiv. Světlo se do stereoskopu přivádělo odklopným víčkem v horní stěně, nebo u diapozitivů skleněnou matovanou zadní stěnou. Pro prohlížení fotografií na neprůsvitné podložce, které byly v 19. stol. běžnější, byly oblíbené různé druhy otevřených stereoskopů, které někdy umožňovaly i prohlížení stereoskopických fotografií v knihách. Koncem století byly oblíbené různé typy zásobníkových stereoskopů, které umožňovaly prohlížení celých serií stereofotografií. Některé typy sloužily i jako veřejné atrakce, fungující po vhození mince.

KAMERY PRO VÍCE SNÍMKŮ

Stativní fotografické přístroje, které umožňovaly pořízení více snímků na různá místa fotografické desky byly používány od 50. let 19. stol. pro postupné pořizování stereoskopických dvojic přístrojem s jedním objektivem. Mezi jednotlivými snímky se kazeta s deskou přesouvala v dřevěných kolejnicích se zarážkami. Stejným způsobem pracovaly i zadní stěny ateliérových kamer pro pořizování vizitek a kabinetek. Některé typy umožňovaly i vertikální posun kazety, na kterou tak bylo možné nasnímat značný počet záběrů. Stejného výsledku je možné dosáhnout také přemístěním objektivu mezi expozicemi, podobně jako u stereoskopického přístroje však musí být vnitřek přístroje rozdělen ochrannými přepážkami, aby nedošlo k osvitu sousedních záběrů. V r. 1861 pařížský optik L. J. Dubosq zkonstruoval první kameru tohoto druhu, kterou bylo možné nasnímat až 15 záběrů na jednu desku.
Jiné řešení deskového přístroje pro více snímků spočívá ve vyřešení výměny citlivého materiálu uvnitř přístroje bez nutnosti manipulace se světlotěsnými kazetami. První takové konstrukce pocházejí ještě z období kolódiového procesu. Zásobníková stereoskopická kamera Johna Benjamina Dancera z r. 1856 pracovala jak s jednotlivými kazetami na desky, tak mohla být doplněna také zásobníkem, který umožňoval výměnu suchých kolódio-albuminových desek uvnitř přístroje.
Skutečná popularita zásobníkových komor nastala v období po zavedení suchých želatinových desek koncem 70. let 19. stol. Byly to většinou boxy, určené pro snímání z ruky, vybavené reflexním hledáčkem a jednoduchou sektorovou závěrkou „na čas i moment". Pro relativně pohotovou a nenápadnou obsluhu se tyto přístroje také označovaly jako „detektivní". Vyráběla se celá řada typů, jak zná-

mými výrobci, tak i nesignovaných, dodávaných prostřednictvím různých nevýrobních firem. Zásobníkové komory prodělávaly konjunkturu v 90. letech 19. století. I když ve srovnání s komorami s výměnnými kazetami byly daleko pohotovější, proti přístrojům na svitkový film, zaváděným od 90. let měly některé zásadní nevýhody. Dvanáct skleněných desek představovalo oproti svitku filmu nepoměrně větší váhu, zásobník bylo nutné plnit v temné komoře a navíc výměnný mechanismus nefungoval vždy spolehlivě.

PANORAMATICKÝ FOTOGRAFICKÝ PŘÍSTROJ

Panoramatický přístroj sloužil především potřebě fotografů-krajinářů zachytit co největší část panoramatu na jediném záběru. Sloužil také k fotografování rozsáhlých skupinových snímků. Již ve 40. letech 19. století vznikly dvě základní konstrukce, které se udržely až dodnes. R. 1845 zkonstruoval Friedrich Martens v Paříži přístroj s otočným objektivem a citlivým materiálem, opisujícím válcovou plochu. Objektiv se během expozice otáčel kolem svislé osy a štěrbina v zadní části jeho tubusu postupně exponovala válcovou daguerrotypickou desku. Až do konce období mokrého procesu přístroje tohoto typu nepřekročily stadium prototypů, protože nutnost umístit citlivý materiál na válcovou plochu znemožňovala využití v běžné praxi. Teprve po zavedení výroby fotografického filmu došlo k širšímu uplatnění takových přístrojů. První sériový panoramatický fotografický přístroj Al Vista Camera No. 4 byl uveden na trh r. 1898. Rotace objektivu byla řízena hodinovým strojem a horizontální úhel záběru byl 180°. Pro popularizaci panoramatické fotografie byly významné cenově dostupné přístroje zn. Kodak, první z r. 1899.
Jiná možnost pořízení panoramatického záběru spočívá v postupné expozici citlivého materiálu, který je hodinovým strojem transportován přes štěrbinu v obrazové rovině synchronně s otáčením celého přístroje. Takový přístroj byl navržen ještě v 50. letech, ale podobně jako u Martensova typu se nerozšířil až do zavedení svitkového filmu. Známá kamera tohoto typu, prodávaná pod názvem Wonder Panoramic camera, byla vyráběna v Berlíně firmou Stirn podle amerického patentu z r. 1889. Stirnův přístroj mohl snímat ve čtyřech úhlech: 90° 180° 270° a 360°. Rotující kamery bývaly používány k pořizování rozsáhlých skupinových záběrů. Vzhledem k nízké rychlosti rotace může osoba z jednoho konce snímku přejít po určité době na opačný konec skupiny, kde může být vyfotografována na stejném záběru ještě jednou.

RUČNÍ PŘÍSTROJE PRO MOMENTNÍ SNÍMKY

První přístroje, které do jisté míry umožňovaly snímání momentních záběrů, byly některé stereoskopické komory a především zásobníkové boxy, které již byly standardně vybaveny hledáčkem a jednoduchou momentní závěrkou. Se zavedením tovární výroby citlivého materiálu v 80. letech souvisí i vývoj ručních přístrojů, se kterými bylo možné fotografovat i rychlý pohyb. To ale předpokládalo dostatečně přesnou a spolehlivou závěrku, schopnou odměřovat expoziční doby řádově na setiny vteřiny. První vyráběná konstrukce, která splňovala takové požadavky, navazovala na základní vědecké výzkumy rychlého pohybu prováděné Eadwardem Muybridgem a E.-J. Mareyem. Oba využívali principu postupného osvitu fotografického materiálu rychle se pohybující štěrbinou, ale jejich technologie nebyla vhodná k aplikaci u ručního přístroje. Ve výzkumech pokračoval Němec Otomar Anschütz, který pro tyto účely vyvinul dodnes používanou štěrbinovou závěrku umístěnou těsně před citlivou vrstvou. Přístroj Anschütz Klapp-Kamera, vyráběný od r. 1890 se stal prototypem mnoha pozdějších konstrukcí ručních vzpěrových přístrojů na desky. Štěrbinové závěrky takových přístrojů umožňovaly spolehlivě dosahovat expozic 1/1000 s.
Štěrbinová plátěná závěrka Anschützovy konstrukce se stala také základem konstrukce oblíbených velkoformátových jednoobjektivových zrcadlovek rozšířených od 90. let. Typickým představitelem tohoto typu přístroje se stala úspěšná jednoobjektivová zrcadlovka Folmer and Schwing Graflex, vyráběná od r. 1898.
I když se již v 19. století uplatňovaly centrální závěrky, umístěné poblíž roviny clony objektivu, jejich všeobecné rozšíření souvisí s uvedením závěrky Compound firmy F. Deckel r. 1902. Výhodou závěrky byl velký rozsah expozičních dob od setin až po jednu sekundu. Centrální závěrky Compound se vzduchovou brzdou a pozdější zdokonalený typ Compur s mechanickou brzdou se staly základem obliby pohotových ručních sklopných přístrojů na film i desky.
Momentní snímání z ruky, nezávislé na dalších pomůckách bylo také součástí Eastmanovy filozofie přístrojů na svitkový film. První přístroj konstruovaný speciálně na film byl Kodak No. 1 z r. 1889, jednoduchý box s momentní závěrkou zvláštní konstrukce. V pozdější době uvedla firma Eastman celou řadu ručních fotografických přístrojů, které svojí přístupnou cenou, zaměřenou na získání skutečně masové spotřebitelské obce přispěly ke zdomácnění fotografie.

FOTOGRAFICKÉ OBJEKTIVY

Achromatická čočka

Obraz vytvořený jednoduchou spojnou čočkou je zatížen řadou optických vad, z nichž nejpatrnější je vada barevná. Pokud neomezíme svazek paprsků clonou s velmi malým otvorem, poskytuje taková obyčejná spojná čočka obraz nízké kvality. Achromatická čočka, objektiv s barevnou vadou omezenou na minimum, byla navržena již r. 1812 anglickým lékařem W. H. Wollastonem. Skládala se ze dvou stmelených čoček, jedné spojné z korunového skla a jedné rozptylné ze skla flintového. Tato kombinace, nazývaná také „krajinářská čočka" byla používána po zbytek 19. století, nejprve v kamerách obskurách, později ve fotografických přístrojích. Objektiv první sériové daguerrotypické komory Daguerre-Giroux z r. 1839 byla achromatická čočka vyrobená Charlesem Chevalierem o ohniskové vzdálenosti 394 mm s relativním otvorem 1:14.

Dvojitý objektiv

Krajinářskou čočku bylo nutné zaclonit alespoň na clonové číslo 14, což prakticky znemožňovalo portrétování v období prvních málo citlivých fotografických procesů. Další vývoj se proto ubíral cestou hledání takových konstrukcí, které by při větším otvoru clony poskytovaly obraz přijatelné kvality. Zásadní význam pro zkrácení expozičních dob měla konstrukce Jozefa Maxmiliána Petzvala, rodáka ze Spišské Belé na dnešním Slovensku. Za asistence dvou dělostřeleckých počtářů rakouské armády vypočítal dvojitý nesouměrný objektiv, jehož přední člen byl tvořen achromatickou kombinací, zadní potom dvěma čočkami, spojkou a rozptylkou, oddělenými vzduchovou mezerou. I při plném otvoru 1:3,4 vykreslil objektiv ostře pole odpovídající obrazovému úhlu 20°, což postačovalo pro portrétování. Petzvalův objektiv, vyráběný nejdříve firmou Voigtländer ve Vídni umožnil zkrácení minutových expozičních dob na vteřinové a stal se základním portrétním objektivem po celé 19. století. Byl to první objektiv zkonstruovaný na základě výpočtu.
Pro snímání záběrů o větších obrazových úhlech se do konce 19. století používaly především dvojité symetrické objektivy, které měly řadu optických vad vykompenzovaných tím, že se vzájemně rušily vady přední a zadní poloviny. V r. 1866 byla zavedena konstrukce založená na symetrickém umístění dvou achromatických kombinací, prakticky současně v Německu firmou Steinheil (Aplanat) a v Anglii firmou Dallmayer (Rapid Rectilinear). Objektivy vykryly obrazové pole odpovídající obrazovému úhlu kolem

50° a bylo je možné používat již při clonovém čísle 8. Po zbytek století to byly standardní kvalitní objektivy, používané na stativních přístrojích i u řady ručních komor.

Anastigmaty

Aplanáty poskytovaly kvalitní obraz do clonového čísla 8; při větších otvorech clony byl obraz znehodnocen astigmatismem, optickou vadou působící na paprsky, odkloněných od optické osy. Odstranění astigmatismu se stalo možným až po zavedení výroby nových druhů optických skel s vysokým indexem lomu. Vývoj takových skel prováděl Otto Schott v Jeně a od r. 1888 začal nová skla dodávat z vlastní dílny. První rozšířený anastigmat vypočítal Paul Rudolph r. 1890 pro optické závody Carl Zeiss. Byl to nesymetrický dvojitý objektiv, složený z předního členu — achromatické kombinace a zadního tmeleného dvojitého členu vyrobeného z nových baryových skel.

I když byly trojčlenné objektivy používány již v 60. letech, jejich skutečná popularita je spojená s konstrukcí dodávanou pod názvem Cooke společností Taylor, Taylor and Hobson. Objektiv o relativním otvoru 1:4,5 byl složen ze tří čoček — dvou spojek, mezi kterými byla umístěna čočka rozptylná. Tato konstrukce se udržela jako levný a přitom kvalitní standardní objektiv dodnes. Od Taylorova tripletu bylo později odvozeno několik dalších konstrukcí, z nichž nejznámější je slavný Tessar, vypočítaný Paulem Rudolphem a vyráběný továrnou Carl Zeiss v Jeně od r. 1902.

Širokoúhlé objektivy

V 19. stol. se používaly širokoúhlé objektivy odvozené od periskopu (dvojitého objektivu složeného ze dvou shodných tenkých spojných čoček, menisků), nebo širokoúhlé dvojité aplanáty. Širokoúhlé objektivy takových typů je možné poznat podle vystupujících silně zakřivených předních a zadních ploch. Rozšířily se od 70. let a sloužily až do první třetiny 20. století, kdy byly nahrazeny širokoúhlými anastigmaty. Širokoúhlé objektivy trpí značným úbytkem osvětlení směrem od středu obrazu, daným zákonitostmi geometrické optiky. Zajímavé řešení tohoto problému představuje známý objektiv Hypergon, vyráběný v závodě C. P. Goerz v Berlíně. Byl to dvoučlenný symetrický objektiv, tvořený dvěma silně zakřivenými menisky, jejichž vnější plochy byly částí jedné kulové plochy. Před frontální čočkou byla umístěna pneumaticky poháněná rotační hvězdicová clona, která během části expozice zadržovala světlo a posléze se odklopila. Objektiv, vyráběný od r. 1900 měl maximální relativní otvor 1: 22 ą obrazový úhel až 110°.

Teleobjektivy

Obraz ve větším měřítku, než poskytuje základní objektiv o obrazovém úhlu obvykle kolem 45° je možné pořídit objektivem o větší ohniskové vzdálenosti. Takový objektiv vyžaduje také přiměřeně větší výtah kamery. První návrh na teleobjektiv byl patentován v r. 1891 T. R. Dallmayerem. Návrh spočíval v zařazení rozptylného optického členu mezi základní objektiv kamery a fotografickou desku. Taková kombinace o prodloužené ohniskové vzdálenosti zvětšila měřítko zobrazení aniž bylo nutné zvětšit výtah kamery natolik, jako při použití objektivu normální konstrukce o stejné ohniskové vzdálenosti. Ve stejném roce byly uvedeny i další konstrukce teleobjektivů továrnami C. A. Steinheil Söhne v Mnichově. První anastigmatický teleobjektiv Dallmayer Dalon Telephoto Lens byl vyráběn od r. 1914. Konstrukce teleobjektivu využívající zařazení rozptylného členu ve spojení se spojným zobrazovacím členem se využívá dodnes.

Měkce kreslící objektiv

Poptávka po měkce kreslících objektivech vznikla především v 60. letech v souvislosti s první vlnou piktorialismu. Používaly se především achromatické kombinace, které při velkých otvorech clony poskytovaly měkký obraz, zatímco při zaclonění je bylo možné použít jako ostře kreslící krajinářský objektiv.

V 80. letech se obnovil zájem o využití dírkových komor pro fotografické účely. Otvory přesně kalibrovaného průměru byly často upraveny v revolverovém disku, takže fotograf mohl pohodlně zvolit průměr, vhodný pro ten který záběr.

ZVĚTŠOVACÍ PŘÍSTROJE

Přibližně od přelomu století je pro fotografickou techniku charakteristické zmenšování snímkového formátu, které mělo velký vliv na konstrukci snímacích přístrojů a jejich příslušenství. Větší volnost fotog:afů ve volbě námětů byla způsobena jednak snazší ovladatelností menších přístrojů, ale také především tím, že malý formát negativu znamenal i použití objektivů kratších ohniskových vzdáleností. S kratšími objektivy bylo možné ostře zachytit i rychlejší pohyb a navíc výměnné objektivy bylo možné vyrábět ve větším rozsahu ohniskových vzdáleností při zachování přijatelných rozměrů a ceny.

Postupné zmenšování snímkového formátu bylo podmíněno zlepšováním kvality snímacího materiálu, který by i při několikanásobném zvětšení poskytoval obraz přijatelné kvality. Kvalita snímacích materiálů — filmů a desek byla již v 90. letech dostatečná, ale širokému rozšíření malého formátu negativu dlouho bránil nedostatek přístupné techniky vhodné pro zvětšování malých negativů na formát vhodný k prohlížení. I když byla již od 40. let 19. století známa řada konstrukcí zvětšovacích přístrojů, jejich všeobecnému zavedení stál dlouho v cestě nedostatek vhodného umělého zdroje světla.

V minulém století a v mnoha oblastech profesionální fotografie i později volil fotograf formát negativu a tedy i rozměry přístroje podle požadavků zákazníka na velikost pozitivní kopie. Negativ se po zpracování kontaktně kopíroval na denním světle v měřítku 1:1, obvyklý formát negativu byl 18 × 24 cm.

Pro kontaktní kopírování stačilo světlo zatažené oblohy, ale horší poměry čekaly na fotografy, kteří se pokoušeli své negativy zvětšovat. Kvůli světelným ztrátám, vzniklým oddálením citlivého materiálu od negativu, bylo nutné optickou osu přístroje přesně namířit na jasné slunce. Protože expozice byly dlouhé, musel být zvětšovací přístroj během osvitu neustále orientován tak, aby se kompenzoval pohyb optické osy, způsobený zemskou rotací. Další úskalí se skrývalo v nebezpečném zahřívání skleněných negativů. Na odstranění těchto nedostatků se soustředilo úsilí řady techniků a fotografů a koncem 60. let se objevily konstrukce, které samočinně orientovaly osy přístroje na slunce. Problém ohřevu negativu byl vyřešen zavedením dialytického zvětšovacího přístroje Belgičanem van Monckhovenem. I když byly technické problémy zvětšování zvládnuty již v období mokrého procesu, zůstávaly dokonalé solární zvětšovací přístroje nákladnými zařízeními, jejichž využití bylo omezeno jen na dobu přímého slunečního svitu.

Využití umělých světelných zdrojů ve fotografii sledovalo velmi těsně pokroky fyziky. Obloukové světlo se rozšířilo spíše pro snímání v ateliérech, kde nevadilo značné teplo, které se při činnosti obloukové lampy vyvíjelo. Zavedení elektrického osvětlení do fotografické laboratoře čekalo až na výrobu žárovky s wolframovým vláknem, která se stala prvním skutečně vhodným zdrojem světla pro fotografický zvětšovací přístroj.

První sériově vyráběný zvětšovací přístroj se žárovkovým osvětlením byl pravděpodobně osvětlovací nástavec Kodak Brownie Enlarging Camera, uvedený na trh r. 1912. Od r. 1915 se již vyráběla řada přístrojů různých značek, horizontálních i vertikálních, jejichž konstrukce se podstatně neodlišuje od typů vyráběných dodnes.

Rozvoj výroby zvětšovacích přístrojů, spojený s postupnou elektrifikací vyspělých průmyslových zemí, úzce souvisí se zaváděním jednotlivých přístrojů na malý formát. Pro další rozvoj především reportážní fotografie bylo rozhodující zavedení perforovaného kinematografického filmu šíře 35 mm jako snímacího materiálu pro fotografické přístroje. Počátek moderní maloformátové přístrojové techniky sahá do roku 1913, kdy Oskar Barnack, konstruktér firmy Ernst Leitz ve Wetzlaru zkonstruoval prototyp přístroje na kinematografický film („kinofilm"), pro který zavedl snímkový formát 24 × 36 mm, vzniklý spojením dvou políček kinematografického filmu. Přístroj se nedočkal sériové výroby, protože jeho vývoj přerušila světová válka. Stal se však základem známé Leicy, uvedené na trh firmou E. Leitz r. 1924.

VÝBĚR Z LITERATURY

Albrecht, V.: 25 roků ve službách černého umění. Praha 1930.
Anděl, J.: Poznámky k historii fotografii. Fotografie, 1974, č. 4.
Baier, W.: Quellendarstellungen zur Geschichte der Fotografie. Leipzig 1980 (5. vyd.).
Birgus, V.—Branый, A.: František Drtikol. Praha 1988.
Barret, A.: Die Photoreporter 1848—1914. Frankurt am M. 1978.
Bělohlav, J.: Vlastivědný sborník. České monografie. I—V. Praha 1911—14.
Bouček, J.: Vývoj fotografické a filmové techniky v českých zemích v 19. a na počátku 20. století. In: Studie o technice v českých zemích, III. a IV. NTM, Praha 1985 a 1986.
Bouček, J.—Boučková, Z.: K počátkům fotografie na Moravě a ve Slezsku — první moravští fotografové. In: Uměleckohistorický sborník. Brno 1984.
Berková, V.: František Fridrich-fotografie Prahy 1862—1885. Katalog výstavy MMP. Praha 1972.
Berková, V.: Jindřich Eckert-fotografie Praha 1863—1905. Katalog výstavy MMP. Praha 1974.
Berková, V.: Jan Kříženecký — fotografie Prahy 1898—1915. Katalog výstavy MMP. Praha 1979.
Berková, V.—Branald. A.: Fotografie z knihkupectví Zikmunda Reacha. Katalog výstavy MMP. Praha 1982.
Bufka, V. J.: Katechismus fotografie—úvod do fotografie pro fotografy amateury. Praha 1913.
Dufek, A.—Anděl, J.—Scheufler, P.: Kouzlo staré fotografie. Katalog výstavy MG v Brně. Brno 1978.
Dufek, A.: Fotografická sbírka Moravské galérie. Československá fotografie 1975, od č. 2.
Dufek, A.: Z historie české fotografie. Fotografie 1984, č. 3 a 4.
Dufek, A.: Ateliér Fiedler. Katalog výstavy. Brno 1981.
Eder, J. M.: Geschichte der Photographie. Halle an der Saale 1932.
Fabian, R.: Wir, damals ... Gruppenaufnahmen in der frühen Fotografie. Dortmund 1982.
Fárová, A.: Ze sbírky fotografií UPM v Praze. In: Československá fotografie 1972 a 1973.
Fárová, A.: Fotograf František Drtikol (tvorba z let 1903—1935). Katalog výstavy UPM. Praha 1972.
Fárová, A.: František Drtikol. Photograph des Art Déco. München 1986.
Flügge, M.: Heinrich Zille. Fotografien von Berlin um 1900. Leipzig 1987.
Frank, H.: Vom Zauber alter Lichtbilder. Frühe Photographie in Österreich 1840—1860. Wien 1981.
Freundová, G.: Photographie und bürgerliche Gesellschaft. München 1968.
Friedmann, G.: Krize pokroku. Nástin dějin myšlení od roku 1895 do roku 1937. Praha 1937.
Friedrich, P.: Kriminalistische Photographie. Berlin 1900.
Gebhardt, H.: Königlich Bayerische Photographie 1838—1918. München 1978.
Geschichte der Fotografie in Österreich. I. a II. Bad Ischl 1983.
Halaš, A.: Pohledy na Brno od daguerrotypie po součastnost. Dipl. práce FAMU. Praha 1980.
Heidtmann, F., Bresemann, H. — J., Kraus, R. H.: Die deutsche Photoliteratur 1839—1978. München, London, Paris, New York 1980.
Herain, K.: Z počátků pražské fotografie. Tvar, 1953, č. 1.
Hinton, A. H.: Künstlerische Landschaftsphotographie. Berlin 1920 (5. vyd.).
Historische Kameras und leipziger Photographie 1840—1950. Katalog výstavy. Leipzig 1983.
Hlaváč, Ľ.: Dejiny fotografie. Martin 1987.
Hlaváč, Ľ.: Dejiny fotografickej tvorby. Bratislava 1967.
Holešovský, K.: Portrétní miniatura. Praha 1976.
Hubmann, F.: K. u. k. Familienalbum. Die Welt von gestern in 319 alten Photographien. Wien 1971.
Hubmann, F.: The Habsburg Empire. The World of the Austro-Hungarian Monarchy in original Photographs 1840—1916. New York 1972.
Hubmann, F.: Das deutsche Familienalbum. Wien—München—Zürich 1972.
Ihrke, G.: Zeittafel zur Geschichte der Fotografie. Leipzig 1982.
"In unnachahmlicher Treue". Photographie im 19. Jhd. — ihre Geschichte in den deutschsprachigen Ländern. Köln 1979.
Jiřík, F. X.: Miniatura a drobná podobizna v době empirové a probuzenské v Čechách. Praha 1930.
Jordan, I.: Photographie im Böhmerwald 1880—1940. Steyer 1983.
Kemp, W.: Theorie der Fotografie I., 1839—1912. München 1980.
Kempe, F.: Photographie zwischen Daguerrotypie und Kunstphotographie. Hamburg 1977.
Kempe, F.: Daguerrotypie in Deutschland — vom Charme der frühen Fotografie. Seebruck am Chiemsee 1979.
Kempe, F.: Nicola Perscheid—Arthur Benda—Madame d'Ora. Hamburg 1980.

Klaricová, K.: František Drtikol. Fotografie. Katalog výstavy. Praha, Pardubice, Cheb, Liberec 1988.
Koliš, J.: Stránky z alba. Stadión, 1986, č. 1—13.
Křivánek, L.: První písečtí fotografové. Zprávy muzea v Písku. Písek 1961.
Kubát, M.: Album ze starých Krkonoš. Hradec Králové 1982.
Krekule, J. F.: Taje umění fotografického. Praha 1897.
Lábek, L.: Počátky a rozvoj fotografie v Plzni. Plzeň 1924.
Lauschmann, J.: Vývoj naší fotografie od let devadesátých. Fotografický obzor 1928.
Letem českým světem. Půl tisíce fotografických pohledů z Čech, Moravy, Slezska a Slovenska. Praha 1898.
Lejko, K.: Warszawa w obiektywie Konrada Brandla. Warszawa 1985.
Maas, E.: Die goldenen Jahre der Photoalben. Köln 1977.
Massie, R., Finestone, J.: Die letzten fürsten Höfe Europas. Historische Aufnahmen 1860—1914. London, New York, Zürich 1981.
Mesterházi, L., Seenger, E.: Budapest Anno . . . Budapest 1979.
Mossakowska, W.: Walery Rzewusky (1837—1888). Fotograf. Wrocław, Warszawa, Kraków, Gdańsk, Łódž 1981.
Mossakowska, W., Zeńczak, A.: Kraków na starej fotografii. Kraków 1984.
Mrázková, D.: Příběh fotografie. Praha 1985.
Mrázková, D., Remeš, V.: Tschechoslowakischen Fotografen 1900—1940. Leipzig 1983.
Müller-Krumbach, R., Schröter, W. G.: Louis Held. Hofphotograph in Weimar — Reporter der Jahrhundertwende. Leipzig 1985.
Papoušek, M.: Fotografické ateliéry na Olomoucku ve druhé polovině 19. století. Revue Fotografie 1988, č. 2.
Peters, U.: Stilgeschichte der Fotographie in Deutschland 1839—1900. Köln 1979.
Petrák, J.: Žeň světla a stínu. Problém umělecké fotografie v teorii a praxi. Praha 1910.
Petrák, J.: Fotografické Vademecum. Praha 1911.
Photographien aus zehn Ländern in Dresdner Sammlungen. Dresden 1983.
Płażewski, I.: Spojrzenie w przeszłość polskiej fotografii. Warszawa 1982.
Rybář, P.: Kouzlo starých fotografií ateliéru fotografa Jana Tomáše z let 1868—1904. Katalog výstavy. Hořice v Podkrkonoších 1984.
Sedlářová, J.: Začátky brněnské fotografie. Vlastivědný sborník moravský, 1974, č. 2.
Schade, W.: Europäische Dokumente. Historische Photos aus den Jahren 1840—1900. Stuttgart, Berlin, Leipzig.
Scheid, U.: Photographica sammeln. München 1977.
Scheufler, P.: Vilém Horn — průkopník fotografie 1809—1891. Katalog k výstavě muzea v České Lípě. Česká Lípa 1981 (doplněk 1986).
Scheufler, P.: Praha 1848—1914. Čtení nad dobovými fotografiemi. Praha 1984 a 1986.
Scheufler, P.: Jindřich Eckert. Praha 1985.
Scheufler, P.: Fotografie v Praze 1839—1914. Katalog výstavy MMP. Praha 1986.
Scheufler, P.: Fotografie v české společnosti 19. století. Československá fotografie 1986, č. 1—12.
Scheufler, P.: Přehled vývoje fotografie v Praze v letech 1839—1918. I. díl 1839—1889. Skripta FAMU, Praha 1987.
Scheufler, P.: Pražské fotografické ateliéry 1839—1918. I. díl 1839—1889. Praha 1987. II. díl 1889—1918. Praha 1988.
Scheufler, P.: Ze starých ateliérů. Materiál k výstavě Galérie 4 Cheb. Cheb 1987.
Scheufler, P.—Hozák, J.: Člověk a technika v české fotografii do roku 1914. Katalog výstavy Středočeského muzea. Roztoky u Prahy 1987.
Skopec, R.: Sto let fotografie. Historický přehled vývoje fotografie. Praha 1940.
Skopec, R.: Ohlas vynálezu a rozvoje fotografie v českém tisku a soupis české literatury o fotografii a filmu vydané od roku 1863 do 1. února 1941. Praha 1941.
Skopec, R.: Ohlas fotografie v našem tisku. Fotografie, 1947, č. 1—6,8.
Skopec, R.: Jakub Husník. Životopisná studie. NTM. Praha 1952.
Skopec, R.: Z dejin našej fotografie. Výtvarnictvo fotografia film, 1962.
Skopec, R.: Dějiny fotografie v obrazech od nejstarších dob k dnešku. Praha 1963.
Skopec, R.: Fotografické vizitky. Československá fotografie, 1971, č. 1—12.
Skopec, R.: Z historie názorů na uměleckou fotografii. Fotografie 1975, č. 2, 3, 4.
Slivka, M.: Pavel Socháň. Výber z fotografickej tvorby. Bratislava 1982.
Slivka, M.—Strelinger. A.: Pavol Socháň. Martin 1985.
Stratz, C. H.: Krása ženského těla. Praha 1904.
Sto let české fotografie 1839—1939. Katalog výstavy v UPM. Praha 1939.
Šafář, O.: Náchod 1866—1916. Katalog výstavy. Náchod 1986.
Štábla, Z.: Český kinematograf Jana Kříženeckého. Praha 1973.
Šteinerová, S.: Bibliografie dějin čs. fotografie a kinematografie. NTM. Praha 1967.
Stenger, E.: Die Photographie in Kultur und Technik. Leipzig 1938.
Stenger, E.: Die beginnende Photographie. Würzburg 1943.
Tausk, P.: Dějiny fotografie. I. Přehled vývoje fotografie do roku 1918. Skripta FAMU. Praha 1987.
Tausk, P.: Dějiny fotografie. II. Interpretační hlediska. Skripta FAMU. Praha 1984.
Tillmans, U.: Geschichte der Photographie. Frauenfeld, Stuttgart 1981.
Veselík, K.: Fotografové v Litomyšli v 19. století. Zprávy z muzeí od Trstenické stezky. Litomyšl 1967.
Veselík, K.: Obnovený daguerrotyp Staré pošty. Zprávy z muzeí od Trstenické stezky. Litomyšl 1970.
Volavková, H.: Dvě první generace pražských fotografů. Fotografický obzor 1939, s. 103.
Wagenbach, K.: Franz Kafka. Bildern aus seinem Leben. Berlin West 1985.
Wagner, G.: Mode in alten Photographien. Berlin 1979.
Wellner, K.: Umělecká fotografie krajiny a nástin rozvoje krajinomalby. Praha 1908.
Wirth, Z.: Stará Praha. Obraz města a jeho veřejného života ve 2. polovici XIX. století podle původních fotografií. Praha 1940 a 1942.
Zmizelá Praha. Starý obraz města a jeho památek zničených v druhé polovici 19. a ve 20. století. Praha 1945—1948.

Seznam se týká především literatury k historii fotografie ve střední Evropě, i když bylo přihlédnuto k základním pracím z dějin fotografické techniky a významným dobovým obrazovým publikacím.

SUMMARY

The Photographic Album of Bohemia is a pictorial outline of the history of photography in the Czech Lands in the years 1839 to 1914, i.e. the first seventy-five years of photography. At that time photography was closely related to the level of photographic techniques, which to a large extent determined the documentary and creative possibilities of the photographers. The development of photography is traced from various angles in chapters on The Landscape and Settlement, Transport and Travelling, Work and the Working Environment, Leisure Time and Entertainment, Photographic Studios. Each unit has individual subsections with brief informative surveys of the given problems. Photography is presented with regard to its history and as documents to changes in the style of life, the manner of work and leisuretime activities with stress on pictures of daily life. This mosaic brings to life a picture of life of society in the Czech Lands in the given period and shows the development of Czech photography as given by the representative selection of works of different photographers. In the overall picture stress is placed, quite naturally, on photos made in the open. Studio work and particularly the development of studio photo portraiture is presented in brief outline at the end of the book in the section devoted to Photographic Studios. Facts are provided in data on the history of Czech photography, biographical profiles of the best-known photographers, an outline of the development of photographic techniques and technology, methods and materials used in the given period. This publication is the first comprehensive work on the history of photography in Bohemia. It presents material of almost forty major state and private collections.

Czech photography reflected the complex economic, political and cultural relations in the multi-national Habsburg monarchy. It suffered from a certain provincialism. In the European context it had an average level which was exceeded only by a few artists. The work of Czech photographers at the time contrasts with the important contribution made by native-born Czechs in the field of polygraphy (J. Husník, V. Klíč etc.).

Generally the development of photography can be divided according to prevailing techniques: in the forties and fifties of the 19th century the technique of daguerreotype prevailed, in the sixties to eighties that of the wet colloidal process, and from the nineties photo print techniques gained increasing popularity: carbon print, rubber print, oil print.

The most outstanding personality of the beginnings of Czech photography was Wilhelm Horn, who in October 1841 opened the first permanent daguerreotype atelier in the Czech Lands. In the years 1854 to 1865 Horn published the first specialized photography journal in the German language „Photographisches Journal" and became a successful merchant with photo requirements with representatives in a number of European countries. It was in particular with his journal that Horn became known in the history of European photography.

Most of the daguerreotypists had artistic ambitions and were graduates of the Academy of Painting in Prague. Apart from Horn there was Jan Maloch, another striking artistic personality. Daguerreotype photography put an end to the boom in painted portrait miniatures and for that reason a number of miniaturists tried for a time to work in the field of photography. Among them Jan Zachariáš Quast and his sons Ferdinand and Gustav Adolf and Josef Bekl gained fame for their exceptional portrait studies on salt paper made in the years around 1855. Vojtěch Kramer of Domažlice, where he worked on his own, achieved remarkable results in portrait photography in the fifties of the 19th century.

The fashion of photographic visiting cards brought an immense boom to photography, and there was a great increase in the number of photo studios in all major towns. The leading personality in the initial stage of this vogue was a Prague photographer František Fridrich who specialized in topographical photography. Around 1870 he was the main supplier of topographical postcards, especially stereophotography, in the whole of Austria-Hungary. He had commissioneries in all bigger towns of Western Europe and storage facilities in literally the whole world. He was the best known photographer from Bohemia abroad in the 19th century.

Another well-known Czech photographer of the 19th century was Jindřich Eckert who did not reach the same commercial success as Fridrich did internationally but exceeded his contemporary by the depth and manysidedness of his work. Eckert was one of those few Czech photographers in whose work one can find echoes of the English pictorialism of the sixties. He was the first great photographer of the Bohemian landscape and the first who was a systematic witness to the artistic and natural wealth of his country. He made numerous experiments and was a good organizer.

Another centre of photography in Bohemia was Plzeň and so was Liberec. In other towns there tended to be one major studio which apart from portraits dealt also with documentation of life in the town. One such studio was that of Carl Pitzner in Teplice, a photographer-entrepreneur who, beginning in the eighties, set up a big network of photographic studios ranging from Vienna to Budapest and as far as Berlin. Changes in photographic techniques at the turn of the eighties to nineties roused interest in photography among amateurs. On 19 August 1889 the Club of Amateur Photographers was set up in Prague, the first such association in the Czech Lands. The Club remained the main one even after the establishment of other clubs in other towns and in Prague. The second amateur photographers' club came into existence in Plzeň in 1894.

The Club of Amateur Photographers in Prague issued a journal „Photographic Horizon" as of 1893 and three years later „Photographic Bulletin" which snowed commercial leanings. The Photographic Horizon made a considerable impact on the development of photography in the country throughout the period of its existence, i.e. until 1942. By giving publicity to documentation and ethnographic work the journal influenced the belated onset and application of photographic prints, a specific feature of the development of Czech photography in the early 20th century.

From the nineties of the 19th century photography was used in magazines for pictorial news providing authentic proof. The milestone in the broader social use of this specific field of photography was the Jubilee Land Exhibition in Prague in 1891, which gave publicity to Czech enterprise. The subsequent Ethnographic Exhibition inspired interest among photographers in depicting the past and in documents of ethnographic character. On that occasion a special Photographic Section of the Exhibition was set up under the patronage of the Club of Amatour Photographers. Interest in documentation of vanishing phenomena and object was roused by extensive slum clearance in Prague and other towns, and with changes in the way of life this roused nostalgic moods regarding the „old order of things".

Ethnographic documents were produced by painter Ferdinand Velc and later Karel Dvořák who was an influential official of the Club of Amateur Photographers. The changes as the result of slum clearance were shown in the work of Jindřich Eckert in Prague, Ladislav Lábek in Plzeň, figures symbolizing „old

Prague" were symbolically depicted by Zikmund Reach.
Rudolf Bruner-Dvořák became a photographer of an entirely new kind specializing in cooperation with pictorial magazines. He took snapshots. With his specialization, reporter's passion and remarkable promptness Bruner-Dvořák became one of the best Czech photographers ever.
In around 1908 a new generation of photographers rose to the fore who had a different manner of photographic thinking and aims based on experiences in other countries. This generation was oriented towards artistic photography in the spirit of Art Nouveau pictorialism and among leading artists were František Drtikol, Vladimír Jindřich Bufka and Jindřich Vaněk. Bufka's and Drtikol's ateliers became salons that stressed the prestige of photography as a medium of artistic ambitions.
The further development of Czech photography followed both the work of commercial photographers who, after the turn of the century, remained, at best, on the level of cool academic work and the work of creative photographers whose Art Nouveau pictorialism shifted to the level of purist pictorialism which survived into the twenties. Before the First World War photography thus became a natural bridge to the characteristic development of Czech photography in the inter-war period with its contribution to world photography.

RESÜMEE

Die Publikation „Das fotografische Album Böhmens" ist eine Entwicklungsgeschichte der Fotografie in Böhmen in den Jahren 1839—1914, d.h. in den ersten 75 Jahren ihrer Existenz. Die Fotografie war in dieser Zeitspanne in engem Zusammenhang mit dem Niveau der fotografischen Technik, die in großem Maße die dokumentaristischen sowie Schaffensmöglichkeiten der Fotografen determinierte. Die Entwicklung der Disziplin ist aus verschiedenen Blickwinkeln dargestellt, u.zw. in den Kapiteln „Landschaft und Siedlungen", „Verkehr und Reisen," „Arbeit und Arbeitsmilieu," „Freizeit und Vergnügungen," „Fotografische Ateliers." Jedes dieser Kapitel enthält eine Übersicht der gegebenen Problematik. Die Fotografie wird als geschichtliches Phänomen bewertet sowie als Dokument der Wandlungen des Lebenstils. Es entsteht so ein Gesamtbild des Gesellschaftslebens in Böhmen der angeführten Jahren in einer repräsentativen Auswahl von Aufnahmen. Die erstrangige Stelle gehört dabei den Exterieur-Arbeiten. Den im Atelier entstandenen Fotografien, vor allem dem Porträt, ist eine kurze Bilderübersicht im Kapitel „Fotografische Ateliers" gewidmet. Das Buch ist mit den Daten aus der Geschichte der böhmischen Fotografie ergänzt, Medaillons der bedeutendsten Fotografen und Texten über die fotografischen Techniken, die Verfahren und Materialien, die in der behandelnden Zeitspanne benutzt wurden. Es werden in diesem ersten Sammelband Werke aus fast 40 staatlichen sowie Privatsammlungen veröffentlicht.
Die Geschichte der tschechischen Fotografie war durch komplizierte ökonomische, politische und kulturelle Beziehungen innerhalb des habsburgischen Mehrvölkerstaates gekennzeichnet; daraus ergab sich eine gewisse Provinzionalität. Im europäischen Kontext hatte sie ein durchschnittliches Niveau; nur wenige Persönlichkeiten ragten hervor. In dieser Hinsicht kontrastieren die Arbeiten der tschechischen Fotografen mit dem reichen Werk der tschechischen Polygraphen (J. Husník, V. Klič).
Was die fotografische Technik betrifft, überwog in den 40er und 50er Jahren des 19. Jahrhunderts die Daguerrotypie, von 60er bis 80er Jahren die Technik des nassen Kollodium-Prozesses, seit den 90er Jahren waren fotografische Edeldrucke sehr beliebt — Kohlendruck, Gummidruck, Öldruck.
Die bedeutendste Persönlichkeit der fotografischen Anfänge in Böhmen war Wilhelm Horn, der im Oktober 1841 in Prag das erste Daguerrotypie-Atelier im Lande öffnete. In den Jahren 1854—65 gab Horn die erste fotografische Zeitschrift in Deutsch heraus (Photographisches Journal) und er handelte erfolgreich mit fotografischen Utensilien in vielen europäischen Ländern.
Die Mehrzahl der Daguerrotypisten hatten künstlerische Ambitionen, viele von ihnen absolvierten die Prager Malerakademie. Neben Horn schuf auch Jan Maloch sehr interessante fotografische Werke. Da die künstlerische Daguerrotypie die Konjunktur der malerischen Miniatur-Porträts unterbrach, versuchten mehrere Miniaturisten sich in der Fotografie geltend zu machen, vor allem Jan Zacharias Quast, seine Söhne Ferdinand und Gustav Adolf und Josef Bekl mit seinen um 1855 entstandenen Salzbildern.
Bemerkenswerte Porträts stammen von in den 50er Jahren isoliert schaffendem Vojtěch Kramer aus Domažlice (Taus).
Der Autor populärer fotografischer Visitenkarten František Fridrich gehörte um 1870 zu den größten und bekanntesten Herausgebern von topographischen Ansichten (Mappen), namentlich Stereofotografien, nicht nur im Rahmen der Österreichisch-Ungarischen Monarchie, sondern auch im Ausland. Seine Lager befanden sich in allen wichtigen westeuropäischen Städten. Die markanteste Persönlichkeit im Bereich des Experimentierens war Jindřich Eckert. Wenngleich er nicht so große kommertionelle Erfolge erreichte wie Frichrich, so war er ihm doch in der Vielfältigkeit seines Werkes und der Inhaltschwere überlegen. Bei Eckert als bei einem der wenigen tschechischen Fotografen finden wir Anklänge des englischen Piktorialismus der 60er Jahre. Er war auch der erste wahrhaftige Fotograf der tschechischen Landschaft und Autor der fotografischen Zeugnisse von künstlerischem und Naturreichtum der Heimat, an denen er systematisch arbeitete.
Weitere wichtige Zentren der Fotografie in Böhmen waren Plzeň (Pilsen) und Liberec (Reichenberg). In größeren Städten dominierte meistens ein einziges Atelier, das sich neben den Porträtaufträgen auch mit der Dokumentation des Stadt-Lebens befaßte. Eines der bedeutendsten Ateliers gehörte Carl Pitzner, der seit den 80er Jahren das dichteste Netz fotografischer Filialen von Budapest, Wien bis hin zu Berlin besaß.
Die Wandlungen in der fotografischen Technik an der Wende der 80er und 90er Jahre brachten ein wachsendes Interesse für das Fotografieren auch unter den Amateuren mit sich. Am 19. 8. 1889 wurde der Klub der Fotografen-Amateure in Prag gegründet, die erste Vereinigung

dieser Art in Böhmen. Der Klub bewahrte seine führende Stellung auch nach dem Entstehen weiterer Klubs nicht nur in Prag, sondern auch in anderen Städten. (Der zweite entstand in Pilsen 1894).
Der Klub der Fotografen-Amateure in Prag gab ab 1893 die Zeitschrift „Fotografischer Horizont" heraus, drei Jahre nach der Gründung der ältesten tschechischen fotografischen, mehr kommerzionell orientierten Zeitschrift „Fotografische Mitteilungen". Der „Fotografische Horizont" erschien bis 1942 und beeinflußte in bedeutendem Maße die Entfaltung des Faches in Böhmen. Er propagierte das dokumentaristisch und folkloristisch gerichtete Schaffen, wodurch er auf den verspäteten Antritt und die Pflege fotografischer Edeldrucke einwirkte, was ein Spezifikum in der Entwicklung der tschechischen Fotografie am Anfang des 20. Jahrhunderts war.
Seit den 90er Jahren des 19. Jahrhunderts kam die Fotografie als authentisches Zeugnis in den Bildnachrichten der Zeitschriften zur Geltung. Den Wendepunkt in der breiteren gesellschaftlichen Durchsetzung dieser spezifischen fotografischen Arbeit wurde die Jubiläums-Landesausstellung 1891 in Prag, im Geist der Propagation des tschechischen Unternehmens veranstaltet. Die folgende tschechisch-slawische Ethnographische Ausstellung inspirierte ein intensiveres Interesse der Fotografen für das Dokument ethnographischen Charakters. Bei dieser Gelegenheit wurde unter dem Patronat des Klubs der Fotografen-Amateure die spezielle Fotografische Abteilung der Ethnographischen Ausstellung gegründet. Die umfangreiche Assanation von Prag, aber auch anderer Städte, regte die Bemühungen an, mindestens in den Fotobildern die alten Häuser und Paläste sowie Lebenserscheinungen zu bewahren, die diesem Umbau zum Opfer fallen mußten. Der neue Lebensstil weckte bei vielen Menschen nostalgische Gefühle schwindender „alter Ordnung".
In der ethnographischen dokumentarischen Fotografie muß man vor allem den außerordentlichen Anteil des akademischen Malers Fedinand Velc und später Karel Dvořáks unterstreichen, der auch ein einflußreicher Funktionär des Klubs der Fotografen-Amateure war. Die Assanation Prags hielt Jindřich Eckert fest, in Pilsen Ladislav Lábek, den Charakter des alten Prag, durch typische Figuren und Figürchen symbolisiert, stellte Zikmund Reach meisterlich dar.
Ein Fotograf von neuer Art, der sich auf Mitarbeit mit Bild-Zeitschriften spezialisierte und sich als Moment-Fotograf bezeichnete, war Rudolf Bruner-Dvořák. Durch diese Spezialisierung, die Reporter-Eingenommenheit und bemerkenswerte Schlagfertigkeit reiht er sich zu den bedeutendsten tschechischen Fotografen.
Um das Jahr 1908 ist eine neue Generation der Fotografen angetreten, mit anderer fotografischer Sehweise und anderen Zielen, die sich auf die Erfahrungen des Auslands stützte. Einige Persönlichkeiten wie František Drtikol, Vladimír Jindřich Bufka und Jidřich Vaněk orientierten sich auf die künstlerische Fotografie im Geist des Jugendstil-Piktorialismus. Namentlich die Ateliers von Bufka und Drtikol ermöglichten, die Ambitionen der Fotografie als Kunst zu entwickeln.
In den weiteren Jahren knüpfte die tschechische Fotografie einerseits an die Gewerbe-Fotografie an, die sich nach der Jahrhundertwende im besten Falle durch kühlen Akademismus auszeichnete, und andererseits an das Schaffen der Fotografen-Künstler, die den Jugendstil-Piktorialismus durch den puristischen, noch in den Zwanzigeren gepflegten Piktorialismus ablösten. Die tschechische Fotografie vor dem Ersten Weltkrieg wurde Auftakt zu deren späteren eigenständigen Entwicklung in der Zeit zwischen den beiden Weltkriegen, als sie durch einen gewichtigen Beitrag auch die internationale Fotografie bereicherte.

РЕЗЮМЕ

Книга «Фотоальбом Чехии», является кратким иллюстрированным обзором развития фотографии в Чехии в 1839—1914 гг., следовательно, первых шестидесяти пяти лет развития фотографии. В этот период фотография непосредственно зависела от уровня техники фотографирования, которая в значительной степени обусловливала возможности фотографов-художников и фотографов-документалистов. Равзитие фотографии прослеживается в книге с различных аспектов, о чем говорят названия отдельных глав: «Пейзаж и поселения», «Транспорт и путешествия», «Труд и трудовая среда», «Свободное время и развлечения» и «Фотоателье». В каждой главе имеются части с краткими вводными информативными обзорами данной проблематики. Таким образом фотография рассматривается как с точки зрения собственной истории, так и как документ, свидетельствующий об изменении стиля жизни, способа труда и проведения свободного времени, причем особое внимание уделяется повседневной жизни. Из мозаики снимков возникает как обобщенная картина жизни общества в Чехии, так и развития чешской фотографии в указанный период. В общей картине предпочтение, естественно, отдается снимкам, созданным в экстерьере. Работам, созданным в студии, главным образом развитию фотопортрета, посвящен краткий обзор в конце книги в главе «Фотоателье». Книга дополнена также обзором дат истории чешской фотографии, небольшими статьями об известнейших фотографах, обзором о развитии техники фотографирования и техниках получения снимка, о фотографических методах и материалах, использовавшихся в указанный период. Публикация является первой полной работой и развитии фотографии в Чехии. В ней представлен материал почти сорока крупных коллекций, как государственных, так и частных.
На чешской фотографии отразились сложные экономические, политические и культурные условия внутри многонациональной габсбургской монархии, результатом чего явился ее определенный провинциализм. В европейском контексте она имела средний уровень, за исключением нескольких мастеров. Поэтому работы чешских фотографов этого периода несколько контрастируют с достижениями чехов в области полиграфии (Я. Гусник, В. Клич . . .)
Общее развитие фотографии вспомогательно можно разделить на периоды в зависимости от преобладавшей техники фотографии: в сороковые и пятиде-

стятые годы 19 века преобладала техника дагерротипии, в шестидесятые — восьмидесятые годы техника мокрого коллоидного процесса, а, начиная с девяностых годов все большей популярностью стала пользоваться техника фотографической печати в следующей последовательности: пигментная печать, клеевой способ печати и масляный способ печати.

Крупнейшим представителем чешской фотографии начального периода был Вильгельм Горн, открывший в октябре 1841 года в Праге первую постоянную дагерротипную студию в Чехии.

В 1854—1865 гг. В. Горн издавал первый специализированный фотографический журнал на немецком языке „Photographisches Journal", а также с успехом торговал фотопринадлежностями с представителями ряда европейских государств.

В историю европейской фотографии В. Горн вошел главным образом благодаря журналу, который он издавал.

Большинство фотографов, пользовавшихся техникой дагерротипии, были художниками окончившими Академию художеств в Праге. Другой выразительной личностью, наряду с Горном , был Ян Малох. Появления дагерротипии прервало конъюнктуру живописной портретной миниатюры, поэтому некоторые миниатюристы решили попытать счастья в фотографии. Наряду с Яном Захариашем Квистом и его сыновьями Фердинандом и Густавом Адольфом, особо яркой личностью был Йозеф Бекл, создатель исключительных по своему качеству портретов на соленой бумаге (Salzbilder) около 1855 года. Больших успехов в портретной фотографии добился также в пятидестых годах 19 века работавший изолированно в Домажлице Войтех Крамер.

Мода на фотографии размером 9 × 6 сильно стимулировала конъюнктуру фотографии, что появилось значительным увеличенем количества фотоателье во всех крупных городах. Самым известным представителем начального этапа этой модной волны был пражский фотограф Франтишек Фридрих, специализировавшийся в области топографической фотографии. Около 1870 года он был одним из крупнейших издателей топографических открыток, преимущественно стереофотографий, в Австро-Венгрии. У него были комиссионеры во всех крупных городах Западной Европы, а склады разбросаны по всему миру. Таким образом он стал самым известным чешским фотографом 19 века за пределами Чехии. Однако наиболее выразительной личностью чешской фотографии 19 века был Йиндржих Эккерт, который, хотя и уступал Фридриху на поле международных коммерчехких успехов, превосходил своего сверстника глубиной и многосторонностью творчества. Эккерт был одним из немногих чешских фотографов, у которых мы находим отзвуки английского пикторализма шестидесятых годов. Он был первым крупным фотографом, делавшим снимки чешской природы, а также первым, кто систематически создавал фотографические документы, свидетельствовавшие о художественном и природном богатстве родной земли. Эккерт был также известным экспериментатором в области фотографии и очень способным организатором.

Кроме Праги, крупными центрами фотографии в Чехии были города Пльзень и Оломоуц. В остальных крупных городах обычно доминировала одна ведущая фотомастерская, которая, кроме создания портретов, занималась также созданием документации, отражавшей жизнь города. Одной из крупнейших была мастерская Карла Питчнера в Теплице. К. Питчнер был фотографом-предпринимателем, создавшим, начиная с восьмидесятых годов, крупнейшую сеть фотоателье от Вены и Будапешта до Верлина. На рубеже восьмидесястых и девяностых годов изменения в фототехнике обусловили увеличение числа фотолюбителей. 19 августа 1889 года в Праге был основан «Пражский клуб фотолюбителей», ставший первым объединением фотолюбителей в Чехии. Клуб сохранил свое ведущее положение и после основания клубов в других городах и в самой Праге. Второй клуб фотолюбителей возник в 1894 году в городе Пльзень. Выразителем устремлений «Пражского клуба фотолюбителей» стал журнал «Фотографический обзор», основанный в 1893 году, то есть три года спустся после основания первого чешского фотографического журнала «Фотографический вестник», имевшего коммерческий характер. «Фотографический обзор» оказывал большое влияние на развитие фотографии в Чехии в течение всего своего существования (до 1942). Пропагандируя документально-этнографические снимки, журнал повлиял на несколько запоздавшее появления и распространение благородных видов фотографической печати, что было своего рода спецификой развития чешской фотографии начала 20 века.

С девяностых годов 19 века фотография начала использоваться в журнальных фотохрониках как непостредственный аутентичный документ. Вехой в более широком общественном использовании этой специфики фотографии стала Земская юбилейная выставка, состоявшаяся в 1891 году в Праге и пропагандировавшая чешское предпринимательство. Последовавшая Чехославянская этнографическая выставка еще более усилила интерес фотографов к отражению прошлого и прежде всего к документам этнографического характера. По случаю выставки под покровительством «Клуба фотолюбителей» была создана специальная секция Чехославянской этнографической выставки. Интерес к документации исчезающих явлений и объектов обусловили также обширные реконструкции в Праге и других городах, вызывавшие вместе с изменением образа жизни ностальгические настроения и сожаление об исчезающем старом укладе. В области этнографического документа особенно выделялся художник Фердинанд Вельц, а позднее Карел Дворжак, влиятельный деятель «Клуба фотолюбителей». В Праге в документировании изменений, связанных с реконструкцией, выделялся Йиндржих Эккерт, в городе Пльзень — Ладислав Лабек. В фотографировании людей, символизировавших «старую Прагу», больших успехов добился Зикмунд Реах.

Фотографом нового типа, специализирющимся на сотрудничестве с иллюстрированными журналами, был Рудольф Брунер-Дворжак, который сам себя называл фотографом момента. Благодаря своей специализации, репортерской увлеченности и удивительной готовности Брунер-Дворжак становится в ряд крупнейших чешских фотографов. Около 1908 года на сцене чешской фотографии появляется новое поколение фотографов с совершенно иным образом фотографического мышления и иными целями, поколение, опирающееся на иностранный опыт. В этом поколении, ориентирующимся на художерственную фотографию в духе сецессионного пикторализма, ярко засверкали имена таких художников фотографии как Франтишек Дртикол, Владимир Йиндржих Буфка и Йиндржих Ванек. Фотостудии Буфки и Дртикола стали художерственными салонами, сильно поднявшими престиж фотографии как художественного средства.

Дальнейшее развитие чешской фотографии продолжало как направление ремесленной фотографии, которая на рубеже веков остановилась на позиции холодного академизма, так и направление художественной фотографии, которая перешла от сецессионного пикторализма к пикторализму пуристическому, сохранившемуся в чешской фотографии еще в двадцатые годы. Перед первой мировой войной фотография была естественным мостом к самобытному развитию чешской фотографии в период между двумя мировыми войнами, явившемуся вкладом в мировую фотографию.

JMENNÝ REJSTŘÍK

PODĚKOVÁNÍ AUTORA

Mnohaleté studium historie fotografie v Čechách a reprodukce fotografií pro tuto publikaci bylo umožněno laskavostí řady institucí a osob. Je mou milou povinností za tuto spolupráci poděkovat. Zvláštní dík patří pracovníkům Muzea keramiky v Bechyni, Okresního muzea v Berouně, Moravské galérie v Brně, Okresního vlastivědného muzea v České Lípě, Jihočeského muzea v Českých Budějovicích, Muzea Chodska v Domažlicích, Krajského muzea východních Čech v Hradci Králové, Krkonošského muzea v Jilemnici, Okresního muzea Kladno, Muzea SONP Kladno, Městského muzea v Letohradě, respektive Městskému národnímu výboru v Letohradě, Severočeského muzea v Liberci, Městského muzea v Litomyšli, Okresního muzea v Mostě, Okresního muzea v Náchodě, Městského muzea v Netolicích, Krajského muzea východních Čech v Pardubicích, Okresního muzea v Pelhřimově, Okresního muzea v Písku, Západočeského muzea v Plzni, historicko archeologického oddělení Národního muzea v Praze, Muzea tělesné výchovy a sportu v Praze, Náprstkova muzea asijských, afrických a amerických kultur, Národního technického muzea v Praze, Památníku národního písemnictví v Praze, Muzea hlavního města Prahy, Státního židovského muzea v Praze, Uměleckoprůmyslového muzea v Praze, Středočeského muzea v Roztokách u Prahy, Okresního muzea Orlických hor v Rychnově n. Kněžnou, Vlastivědného muzea ve Slaném, Muzea v Soběslavi, Muzea husitského revolučního hnutí v Táboře, Krajského muzea v Teplicích, Okresního muzea Českého ráje v Turnově, Městského muzea v Týně nad Vltavou, Městského muzea a galérie ve Vodňanech, Krkonošského muzea ve Vrchlabí, Vlastivědného muzea ve Vysokém n. Jizerou, Městského muzea ve Zbirohu, Městského muzea v Žamberku, Městského vlastivědného muzea v Žatci a dále pracovníkům archívů v Berouně, České Lípě, Plzni, Litomyšli, Táboře, Kladně, Praze, Zámrsku a pracovníkům fotoarchívu Státního ústavu památkové péče a ochrany přírody, Střediska státní památkové péče a ochrany přírody Středočeského a Východočeského kraje a vedení státního zámku Konopiště.

Velký dík náleží rovněž sběratelům fotografií a majitelům pozůstalostí fotografů, kteří mně svou laskavostí umožnili nahlédnout do svých sbírek a archívu a nebo mě poskytli cenné doplňující údaje † prof. dr. ing. Jaroslavu Boučkovi a Z. Boučkové, manželům P. a I. Dörflovým, T. Fassatimu, Z. Feyfarovi, J. Jelínkovi, bratrům J. a L. Kamarýtovým z Kolína, J. Kolišovi, prof. dr. ing. J. Lauschmannovi, EFIAP, M. Kapounovi, ak. mal. Hertě Ondrušové-Viktorinové, L. Mazurovi, † ing. O. Malochovi, J. Mergancovi, ing. M. Pliškemu, F. a V. Pírkovým, M. Posseltovi, J. Prokopovi, RNDr. P. Rybářovi, P. Skopcovi, W. Schwarzovi, dr. ing. J. Schlemrovi, J. Součkovi, manželům M. a J. Šechtlovým, bratrům O. a P. Šafářovým v Náchodě.

Za odborné rady, konzultace a podněty děkuji prof. L. Baranovi, dr. Z. Kirschnerovi, K. Klaricové, Z. Illkovi, dr. V. Birgusovi, dr. A. Dufkovi, E. Einhornovi, Ľ. Hlaváčovi, dr. J. Papouškovi, K. Rybárové, P. Klimentovi, J. Zikmundovi. Zvláštní dík náleží za poskytnutí odborných připomínek k doplňujícím textům: dr. L. Lososovi, dr. J. Hozákovi, dr. M. Nyngerovi, dr. V. Scheuflerovi, CSc. Za cenné podněty děkuji také oběma recenzentům — doc. dr. O. Urbanovi, CSc. a ing J. Čípovi.

OBSAH

PAVEL SCHEUFLER

Fotografické album Čech 1839—1914

Kapitolu Fotografická technika
a přístroje
napsal Petr Kliment.
Typografie Miloslav Fulín.
Rejstřík sestavil Pavel Scheufler.
Resumé přeložily
Till Gottheinerová (angličtina),
Juliana Boublíková (němčina),
Valentina Boturová (ruština).
Vydal Odeon,
nakladatelství krásné literatury
a umění, n. p.,
jako svou 843. publikaci
v redakci výtvarného umění.
Praha 1989.
Odpovědná redaktorka Marie Platovská.
Výtvarná redaktorka Ludmila Zapletalová.
Technická redaktorka Marta Budilová.
Z fotosazby písmem Digi-Antiqua vytiskla
Svoboda, graf. závody, sdruž. podnik, Praha.
Vytiskla Svoboda, graf. závody, Praha.
73,09 AA (text 13,62 AA,
ilustrace 59,47 AA), 73,64 VA.
403-22-858.
Náklad 11 000 výtisků.
Vydání první.
01-516-89. 09/18
Vázaný výtisk 240 Kčs